KB096914

3536

직장인 경매

[일러두기]

* 이 책에 **고딕체**로 표시된 부동산 경매 용어는 책 뒤쪽 〈부록2〉
　'알기 쉬운 경매 용어'에서 자세히 설명했습니다.
* 이 책에 실린 경매 유료사이트 이미지는 '굿옥션'을 기본으로 했습니다.

일상과 이상을 이어주는 책 ──────

일상이상

평생월급 3년 내에 가능한

3536
직장인 경매

초판 1쇄 펴낸날 · 2017년 3월 31일
개정 1쇄 펴낸날 · 2017년 9월 29일
펴낸이 · 이효순 l 펴낸곳 · 일상과 이상 l 출판등록 · 제300-2009-112호
편집인 · 김종필
주소 · 경기도 고양시 일산서구 일현로 140 112-301
전화 · 070-7787-7931 l 팩스 · 031-911-7931
이메일 · fkafka98@gmail.com
ISBN 978-89-98453-44-2 (03320)

개정판
8·2부동산대책
반영

평생월급 3년 내에 가능한

3초
물건선별

5초
권리분석

30초
지역분석

60초
시세분석

직장인 경매

원범석 지음

일상이상

제5부

바쁜 직장인을 위한 3536투자법

 제6부

실전에서 빛나는 생생 입찰 노하우

월급만으로는 살 수 없는 대한민국 직장인, 경제적 자유를 이루기 위해

　나는 대한민국의 평범한 직장인이었다. 아침 일찍 일어나 샤워하고 출근준비를 한 뒤, 아침밥은 건너뛰고 만원버스나 지옥철에 몸을 맡긴 채 지친 몸을 이끌고 회사에 출근했다. 출근하자마자 모닝커피를 마시며 직원들과 인사하고 오전 업무를 보고 나서, 점심은 대충 때우고 짧지만 꿀맛 같은 낮잠을 청한 뒤 오후 근무를 했다. 행여 정시퇴근이라도 할 수 있다면 동료들과 소주 한잔 마시며 회포를 풀었고, 주말에는 잠깐이나마 아이와 놀아주거나 일주일 동안 쌓인 피로를 하루 종일 잠을 청해 풀었다.

　일주일 동안 '월, 화, 수, 목, 금, 금, 금' 또는 '월, 화, 수, 목, 금, 월, 월'로 일했지만 월급날에는 주택담보대출이자와 카드값과 공과금이 먼저 빠져나가고, 행여 명절이나 경조사가 많은 달에는 마이너스 생활이었다. 결혼하기 전에는 돈에 대한 관념도 없었고, 그것이 그렇게 필요하다고 생각한 적도 없었다. 우리 부부는 자가든 월세든 같이 지낼 집이 있고 먹고살 정도의 돈만 있으면 충분하다고 생각했고, 그것이 최선이고 행복인 줄 알았다. 결혼 후 장모님이 쓰러지시기 전까지만 해도 말이다.

아무것도 벌어놓은 것이 없던 신혼 초기 때, 우리 부부는 장모님이 뇌졸중으로 쓰러지시자 견디기 힘든 나날을 보냈다. 수술비 및 치료비로 단 2개월 만에 1년 연봉 이상의 금액이 빠져나가게 되면서, 나는 돈에 대한 생각이 달라졌다. '돈이란 꼭 필요한 것이구나' 하고 말이다. 아니, 사실 그때는 그런 생각을 할 시간조차 없었다. 시간이 조금이라도 난다면 대리운전이라도 하고 싶은 심정이었으니까.

돈의 필요성을 절실히 깨달았지만 어떻게 해야 경제적 자유를 이룰 수 있는지 알 길이 없었다. 내 주위 사람들은 모두 비슷비슷하게 살고 있었으니까. 모두 그렇게 자기 자신도 모른 채 자신의 모든 열정을 회사에 바치며 살고 있을 뿐이었다. 그 당시에 나는 한 가지만 간절히 바랐다. 최소한 식구 중 아픈 사람이 있을 때 아픈 사람만 걱정할 수 있다면 좋겠다고 말이다. 아픈 사람을 앞에 두고 뒤돌아서서 돈 걱정해야 하는 현실에 절망했고, 아프신 분도 자기가 아픈 것보다 돈 걱정을 하는 상황을 피눈물을 흘리며 지켜보았기 때문이다. 그래도 방법이 없었다. 직장인인 내가 열심히 회사에 나가 매월 월급을 받는 수밖에 무슨 도리가 있겠는가? 서른 살에 결혼하고 서른다섯에 평생직장이라 생각하며 다니던 회사에서 명예퇴직을 당하기 전까지, 나는 그렇게 생각했다.

그러나 부동산 경매와 만나게 되면서 내 삶은 모든 것이 달라졌다. 직장인들이 많이 하는 주식 투자 및 펀드 투자는 현재가보다 오르기를 기대하는 투자이다. 그래서 오르면 다행이지만 만약 떨어지면 바로 손실을 봐야 한다. 하지만 부동산 경매는 일반 매매가보다 싸게 살 수 있는 기회를 주는 투자 방식이다. 최소한 자신이 목표로 삼은 금액에 **낙찰***된다면 최소한 손실은 없는 안전한 투자 방식인 셈이다. 또한 부동산은 물건(物件)이기에 주식처럼 휴지조각이 되지도 않는다. 게다가 소자본으로도 투자가 가능하다.

실제로 나는 직장생활을 하면서 처음 투자했을 때 마이너스 통장을 활용해 2천만 원의 자금을 마련했다. 오로지 직장인이라는 신용 하나만으로 2천만 원의 자금을 손쉽게 마련할 수 있었던 것이다. 이 자금을 활용해 **감정평가액*** 2억 5천만 원짜리 아파트를 1억 9천만 원에 낙찰받았고, 몇 개월 뒤에 매각해 약 3천만 원 상당의 높은 수익률을 얻을 수 있었다. 이런 시스템이 가능한 이유는 경매 특유의 대출 시스템이 있기 때문이다. 이러한 시스템을 이용하는 방법 등은 이 책을 읽으면 알 수 있는데, 이렇듯 시세보다 낮은 금액으로 낙찰받아 시세보다 좀 저렴한 금액에 매각하더라도, 소자본으로 높은 수익률을 올릴 수 있는 것이 경매이다. 더욱이 경매는 직장에 다니면서 많은 시간을 투자하지 않고 할 수 있으니, 얼마나 훌륭한 투자인가!

나는 직장에 다니며 경매를 하면서 3년 동안 30건의 물건(경매로 나온 부동산)을 낙찰받았다. 이 정도 물건을 낙찰받으니 월급 이상의 돈을 벌 수 있었고 삶에 여유가 생겼다. 이후 회사에 당당히 사직서를 던지고, 5년 동안 본격적으로 전업투자를 시작해 8년간 총 100건 이상의 물건을 낙찰받았다. 그러자 몇몇 지인들이 내게 부동산 경매에 관해 문의하기 시작했고, 나만의 방식인 '3536투자법'을 알려드렸다. 한 분 두 분 나만의 방식인 3536투자법으로 낙찰받는 분들이 늘어나게 되었고, 그 노하우를 이 책에 모두 담았다. 고수들만 접근할 수 있는 **특수물건***이 아니라 왕초보도 쉽게 접근할 수 있는 쉬운 물건을 대상으로 말이다.

이 책을 쓰면서 최대한 쉽게 쓰려고 노력했다. 경매에 대해 아무것도 모르는 초보자라도 3536투자법만 알면 자기가 원하는 투자금에 맞춰 물건을 고르고 해당 지역 물건의 시세를 전문가 못지않게 알아낼 수 있는 방법 등을 설명했다. 또한 임대를 놓을 때 세입자와 상대하는 법, 부록으로 셀프 인테리어로 직접 집수리하는 방법도 수록해 놓았다. 다른 책에서 이야기하는 수박 겉핥기식이 아닌 누구나 알고 싶어 하는 셀프 인테리어 기술을 설명해 놓았다. 누구나 경매 혹은 셀프 인테리어를 하려다 막히는 것이 있을 때마다 이 책을 곁에 두고 보면 문제가 해결될 것이다.

"아무것도 하지 않으면 아무 일도 일어나지 않는다!"이 말은 내가 가장 좋아하는 문구이다. 경매로 삶을 바꾸고 싶어 하는 대한민국 직장인에게, 이 책이 작은 등불이 되어주길 희망한다.

마지막으로 아빠의 직업을 집 고치는 사람으로 알고 있는 귀여운 10살짜리 딸과 내 평생 반쪽인 아내 그리고 가족들과 친구들,

또한 이 책을 출간하기까지 도움과 응원을 주신 모든 분들과 '일상과이상' 김종필 대표님 이하 출판사 관계자 분들께 감사의 마음을 전한다.

새봄을 앞두고 지은이 원범석

3536 직장인 경매의
이야기

처음으로 내 이름으로 된 책 『3536 직장인 경매』를 출간하고 단 몇 개월이 지났지만 정말 많은 일들이 일어났다. 많은 곳에서 강의 제안도 들어왔고, 출강도 많이 다니고 있다. 더군다나 딸아이가 학교에서 아빠의 직업을 쓰는 칸에 "집 고치는 사람"에서 "책 쓰는 사람"이라고 바꿔 쓰게 되었으니, 너무나도 기분 좋은 변화였다.

그리고 많은 독자 분들에게 "책을 읽고 희망이 생겼다"는 메일을 받았을 때, 직장인 분에게 "책을 읽고 포기하지 말고 열심히 살아야겠다"는 메일을 받았을 때 정말로 감사한 마음이 생겨났다.

하지만 아쉬운 마음이 없었던 것도 아니었다. 책을 출간하고 얼마 안 되어 8·2부동산대책이 발표되면서 실제 경매시장 상황은 많이 달라졌다. 일례로 이 책의 초판본에서 소개한 경락자금대출 금액한도가 많이 달라졌는데, 책을 읽으시는 독자 분들에게 새롭게 달라진 정보를 알려드리고 싶었다. 책을 읽으신 독자 분들이 실제로 경매에 참여해 낙찰을 받으신다면, 경락자금대출 때문에 자금계획에 곤란한 상황을 겪을 수도 있기 때문이다.

그래서 출판사와 협의해 "빠른 시간 안에 개정판을 내는 것이 정답"이라는 결론을 내게 되었다. 그래서 이렇게 개정판이 나오게 되었다.

이 책의 제5부 뒤쪽에는 경락자금대출이 어떻게 이루어지는지, 8·2부동산대책 이후 대출은 어떤 식으로 진행되는지를 설명해 놓았으니 꼼꼼히 읽어주기길 바란다.

가을을 맞이하며 지은이 원범석

제1부

30대 때 맞은 세 번의 위기,

그러나 부동산 경매가 있었다

결혼과 동시에 찾아온 첫 번째 위기, 돈에 대한 갈망이 싹트다

살아가면서 가장 행복한 날은 언제일까? 아마도 대부분의 사람들은 결혼을 떠올릴 것이다. 2003년 3월, 나는 정확히 한국 나이 서른에 결혼하게 되었다.

비록 모아놓은 돈은 없었지만 나와 아내는 부모님에게 손을 내밀지 않고 둘이서 조금씩 돈을 모아 결혼을 준비했다. 결혼식비, 신혼여행, 결혼반지 등 우리가 할 수 있는 선에서 해결했다. 그래도 행복은 우리에게 손을 내밀어주었다.

6개월이 어떻게 지나갔는지도 모를 만큼 행복한 신혼생활을 즐기던 어느 날 아내한테서 연락이 왔다. 처가에 왔는데 장모님이 주무시다 갑자기 경련을 일으키신다고! 나중에 알고 보니 상황은 더 심각했다. 아내가 퇴근 후 처가에 갔을 때 장모님께서 주무시는 줄 알았는데, 뇌졸중으로 쓰러지신 거였다. 급히 119를 불러 병원으로 모셨고, 5시간의 대수술에 들어갔다.

다행히 수술은 잘되었지만, 장모님은 중환자실에서 나오지 못하셨다. 그리고 우리는 현실적인 문제와도 부딪쳐야 했다. 병원에서는 어느 정도 병원비가 쌓이면 중간정산을 해야 한다고 했다. 우선 천만 원 정도의 수술비를 내는 것은 물론 정확히 1주일마다 300만 원씩 중간정산을 해야 했다. 우리 부부는 모아놓은 돈도 얼마 없었다. 나 또한 결혼 전에 모아놓은 돈이 거의 없었다.

그나마 결혼 후 한 푼 두 푼 모은 돈과 다니던 회사의 주식을 모두 처분한 금액은 몇 주 만에 바닥을 보였고, 나와 아내, 처남의 통장에는 금세 내 연봉 이상의 금액이 마이너스로 찍히기 시작했다. 내 인생 서른에 처음으로 돈에 대한 갈망이 생기기 시작했다. 결혼해서 행복한 가정을 꾸려 나가겠다는 바람 못지않게 간절히……

장모님이 수술하신 이후 우리 삶의 모든 것은 장모님이 계신 병원에 집중할 수밖에 없었다. 중환자실은 가족이라도 하루 세 번밖에 면회가 안 되었으므로, 출근 전 이른 시간에 장모님을 뵈러가곤 했다. 한번은 회사에 사정을 이야기하고 점심시간에 조기퇴근 후 면회를 갔다. 물론 조기퇴근이라곤 하지만, 장모님과의 짧은 면회를 마치고 회사에 복귀해 우후죽순처럼 늘어난 업무를 처리해야만 했다. 항상 잠이 부족했고 덩달아 마음도 지쳐갔다. 무언가에 쫓기는 사람처럼 마음은 안정되지 않았고, 불안감과 근심걱정에 편할 날이 없었다.

두 달 뒤였다. 병원 중환자실에서 장모님을 일반병실로 옮겨도 될 정도로 호전되었다는 연락이 왔다. 기쁘기도 했지만 가슴 한쪽에는 마이너스 통장의 잔고만큼이나 걱정들이 쌓이기 시작했다. 수술 후 많이 호전되었다고는 하지만 뇌졸중으로 인한 수술은 장모님을 어린아이로 돌려놓았고, 혼자서는 식사는 물론 화장실도 다니지 못하시는 분을 일반병실에 모시기가 어려웠다. 홀어머니 밑에서 자란 아내와 처남 그리고 나, 이렇게 가족은 3명밖에 없는데, 우리는 모두 회사에 다녀야 했다. 당장 누구 한 사람이라도 회사를 관두면 병원비를 마련하기가 어려울 지경이었다.

그때 환자를 돌봐주는 간병인 전문 인력 회사가 있다는 것을 알게 되었다. 어쩔 수 없이 병원에서 소개해 주는 간병인을 한 달에 식대 제외하고 1백만 원이라는 거금을 들여 쓸 수밖에 없었다. 하지만 아무리 돈을 들여 사람을 쓴다고 하더라도 식구만 못하다는 것을 얼마 지나지 않아 깨닫게 되었다.

어느 날 아내가 병원 욕실에서 장모님을 목욕시켜드리고 병실로 돌아왔는데, 아내의 얼굴이 많이 상기되어 있었다. 이유를 물어보니 장모님은 아직 마비가 많이 풀리지 않아 누워계시는 시간이 많아 몸을 자주 뒤집어주는 등 신경 써야 하는데, 그렇게 하지 않아서 등 뒤에 욕창이 생긴 것이었다.

바로 다른 간병인으로 교체했고, 이번에는 나이가 지긋하신 분이 새로 오셨다. 새로 오신 분에게 현재 상태를 말씀드리며 잘 부탁드린다고 신신당부했다. 때때로 그분에게 간식과 밑반찬을 따로 챙겨드리고, 일주일에 한 번씩 집에 다녀오시라며 휴일과 교통비를 별도로 챙겨드리니, 정말 살뜰하게 챙겨주셔서 그제야 안심이 되었다.

장모님은 병원에서 생활하시면서 물리치료를 받으신 덕분에 걸어 다닐 수 있을 만큼 호전되어 6개월 만에 퇴원하게 되었다. 하지만 우리가 살고 있는 집에 모실 수 있는 상황은 아니었다. 우리가 퇴근한 밤에는 괜찮지만 낮 시간에는 모두 출근하니 장모님을 돌봐드릴 사람이 없었다. 여기저기 요양병원을 알아보던 중 집 근처에 있는 노인 요양병원으로 모셨다. 내 한 달치 월급 정도의 병원비가 들었지만 그 병원을 선택했다. 장모님이 지내시기에 불편함이 없을 만큼 방도 1인실이고 조명도 환했다. 장모님이 방에서 텔레비전을 시청하실 수도 있고 가벼운 운동을 할 수 있는 시설 등도 갖추고 있어서, 그곳으로 장모님을 모시게 되었다.

노인 요양병원의 면회 시간은 정해져 있어서 장모님에게 필요한 생활용품을 사드릴 때나 수술받은 병원에서 정기검진을 받기 위해 모시고 갈 때 말고는 장모님을 뵙지 못했지만 그래도 집 근처라 안심이 되었다.

노인 요양병원에 모시고 두 달 정도 지나서, 점심시간에 아내에게 전화가 걸려왔다. 노인 요양병원 근처에 회사 업무를 보러가는 길에 들렀다가 장모님을 뵈었는데, 깜짝 놀랐다는 것이었다. 이야기를 들어보니 "정기 면회시간에는 한 층에 간호사가 3명 정도 상시적으로 있고, 혹여 무슨 일이 생길지도 몰라 병실 문을 모두 열어놓고 신경 쓴다"고 말하는 병원에 갑자기 방문해 보니 간호사도 보이지 않고 썰렁하더라는 것이었다. 장모님이 계신 방을 보니, 문은 밖에서 잠겨 있고 방 안에는 어두침침한 빨간 조명 하나만 켜져 있다는 것이었다.

아내는 원장실로 내려가 문을 열어주라고 요구했고, 문을 열어 장모님의 상태를 확인해 보았다. 기저귀는 교체해 주지 않아 축축했고, 병원에서 처방받은 약을 드시게 하지 않았는지 약의 수량이 그대로였다. 아내가 원장에게 항의하니 "그때만 마침 모두 일이 있어 자리를 비워둔 것이고, 약은 장모님이 드시기 싫어하셔서 안 먹였다"고 변명했다. 참으로 어이없고 화가 났다. 어떻게 치매 걸리신 어른들을 돌보는 병원의 원장이 그런 어처구니없는 말을 하다니 말이다.

더는 그 노인 요양병원을 신뢰할 수 없어서 장모님을 집으로 모시고 올 수밖에 없었다. 집으로 장모님을 모시고 오니, 장모님을 모실 사람을 구하는 것이 급했다. 여기저기 알아보고 우리 집으로 출퇴근할 수 있는 아주머니 한 분을 구했다. 우리가 출근하기 전인 오전 8시까지 오시게 하고, 퇴근 때까지 계실 분을 구해 장모님을 집에서 모셨다. 하지만 그것도 잠시뿐이었다. 그분은 걸핏하면 술을 마시고 우리 집에 늦게 왔고, 우리가 없을 때 장모님에게 욕을 해서 그분을 계속 쓸 수는 없었다.

결국, 우리는 회사를 출근한 후 점심시간에 집으로 와서 장모님께 식사를 챙겨드리고, 다시 회사로 출근했다가 서둘러 퇴근하는 수밖에 없었다. 그러나 일은 한 달도 안 돼 터지고 말았다. 우리는 출근할 때 집의 문을 잠그고 나갔지만, 안에서는 당연히 열 수 있었다.

장모님이 치매에 걸리셨기 때문에 문을 못 여실 것으로 생각했는데 오판이었다. 점심때까지 분명히 계셨던 장모님이 퇴근 후에 집에 와 보니 사라지신 것이었다. 암담했다. 밖으로 달려가 정신없이 찾기 시작했다. 3시간 정도 동네 여기저기를 찾아보았지만 장모님을 찾지 못했다. 집으로 돌아와 낙담하고 있었는데, 아버지께서 장모님을 업고 들어오시는 것이었다. 퇴근 후 집에 계시던 아버지가 집에서 4킬로미터나 떨어진 곳에 있는 파출소의 연락을 받고 모시고 오신 것이었다. 치매에 걸리신 분이 어떻게 거기까지 걸어가셨는지 의아했지만 아무런 사고 없이 오셨으니 참으로 다행이었다.

그렇게 사고가 터지니 다시 요양병원을 알아볼 수밖에 없었다. 그러나 요양병원에 대해 안 좋은 기억이 있어서 신중에 신중을 기하며 알아보았으나 뜻대로 되지 않았다. 한 달간 주말마다 경기도와 충청도 지방에 있는 유명한 곳은 모두 알아보며 돌아다녔다. 장모님에게는 죄송했지만 너무 비싼 곳은 우리 형편에는 보내드리지 못했고, 가격과 시설이 괜찮은 곳은 장모님의 상태를 살펴보고는 받아주지 않았다.

한 달 이상을 알아보고 나서야 고양시에 있는 가정요양원에서 장모님을 받아주시기로 해서 모실 수 있었다. 다행히 장모님도 그곳을 편안해하셨다.

직장생활에 찾아온 두 번째 위기, 부동산에서 답을 찾기 시작하다

1998년 IMF 때부터 추락했던 회사 실적이 2004년부터 좋아지기 시작했다. 내가 다니던 회사는 위성방송 수신기를 제조하던 회사였는데, 만성적자를 기록하다 2004년부터 실적이 급격히 좋아져 흑자로 돌아서고 있었다.

내가 속한 부서는 '자재관리' 부서로 생산되는 모든 원부자재의 입출고를 담당하는 부서였는데, 몇 년 동안 별로 하는 일이 없었다. 생산 계획이 없다 보니 입출고되는 자재가 발생하지 않았고, 하는 일도 별로 없었다.

그러다 2004년을 기점으로 업무량이 정신없이 늘었다. 그전까지만 해도 하루에 한 업체의 자재가 입고될까 말까 했는데, 20여 개 이상의 업체에서 자재가 입고되고 회사 자체 생산으로도 스케줄을 못 맞추어 외주 생산까지 이어져 출고도 몇 개의 업체를 통해 나가게 되었다. 당연히 나는 회사생활을 정신없이 보내고 있었다. 그렇게 1~2년간 회사의 매출은 점점 오르며 내 삶도 안정을 찾아가는 듯했다.

회사가 바쁘게 돌아가고 생산할 인력들이 부족하다 보니 회사에서 인력도급 회사를 통해 계약직으로 사람들을 쓰기 시작했다. 갑자기 너무 많은 사람이 들어오고 나가다 보니 정직원만 쓰던 회사에서 인력관리가 문제되었고, 그러면서 몇몇 인력도급 회사 직원들과 일부 정직원 사이에 불화가 생겼고, 결국에는 불만을 털어놓으며 사이가 나빠지기 시작했다.

일부 도급 직원이 부당한 해고를 노조위원회에 제소하면서 사태가 커지기 시작했다. 나뿐만 아니라 일부 직원들은 '회사가 잘 돌아가고 있으니 어쨌든 잘 해결되겠지'라고 안일하게 생각했지만 예상과는 달리 노조위원회에 신고한 사건은 일파만파 커지기 시작했다. 우리 회사는 '악덕 회사'로 언론에 노출되었다. 급기야 공장폐쇄로 이어졌으며, 생산 공장을 중국으로까지 이전하게 되었다. 그때가 2005년이었는데, 그 뒤에 노조와 회사의 길고 긴 싸움이 시작되리라고는 나는 물론 그 누구도 예상하지 못했다.

그 시기에 우리 부부는 인천의 신축빌라를 매수해 결혼생활을 했다. 수중에 모아놓은 돈은 없었지만, 언제까지 아버지의 도움을 받으며 살 수는 없었다. 그 당시에 주위의 모든 사람들이 "빌라는 사는 것과 동시에 집값이 떨어지기 시작하니, 절대 사지 말라"고 만류했다. 하지만 나와 아내는 집을 사는 쪽으로 가닥을 잡았다. 그 이유는 아이러니하게도 '돈이 없어서'였다.

우리가 그 당시에 가진 돈으로는 변변한 월세 방도 얻지 못할 정도였다. 평생 자기 집을 가져 보지 못한 사람들의 서러움을 알기도 했지만 나와 아내 그리고 처남까지 같이 살려면 최소한 방이 두 개 이상 있는 곳으로 이사해야만 했다. 아내와 함께 목동, 부천, 인천, 시흥 등을 6개월 동안 돌아다니면서 최대한 집을 알아본 결과, 신축빌라에 입주해야만 최대한의 대출이 가능하다는 것을 깨닫게 되었다.

시세 대비 90% 이상의 대출을 감행했다. 최소한 3명이 직장에 다니고 있으니 대출이자는 충분히 갚을 수 있겠다는 생각에서였다. 3년 거치 15년 원리금 상환을 조건으로 담보대출(3년 동안은 이자만 내고 그 후 15년 동안 원금과 이자를 같이 내야 하는 담보대출)을 받았는데, 이자만 생각하더라도 최소한 월세보다는 쌌기 때문에 담보대출을 받았다. 결국 인천에 있는 30평대(실평수 17평) 신축빌라에 7,800만 원으로 입주할 수 있었다.

2007년에는 방송과 신문 등에서 날마다 우리 회사의 '불법고용 문제'를 떠들었다. "이제는 정부가 나서야 한다"는 목소리가 하루가 멀다 하고 각종 언론 매체에 오르내리고 있었다. 회사 앞에서는 금속노조의 집회가 항상 열렸으며, 직원들과의 유혈사태가 벌어지는 일도 다반사였다.

다행히 회사에서는 몇 년 동안 준비해 온 중국 공장을 가동하기 시작해 수출에는 문제가 없었지만, 공장을 운영할 만한 전문 인력이 부족해 본사의 직원들 중 50% 이상이 중국 출장을 갔을 때였다. 나 또한 2007년 봄에 중국 출장을 가게 되었다. 출장길에 오르기 전에 회사에서는 "한 달만 있으면서 현지 직원들에게 전산 및 실무 교육만 해주면 된다"고 말했지만 정작 현지 업무에 시간을 빼앗겨 제대로 된 교육이 이루어질 리 없었고, 한 달, 두 달, 출장이 연장되기 시작하면서 어느덧 4개월가량 중국에서 지내고 있었다. 그러던 어느 날 한국에서 아내가 이메일을 보내왔다. 현지 전화 연결이 잘 안 되니 이메일을 보내온 것이었다.

그 내용은 희소식이었다. 결혼생활 4년 만에 내가 기다리고 기다리던 아빠가 된다는 이야기였다. 바로 회사에 "더 이상 출장 연장은 안 된다"고 우기고 한국에 들어오게 되었다. 결혼 4년 만에 아내와 같이 산부인과에 가서 아기 초음파를 확인하는 순간 눈물이 핑 돌았다. 사실 결혼생활 동안 병원에 다니면서 열심히 진료와 검사를 했지만 특별한 원인도 없이 아기가 생기지 않아 반쯤 포기 상태였기 때문이었다.

이후 같은 해 가을에 두 달 일정으로 다시 한 번 중국 출장을 가게 되었고, 중국에서 일을 잘 마무리 짓게 되어 한국에 오게 되었다. 하지만 오랫동안 노조와 싸움을 벌인 회사의 이미지는 실추되었고, 회사의 매출은 점점 떨어지게 되었다. 결국에는 2008년에 정리해고의 바람이 불기 시작했다.

회사는 나에게 두 가지 선택권을 제시했는데, 3년간 중국 주재원으로 근무하는 것 또는 얼마의 위로금을 받고 정리해고당해야 한다는 내용이었다. 비록 10년 이상 다닌 회사였지만 얼마 있으면 기다리던 아이가 태어나는 상황이었고, 아내도 회사에 다니고 있으니 같이 중국으로 가지 못할 바에야 차라리 정리해고 쪽이 낫다고 생각했다. 2008년 3월, 아이가 태어나기 1개월 전에 그렇게 나는 백수가 되었다.

퇴직 후에는 곧바로 취업활동을 하지 않았다. 10년 이상 회사에 다닌 덕분에 실업급여가 나왔다. 또 한 달 뒤에 아이가 태어나는데 장모님이 요양원에서 지내고 계신 터라, 아내가 출산한 후에 돌봐줄 사람이 따로 없어서 내가 돌봐주기 위해서였다. 그러면서 아내를 인천에서 서울까지 출퇴근시켜주며 새로운 집을 알아보고 있었다.

당시에 살고 있던 빌라는 5층 중 5층이라 아내가 무거운 몸을 이끌고 다니는 것도 안타까웠고, 퇴직금 및 정리해고 위로금을 가지고 있어 봤자 쓰기만 할 거라는 생각에 과감히 작은 평수의 아파트라도 엘리베이터가 있는 곳으로 이사하기로 결심했다.

그런데 경악할 일이 벌어졌다. 2004년에 7,800만 원으로 구입한 빌라가 2008년에는 1억 2천만 원에 매매되고 있는 것이 아닌가? 사면 떨어진다던 빌라가 매입가 대비 4천만 원 이상 올라버린 것이었다. 나중에 부동산을 공부하면서 안 사실이지만 2006년 인천시에서 '도시 및 주거환경 정비계획'을 발표하면서 인천 빌라의 가격은 큰 폭으로 상승했다. 3.3㎡당 300~400만 원 정도 하던 빌라들이 금융위기가 터지기 직전인 2008년 상반기까지 500~800만 원까지 올랐다. 이때가 최고의 황금기였던 것이다. 내가 빌라를 매입하면서 실제로 지출한 돈은 이자를 포함해 2천만 원 정도였으니 4년 만에 실투자금 대비 200% 이상의 수익률을 안겨주었다. 나는 이때부터 비로소 부동산에 눈을 뜨기 시작했다.

백수생활에 찾아온 세 번째 위기,
푼돈으로 목돈 만드는 경매에 입문하다

2008년 여름, 이사를 한 우리 부부는 아이를 어린이집에 보내는 것보다 혼자서 돌봐주는 곳이 좋을 것 같다고 생각했다. 다행히 집 근처에 사시는 좋은 분을 구했다. 아이를 아침부터 저녁까지 맡아주실 베이비시터를 구할 수 있었다. 이제 나만 재취업하면 아무 문제가 없어 보였다. 그런데 문제는 항상 엉뚱한 곳에서 시작된다.

당시에 내 나이는 만으로 서른네 살이. 되어서 재취업이 쉽지 않을 줄은 알았는데, 생각보다 너무나 어려운 것이었다. 그해 조금씩 소문으로 들리기 시작한 미국의 금융위기가 2008년 9월 골드만삭스, 모건스탠리, 메릴린치에 이어 세계 4위인 리먼 브라더스 은행이 파산보호를 신청하며 현실이 되었다. 이는 미국 역사상 최대 금액의 기업 파산이었던 것이었다.

이 여파로 인해 미국은 물론 전 세계적으로 금융시장이 얼어붙었으며, IMF 외환위기 이후 1998년부터 승승장구하던 국내 부동산 시장도 곤두박질치기 시작했고, 많은 기업들이 폐쇄경영을 하며 인력 채용을 하지 않았다. 물론 내 능력이 뛰어나지 않은 것도 이유겠지만, 그 당시에는 직원을 채용하는 회사보다 정리해고하는 회사가 더 많았다.

살다 보면 항상 내가 생각한 것과는 반대로 일이 진행되는 경우가 많다. 내 경우에는 행복해야 할 신혼 초기에 장모님의 뇌졸중으로 돈에 대한 절망을 맛보았고, 90% 이상 대출받아 집을 사고 4년 만에 아이가 생겨 이제 남들처럼 평범하게 사나 싶었더니 이른 나이에 백수가 되었다. 그리고 막상 취업을 하려고 하니 모든 기업들이 비상 경영체제에 들어가 이력서를 내더라도 면접조차 볼 수가 없었다.

결혼하고 5년 동안 안 풀려도 너무 안 풀렸다. 그렇다고 가만히 앉아서 놀고 있을 수는 없었다. 무엇이라도 해야만 했다. 하지만 막노동이나 운전 같은 일은 하기 싫었다. 그 일을 비하하는 것은 아니지만, 막노동을 하셨던 아버지나 버스운전을 하셨던 큰아버지의 모습을 보면서 그 일을 한다면 내 앞날에는 너무 뻔한 미래가 펼쳐질 거라고 생각했기 때문이었다.

2008년 봄에 빌라를 팔고 부동산에 관심을 가지면서 우선은 부동산에 대한 책을 읽기 시작했다. 부동산 왕초보였던 나는 어떤 책부터 읽어야 할지 몰라서 '부동산'이라는 제목만 있으면 무조건 닥치는 대로 읽었다. 그러나 내가 읽은 책들은 모두 "어디에 땅을 사면 좋고, 어느 지역에 투자하면 몇 년 뒤에 좋다"는 내용들이 대부분이었다. 어차피 쉽게 이해되지도 않았지만 그런 곳에 투자할 돈도 없었다.

그러다 서점에서 경매 관련 책이 눈에 들어왔다. 처음 경매 책을 읽고 나서 신선한 충격을 받았다. 이런 투자 방식과 절차가 있다는 것도 새로웠고, 그 당시까지 내가 가지고 있던 경매에 대한 고정관념을 깨뜨릴 수 있다. 나는 다음과 같은 고정관념에 사로잡혀 있었다. 나는 텔레비전을 통해 다음과 같은 장면을 여러 번 목격했다. 집이 경매로 넘어가서 악덕한 사람들이 집에 무작정 들어와 가재도구를 끄집어내면, 집에 있는 사모님과 어린아이는 울고, 사장님은 뒷목을 잡고 쓰러진다. 그래서 경매에 대해 좋지 않은 시선을 가졌던 것이 사실이었다.

몇 권의 책을 읽어갈수록 경매란 우리 사회에 꼭 필요한 절차라는 것을 이해하게 되었다. 그리고 무엇보다 내 마음을 움직인 것은 많은 돈이 필요하지 않다는 점이었다. 그 당시에 백수였던 나는 당연히 돈이 없었다. 아니, 직장이 있었더라도 돈이 없었을 것이다. 사실 대한민국 직장인들 중에 거의 모든 자산을 차지하는 집을 빼놓고 부동산에 투자할 여력이 있는 사람이 몇이나 되겠는가? 월급날이면 카드회사에서 알아서 돈을 빼가고, 주택담보대출이자와 공과금과 생활비 등을 지출하면 저축하기도 빠듯한 생활이 이어진다.

그런데 부동산 투자라니? 게다가 많은 돈이 필요하지 않다니……. 처음에 한 권의 책을 읽었을 때는 책을 쓴 저자가 거짓말을 하는 것은 아닌지 의심이 들었고, 두세 권을 거쳐 열 권 정도의 책을 읽었을 때 비로소 확신이 들었다. 그렇게 경매에 빠지기 시작했다.

어차피 재취업하기 전까지 남는 것은 시간이었다. 당시에는 전문적인 경매 강의를 듣고 싶었지만 내 입장에서는 강의료가 비싼 강의를 들을 여력이 없었다. 그래서 특강 위주로 많이 듣고 다녔다.

그중 어느 강연장에서 '파이프라인 재테크'라는 제목의 강연을 들었다. 그 강연 내용을 요약하자면 다음과 같다.

"지금처럼 각 가정마다 수도 파이프라인이 설치되지 않던 시절에 두 청년이 5킬로미터 떨어진 우물에서 물을 길어와 마을에 팔아서 생계를 유지했다. 물을 길어오려면 왕복 10킬로미터를 오가야 해서 힘들었지만, 마을사람들은 두 청년이 길어오는 물 덕분에 돈을 내고 편하게 사용했다. 한 청년은 길어온 물을 팔아 번 돈을 저축했지만 한 청년은 그 돈으로 5킬로미터 떨어진 우물에서부터 파이프라인을 조금씩 만들었다. 저축하는 청년도 성실하게 살았고, 파이프라인을 만드는 청년도 성실하게 살았다. 그러나 나이를 먹고 기력이 다해 힘이 약해졌을 때쯤에는 두 청년 모두 더 이상 물을 길어 나르는 일을 할 수 없었고, 벌어들인 돈을 저축하지 않고 파이프라인을 조금씩 만들던 청년은 밸브만 열면 물이 나오게 만들어 더욱 큰 부자가 되었다."

당시에 이 이야기를 듣고 인터넷을 통해 찾아보니 우리나라보다는 외국 동영상 사이트에서 더욱 유명한 재테크 일화였다.

이 강연은 부동산 경매에 대해 조금씩 일어나던 내 마음의 불꽃에 기름을 부은 셈이 되었다. 나는 지금까지 스스로 물을 길어오는 방식으로 소득을 올리고 있었다는 사실을 깨닫게 되었다. 하지만 물을 길어오지 못하게 된다면 어떻게 될까? 만약 내 기력이 다하거나 회사에서 해고당한다면 나는 분명 한계에 부딪힐 것이다.

다행히 2008년 11월에 작은 중소기업에서 일하게 되었다. 정리해고를 당하고 정확히 8개월 만이었다. 하지만 그때부터가 시작이었다. 지금 당장은 돈이 궁하니 물을 길어와야 하는 생활에 충실해야겠지만 나도 언젠가 부동산 경매로 나만의 파이프라인을 만들어 성공하겠다고 결심하게 되었다. 그래서 부동산 경매에 더욱 몰입하게 되었다.

하지만 재취업한 회사의 업무량은 장난이 아니었다. 전산에 기록된 수천 가지의 자재 중 실재 재고와 수량이 하나도 맞지 않아서, 전산 상의 기록과 실재 재고를 일치시키는 작업부터 해야 했다. 또한 팀장은 경력 직원으로 입사한 나에게 그해 년마감과 1월에 있을 회계감사도 같이 준비해 주면 좋겠다는 눈치를 보냈다. 나는 입사한 직후부터 다음 해 3월까지 설날 하루만 쉬고 월, 화, 수, 목, 금, 금, 금으로 출근할 수밖에 없었다. 결론적으로 어느 정도 회사 업무에 익숙해지고 회사 전산을 정상적으로 만들기 전까지 경매 공부를 할 시간이 없었다.

그렇다고 부동산 경매의 끈을 놓고 싶지는 않았다. 최소한 3일에 한 권씩 졸린 눈을 비벼가며 경매와 관련된 책을 읽었다. 다행히 4

월부터는 회사 업무에 어느 정도 적응하고 전산을 정상화시켜 시간이 조금씩 생기기 시작했다.

그때부터 본격적으로 퇴근 후에 경매 공부에 매진할 수 있었다. 우선 유명 경매 카페에 가입해 선배들이 올린 게시글을 보기 시작했다. 인터넷 카페의 게시글들은 책을 통해 접했던 이론적인 글이 아닌 실제 투자자들의 생생한 경험담이라서 간접경험을 하는 데 최고였다. 나는 당시에 4개 정도의 인터넷 카페에 가입했는데, 그날 올라온 최신 글들은 최대한 그날 모두 읽으려고 노력했다. 그리고 책을 읽고 궁금하던 것들에 대해 질문을 올리기 시작했다. 그러면 선배 투자자들이나 카페지기님이 댓글로 친절히 설명해 주었고, 내 궁금증을 풀 수 있는 글에 대한 링크를 달아주었다. 그래서 짧은 기간에 경매와 관련된 많은 것을 공부할 수 있었다.

경매 물건을 찾는 데는 유료사이트가 매우 유용하다. 하지만 처음에는 경매 유료사이트의 이용료가 너무 비싸서 이용할 수 없었다. 국가에서 운영하는 대법원 경매 사이트(http://www.courtauction.go.kr)가 있기는 하지만 이 사이트에는 **사건번호***와 **현황조사서*** 등 매우 간단한 내용만 나와 있다. 더 자세한 내용을 알아보려면 해당 물건의 **등기부등본***을 직접 입수해야 하는데, 그 많은 사건의 등기부등본을 직접 입수하려 한다면 시간과 금액 면에서 오히려 낭비였다.

그래서 내가 찾은 방법은 책도 읽고 부록도 활용하는 것이었다. 경매 관련 책 중에는 지금 여러분이 읽고 있는 이 책처럼 경매 유료

사이트 무료이용권을 부록으로 제공하는 책이 있는데, 이것을 유용하게 사용했다. 실제로 유료사이트의 이용료는 대개 1개월 전국이용권은 약 12만 원, 3개월은 30만 원, 6개월은 50만 원, 1년은 100만 원 정도인데, 유료사이트 무료이용권을 제공하는 책을 한 달에 3~4권 사더라도 유료사이트 이용료를 크게 줄일 수 있다. 경매 공부를 처음 하시는 분들은 유료사이트에서 이용료를 지불하지 말고 책을 사서 공부도 하고 유료사이트를 무료로 이용한다면 매우 유용할 것이다. 단, 한 사람이 같은 사이트에서 무료이용권을 1번 이상 사용하지 못하게 되어 있으니, 가족이나 친척, 친구들을 가입시켜 이용한다면 무난할 것이다.

그런데 초보 시절에 나는 실제로 법원에서 경매가 어떻게 진행되는지, 어떤 사람들이 경매를 하는지 무척 궁금했다. 그래서 휴가가 가능한 날에는 법원에 가서 현장 분위기를 익혔다. 사실 대한민국의 직장인들은 경매에 입문하지 않는 한 평생 법원에 갈 일이 거의 없을 것이다. 그러나 경매에 입문하기 시작했다면 일단 법원을 식당에 드나드는 것처럼 편하게 드나들어야 한다. 나는 실제로 경매 **입찰***을 하기 전에 법원에 들러 실제 입찰봉투와 입찰표를 챙겨와 혼자서 모의 입찰을 꾸준히 연습했다. 내가 생각한 금액 대비 어느 정도의 금액에 낙찰되는지 알아보기 위해서였다. 또한 퇴근 후에는 물건에 대해 보다 자세히 알아보고, 주말에는 해당 물건지로 현장방문해 시세조사 및 지역분석을 했다.

오늘날에 나는 여러 사람에게 경매 강의를 할 정도로 소위 말하는 '고수'가 되었다. 나는 약간의 시행착오를 겪으며 나만의 경매 투자법을 완성할 수 있었다. 바로 '부동산 경매 3536투자법'이다. 이를 줄여서 '3536투자법'이라고 말하겠다. 이 책의 후반부에 그와 관련된 자세한 투자법을 소개했지만, 간단히 말씀드리자면 3536투자법은 시간이 절대적으로 부족한 직장인들을 위한 것이다. 물건선별부터 시작해 **권리분석***, 지역분석, 시세분석을 하는 데 소모되는 시간을 획기적으로 줄이고, 안전한 물건을 찾아 분석하는 4단계의 투자기법이다. 3536투자법을 이용한다면 누구나 직장 업무를 충분히 하면서, 잠시 생기는 자투리 시간에 충분히 물건을 찾고 분석할 능력을 얻게 될 것이다.

그렇다면 앞으로 부동산 경매 시장 전망은 어떨까? 2017년 부동산 경매 시장의 전망은 매우 밝다. 그 이유는 역설적이게도 금리가 올라가고, 2016년에 폭등했던 부동산 경기가 둔화되고 있기 때문이다. 부동산 경매는 부동산 경기의 선행지표로 보는 것이 맞다. 2016년에는 경매 시장이 과열되었다. 경매 진행 건수는 역대 최저 수준이었으나 경매 응찰자 수는 역대 최대 수준이었다. 그만큼 물건은 적고 입찰자 수가 많다 보니 당연히 낙찰가율이 높아 시세보다 싸게 산다는 취지에 맞지 않아 경매 시장에서 좋은 결과를 얻기 힘들었다.

그러나 2016년 11월부터 응찰자 수가 감소세로 돌아섰다. 그리고 2017년 1월에 경매로 나올 예정물건(경매로 나올 예정인 물건)은 2016년 대비 1.5배 늘어나고 있다. 물건이 늘어난다는 것은 그만큼 부동산 경기가 안 좋아 채무로 인해 경매로 나오는 물건이 많다는 것을 뜻하며, 물건이 많으니 그만큼 우량 물건을 적은 금액에 낙찰받을 수 있는 기회가 많아진다는 말이다. 이러한 시장 흐름에 주목한 나는 2016년에는 가지고 있던 물건 중 상당수를 매도하고 총알을 모았다. 우량 물건이 쏟아질 2017년 중·하반기를 대비해서 말이다.

재미있게도 우리나라에는 언젠가부터 '부동산 10년 사이클 법칙'이 존재한다. 1998년 IMF 외환위기 당시에 부동산 가격이 폭락하자 대출 부담이 늘고, 수익형 부동산의 공실률(빌딩이나 상가 등이 얼마만큼 비어 있는지를 나타낸 비율)이 늘었다. 그러자 투자자들은 헐값에 시장에 나오거나 끝내는 경매 시장에 나온 물건을 헐값에 사들였다. 투자자들은 아파트와 빌딩 등 부동산을 사들이고 호황기 때 큰 차익을 얻었다. 그 후 약 10년 뒤인 2008년에도 마찬가지였다. 2008년 금융위기로 부동산 가격은 폭락했지만 이후 2016년에 부동산 시장은 또다시 사상 최대의 폭으로 폭등하며 최고점을 찍었다. 2017년 올해는 2008년 금융위기가 발생한 지 약 10년째인 해이다. 다시 말해서 2017년을 기점으로 부동산 시장은 침체기에 들어가겠지만 2~3년 동안 최고의 투자 시장이 열릴 것이다.

"부동산은 이제 끝났다"고 말하는 뉴스를 믿지 말자. 다시 말해 2017년 지금 부동산 경매를 공부하자. 싼값에 우량 물건을 살 수 있는 최고 기회가 다가오고 있다.

첫 낙찰, 경매는 낙찰이 전부가 아님을 깨닫게 되다

"**최고가** 매수인, 인천에 거주하시는 원범석 님 단독입니다!"

법원에서 이런 소리를 들어본 사람들은 내 마음을 충분히 알 것이다. 그것도 첫 낙찰에 단독이라니? 나는 눈앞이 하얘졌다. 기뻐해야 할 순간이었지만 순간 멍해지며 아무것도 들리지 않았다. 감정평가액 2억 5천만 원에 한 번 **유찰***되어 최저가 1억 7,500만 원인 물건에 1억 9,095만 원을 쓰고 단독이라니? 최저가보다 무려 1,595만 원이나 더 써서 단독으로 낙찰받으니 어이가 없었다.

물론 권리분석과 시세조사는 누구보다 철저히 했다고 자부했으나 나는(그 당시의 나는) 어디까지나 초보이지 않은가? 초보인 나 말고 고수들이 내가 못 보는 무엇인가를 알아차리고 들어오지 않은 것은 아닌가? 아니면 내가 시세조사나 권리분석을 못해서 생각보다 적은 금액에 거래되고 있지는 않은지, 미처 예상하지 못한 **권리***를 인수하게 되면 어쩌나 하는 생각에 정신이 하나도 없었다. 여기저기 아는 지인들에게 전화하고 혹여 잘못된 부분이 있는지 물어보았다. 이처럼 당시에 나는 꼭 무언가를 놓쳤을 거라는 생각에 어리둥절했는데, 지금 생각하면 웃음이 절로 나는 상황이었다.

초보자의 경우 물건을 잘 받아놓고 기뻐하기는커녕 꼭 잘못된 부분을 억지로 찾아내 낙찰 이후 허가 기간인 7일 내에 **매각불허가신청***을 해야 한다는 강박관념에 빠질 수도 있다. 나 역시 그랬다. 이리저리 헤매고 다녔으니 말이다. 그러나 당시에는 정말 심각했다. 만약에 잘못된 물건을 낙찰받은 것이라면 최저가의 10%인 입찰보증금 1,750만 원을 날리는 경우가 생기니 말이다. 그 돈을 날리게 되면 경매고 뭐고 오히려 생활에 심각한 타격을 입게 되니 제정신이 아니었다.

다행히 일주일 동안 다시 알아보고 잘못 받지 않았다고 생각된 순간 안심하게 되었으며, 드디어 나도 첫 낙찰을 받았다는 설렘과 기쁨이 일었다. 하지만 '단독'이라는 결과를 생각하니 금액적으로는 약간의 아쉬움이 있었다.

이제부터 시작이라는 생각으로 일주일 후 나는 '**매각허가결정***'이 나오자마자 음료수 한 박스를 들고 낙찰받은 집으로 찾아갔다. 어차피 소액 임차인이고 1순위로 **배당***받으시는 분이기 때문에 편하게 이야기하려고 퇴근 후 방문했다. 집에는 고등학생으로 보이는 아이들 2명이 있었고 아저씨가 계셨다. 그러나 아저씨는 "아이 엄마가 알아서 하는 일이라 자기는 모르는 일"이라고 하면서, "아이 엄마는 10분 후에 오니 잠시만 기다려 달라"고 했다. 그래서 그 집에 들어가 기다리기로 했다.

거실을 살펴보니 텔레비전도 좋아 보이고 피아노도 있었다. 소파도 좋아 보여서 '어느 정도 사시는 분들이구나' 싶었는데, 아저씨의 한숨 섞인 이야기를 듣게 되었다. 원래 그분은 "예전에 본인 소유의 집이 있고 잘나가는 개인사업자였는데, 사업이 잘못되어 이런 집에 들어오시게 되었다"고 했다. 나는 속으로 고수들이 말하는 비결을 떠올렸다. '아, 이것이 **명도***할 때 잘 들어주라던 사연 들어주기인가 보다'라고 생각하며 정말 열심히 들어주었다. 20~30분쯤 이야기를 듣다 보니 아주머니가 오셨는데, 오시자마자 대뜸 왜 찾아왔냐며 인상을 쓰시는 것이었다.

"그냥 일반적인 방문이고, 배당 절차를 설명해 드리기 위해 왔다"고 말씀을 드렸으나 "배당 순서는 모두 알고 있고, 잔금도 치르지 않고 오는 경우가 어디 있느냐"며 무조건 나가라고 말씀하셔서 그날은 내 연락처만 드리고 귀가했다.

집으로 돌아와 이런저런 생각을 했다. 소액 임차인인 데다 그 아주머니는 내 인감증명서와 **명도확인서***가 있어야 배당을 받을 수 있는데 왜 이렇게 당당할까? 연락처를 드렸는데 전화연락도 없어서, 3일 정도 지나서 다시 방문했다. 이사계획은 어떻게 되는지 물어볼 겸해서 말이다.

다시 뵈었지만, 그 아주머니는 처음과 마찬가지로 "잔금을 치르고 오라는 것"이었다. "지금은 낙찰만 받았으니 집주인도 아니면서 이렇게 찾아오지 말라"는 것이었다. 나중에 알게 되었는데, 이 세입자는 나에 대해 조금씩 간을 보았던 것이다. 지금 자기 집에 온 낙찰자가 초보인지, 아니면 어느 정도 경매를 한 사람인지 간을 본 것이다. 그것도 모르고 계속 세입자에게 끌려가며 세입자가 하는 말에 어떻게 대처해야 하는지를 몰라서 그대로 따랐으니, 세입자 입장에서는 상대방인 내가 왕초보라는 사실을 알아차리고 주도권을 완전히 잡았다고 생각한 것이다. 나는 세입자가 원하는 조건만 제시하는 결과를 초래하게 되었다.

잔금을 치른 후에 세입자에게 찾아가니 "자기는 어차피 계약기간이 1년 남았으니 그 기간 동안 이사를 못 가고, 만약 이사 가기를 원하면 이사 비용 300만 원을 우선 가지고 오라"는 무리한 요구를 듣게 되었다. 너무 무리한 요구라고 말씀드리니 "경매를 처음 했느냐? 그런 것도 모르고 경매했느냐?"는 핀잔만 들었고, 나중에는 연락두절 상태가 되어버렸다. 아마도 다시 연락해 협상하려는 내 모든 요청을 거부하고, 내 마음을 조급하게 만들어 최대한 자기가 원하는 상황으로 끌고 가려 했던 모양이었다.

상대방의 전략은 통했고 나는 멘붕 상태에 빠져 이러지도 저러지도 못하는 상황에 빠져 있었다. 그래도 명도는 해야겠기에 용기를 내어 방문하기도 했고, 문자로도 연락을 계속 드렸다. 처음 받은 경매 낙찰이고 좋게 명도하기로 마음먹었고 내가 조금 손해 본다고 하더라도 웬만하면 웃으면서 명도하고 싶었기 때문이었다.

다행히 협상이 잘 진행되어 세입자는 **배당기일*** 일주일 전에 이사 가기로 하고, 나는 세입자가 이사 갈 집의 계약금 100만 원을 지불하는 것으로 약속했다. 이사 나가기로 약속한 날짜의 한 달 전에 세입자에게 전화가 걸려와 계약서를 이메일로 보내주었고, 세입자는 계약금 100만 원을 계좌입금해 달라고 요구했다.

전화를 끊고 계약서를 다시 확인해 보니 이사 나가기로 약속한 날짜보다 한 달 후에 이사 날짜가 잡혀 있는 것이었다. 이상한 생각이 들어 세입자에게 전화했다.

"계약 날짜가 이상합니다. 분명히 배당기일 일주일 전에 이사 가기로 구두로 합의했는데, 이사하시는 날짜가 그보다 한 달 뒤네요. 혹여 다른 곳에 짐을 맡기고 가실 계획이신지 궁금해서 전화 드렸어요."

그렇게 말씀을 드리니 세입자가 큰 소리로 화를 내는 것이었다. "이사비로 300만 원은 받아야 하는데 100만 원만 받고 나가는 것을 감사히 여길 것이지, 별것을 트집 잡고 있다"고 했다. 그리고 "이사 날짜야 이사 갈 집에서 그때 이사 나간다고 하니 어쩔 수 없이 그날로 계약했으니, 계약금이나 빨리 보내라"고 말했다.

참으로 어처구니없는 경우였다. 화가 나는 것을 간신히 참으며 말을 이어갔다.

"사모님, 제가 사모님에게 돈을 주어야 할 아무런 이유가 없습니다. 그러나 좋게 해결하고 싶고 사모님을 믿으니까 이사도 가지 않으신 상태에서 100만 원을 드리겠다고 약속한 겁니다. 그런데 사모님께서 약속을 어기시고 이사 날짜를 마음대로 변경하시니, 만약 제가 100만 원을 드린다면 사모님이 또 어떻게 나올지 믿을 수가 없게 되었습니다. 계약금 100만 원을 먼저 드리긴 힘들 것 같습니다."

그러자 "그럼 이사 못 간다"고 말하며 일방적으로 전화를 끊는 것이었다. '이런 경우 없는 사람을 배려해서 내가 조금 손해를 보더라도 좋게 해결하려 했나?' 하는 마음에 두통이 일고 나 자신에게 정말 화가 났다. 하루 종일 고민을 거듭하다가 '그래, 내가 잘못 생각했나 보다. **강제집행***을 생각하고 이제부터는 내 생각대로 하자'고 생각하니 오히려 마음이 편해졌다.

강제집행을 염두에 두고 배당기일 날을 앞두고 **인도명령***과 **점유이전금지가처분*** 신청을 준비하고 있었다. 일주일 뒤 세입자에게 전화가 왔다.

"왜 계약금을 안 보내주셨나요? 그럼 어떻게 이사하라는 건가요?"

이제는 마음이 편해져 담담히 말할 수 있게 되었다.

"사모님이 약속을 어기고 저에게 큰 소리로 말씀하시는 것은 아니라고 봅니다."

"그럼 당신이 계약금을 안 보내주어서 이사 못 가니 당신 책임이야. 알아서 해!"

끝까지 협박하는 세입자를 보며 '정말로 경우가 없다'고 생각했다. 그래서 이번에는 속 시원히 말해 주었다.

"네, 알아서 하겠습니다!"

전화상이었지만 세입자가 움찔한 것이 느껴졌다. 그리고 이번에는 내가 먼저 전화를 끊었다. 그 뒤 몇 차례 세입자에게 전화가 걸려왔지만 일부러 받지 않았다.

배당기일 이틀 전에 회사 업무를 보던 중 모르는 전화번호로 전화가 왔다. 세입자일 거라는 예감이 들어서 일부러 두 번 정도 받지 않았다. 그리고 회의 때문에 전화를 못 받았다고 문자를 보내고 전화를 걸어보았다. 역시 예상대로 세입자였다.

이번에는 "명도확인서와 인감증명서를 먼저 주면 배당 후 이틀 뒤에 이사를 나간다"는 것이었다. "명도확인서는 집을 저에게 명도했다는 확인서인데, 어떻게 명도도 하지 않고 먼저 명도확인서를 드릴 수 있습니까?"라고 하니, "그럼 나는 돈이 없어서 이사를 못 하니, 여기서 그냥 살 거예요!"라고 하셨다. 그래서 "네, 그 집에 쭉 사세요!"라고 말하며 다시 전화를 끊었다.

내가 전화를 안 받으니 문자로 욕설을 섞어 보내시는 세입자에게 문자로 답했다.

"먼저 약속을 어기신 것은 사모님이십니다. 우리 협상은 끝났고 제 명도확인서와 인감증명서 없이는 배당을 못 받으십니다. 이사를 가지 않으신다니 저는 사모님의 배당금을 **공탁*** 걸고 강제집행하도록 하겠습니다."

이후 배당하기로 한 날인 배당기일이 되자 세입자에게 문자가 왔다. "이틀 뒤 일요일에 이사 나갑니다. 서류 꼭 가지고 오세요." 드디어 세입자가 백기를 드는 순간이었다.

세입자가 이사하는 날, 그래도 내가 처음으로 낙찰받은 물건이라

좋게 끝내기 위해 50만 원을 현찰로 찾아놓았다. 이사를 마치면 이사비라도 좀 더 드리고 웃으면서 끝내고 싶은 마음에서였다. 그런데 이사 도중 나를 부르더니 **장기수선충당금***을 달라고 하시는 것이었다. 세입자는 당당히 "아니, 경매하시는 분이 그것도 모르세요?" 하면서 7만 원도 안 되는 돈을 나에게 당당하게 내놓으라고 여러 사람 앞에서 망신을 주는 것이었다. 결국, 이분은 가만히 있었으면 50만 원을 받았을 텐데 10만 원만 받았다. 장기수선충당금은 6만 몇천 원 정도였는데 나는 10만 원을 드리면서 말했다. "네네, 식사나 하세요" 하고 말이다.

이런 경우는 나만 겪지 않을 것이다. 누구에게나 무엇이든 첫 경험은 매우 중요하다. 나 같은 경우 최초 낙찰과 명도 과정에서 많은 교훈을 얻었다. 이후 입찰 전에 권리분석과 시세조사를 더욱 철저히 하게 되었고, 명도 과정에서 상대방을 최대한 배려하되 주도권은 절대로 **빼앗기지는** 않았지만 상대방을 마지막까지 내몰지는 않는다. 나는 어느 정도 무리한 금액이 아니면 세입자들이 나갈 때마다 이사비를 드린다.

여하튼 첫 물건을 낙찰받은 이후 나는 "경매는 낙찰이 전부가 아니다"라는 것을 절실히 깨달았는데, 첫 물건을 낙찰받은 후 매각허가결정에 7일, **매각허가확정***에 7일, 대금납부에 4주, 배당기일에 4주(세입자 이사)가 소요되는 등 명도까지 총 두 달 반 정도 소요되었다. 그 후 몇 개월 만에 매매해 3천만 원 상당의 수익을 내어 첫 경매치고는 좋은 성적을 올렸다. 이는 성공적인 투자의 시작이 되었다.

제2부

3536

회사는 나를 배반하지만

경매는 절대 배반하지 않는다

왜 직장 다닐 때
경매를 시작해야 할까?

얼마 전 신문에 발표된 내용에 따르면, 직장인 중 70%가 자신을 가난한 '푸어족'이라고 생각한다. 경제 활동을 하고 있지만 금전적인 어려움을 겪고 있는 사람들이 많다는 말이다. 직장인 10명 중 7명이 자신을 '푸어족'이라고 생각한다니 정말 안타깝다.

20대는 학자금 대출을 갚는 '학자금 푸어', 30대는 전·월세 비용 때문에 임대료 또는 은행 이자를 갚아나가는 '렌트 푸어', 40대는 대출받아 집을 마련한 '하우스 푸어', 50대는 노후 자금이 부족한 '실버 푸어'가 되었다. 결론은 경제 활동을 시작하는 20대부터 퇴직을 준비하는 50대까지 거의 모든 연령층이 금전적으로 어려움을 겪고 있는 것이다.

그렇다면 자신을 '푸어족'이라고 생각하는 사람들 중 '푸어족'에서 벗어날 것으로 생각하는 사람들은 얼마나 있을까? 아쉽게도

90% 이상이 자신은 '푸어족'에서 벗어날 수 없다고 생각한다. 그 이유는 연봉이 많이 안 오를 것 같아서, 경기가 나아질 것 같지 않아서, 집값과 교육비 등이 계속 올라서, 물려받을 재산이 없어서 등이다. 그렇다면 이대로 절망만 해야 할까? 그렇지 않다. 나는 방법은 있다고 자신 있게 말할 수 있다.

경매를 시작하고 연봉 이상의 수입이 생기면서부터 내 삶은 많이 여유로워졌다. 아침에 출근하고 저녁에 퇴근하는 삶에는 변함이 없었지만 더 이상 정리해고를 걱정하지 않게 되었으며, 상사의 불합리한 업무지시에도 당당해질 수 있었다. 경매를 알기 전에는 불합리한 지시를 받으면 연말 고과점수에 영향받을까 싶어 어쩔 수 없이 따라야 했지만 그렇지 않게 된 것이다.

무엇보다 식구들과 외식하거나 아이의 옷과 신발을 살 때 금전적인 걱정을 하지 않게 되었다. 항상 불안하기만 하고 수동적인 삶에서 능동적인 삶으로 변화하게 된 것이다. 놀라운 것은 많은 돈과 시간을 투자하지 않고도 얻어낸 결과물이라는 것이다. 이것은 나에게만 해당되는 이야기가 아니라 이 글을 읽고 있는 모든 직장인들이 만들어낼 수 있는 이야기인 것이다.

실제로 부동산 경매는 많은 돈과 시간이 필요하지 않다. 약간의 지식과 끈기와 열정만 있다면 가능한 것이 부동산 경매이다. 나는 돈이 없어서 마이너스 통장을 활용해 경매를 시작했는데, 직장에서 업무 중 잠시 커피 한 잔 할 수 있는 시간과 점심시간을 많이 이용했다.

하지만 많은 직장인들이 이 황금 같은 시간을 이용할 줄 모른다.

경매를 배우기 전에 나 또한 아침에 출근한 후 커피 한 잔의 여유를 부렸으며, 점심식사 후 동료들과 근처 커피숍에서 아메리카노를 마시며 아무 생각 없이 시간을 보내거나 때로는 달콤한 낮잠을 즐겼다. 그러나 30대 중반에 경제적인 시련과 정리해고의 칼바람을 맞고 나는 사고방식을 바꾸게 되었다. 내가 어려울 때 회사가 도와주지 않는다는 것도 깨달았다.

우리는 조금만 생각을 달리하면 누구나 경제적 자유를 누릴 수 있는 시대에 살고 있다. 그것도 하루에 1시간 정도만 할애한다면 말이다. 물론 경매를 시작하자마자 곧바로 경제적 자유를 누릴 수는 없겠지만 하루 1시간씩만 투자하고 매진한다면 1년 뒤에는 최소한 연봉의 50% 이상은 벌게 될 것이다.

그럼에도 불구하고 신세한탄만 하는 사람들이 많다. "부모에게 물려받은 것이 없어서, 대학을 나오지 못해서, 아니면 좋은 대학을 나오지 못해서"라고 말이다. 다른 사람들이 불평하고 자학하는 사이에 부동산 경매의 시스템을 이해한 사람들은 1년 뒤 또는 3년 뒤에 좋은 대학을 나온 사람보다 많이 벌고, 자수성가하게 될 것이다.

2016년 일본 NHK에서 기시미 이치로가 강연한 100분의 명저편이 방송되면서 일본에서 '아들러 심리학' 열풍이 일었다. 그리고 그 강연 내용을 담은 책이 출간되었는데 『아무것도 하지 않으면 아무 일도 일어나지 않는다』라는 책이다. 이 책에서 기시미 이치로는 과거의 기억과 타고난 성격, 주어진 환경 때문에 앞으로 나아가기를 두려워하는 사람들에게 '역발상적인 생각'으로 지금의 나를 바꿔서 나의 내일을 달라지게 만드는 힘을 얻자고 말한다. 그는 더 나아가 지나간 나의 과거까지 바꿀 수 있는 용기를 가지라고 한다. 정말 가슴에 와 닿는 문구가 아닌가?

아무것도 하지 않으면 아무 일도 일어나지 않는다. 변화를 원한다면 작은 무엇이라도 해야 한다는 말이다. 한때 나는 회사에서 하루에 최소한 8시간에서 12시간 이상 일했다. 그렇게 열심히 일하면 회사에서 알아줄 것이고, 나의 미래는 회사가 지켜줄 것이라 믿어 의심치 않았다. 그러나 그 믿음은 배신으로 돌아왔다.

이제는 '평생직장'이라는 말에 매달리는 사람이 많지 않을 것이다. 하지만 아직까지도 대부분의 직장인들이 하루하루 직장생활에 자신의 모든 역량을 쏟아부으며 살아간다. 왜냐하면 새로운 무엇인가를 해야 한다는 두려움과 지금의 현실에 안주하고 싶은 마음이 있기 때문이다.

나는 여러분에게 힘주어 말하고 싶다. 직장에서 발휘하는 역량의 10%만 발휘한다면 새롭고 즐거운 삶이 시작될 것이라고. 하지만 내 말에 의구심을 품는 사람들이 많을 것이다. 지금 처한 상황에서 열심히 사는 것이 정답이라고 말하는 사람도 있을 것이다. 그러면서 매달 빠져나가는 생활비와 은행이자, 카드값 등을 걱정하고 있으니, 정말 안타까울 뿐이다.

직장인들에게 다시 한 번 말씀드리고 싶다. 부동산 경매는 학력과 상관없이 누구나 적은 시간과 투자금으로 할 수 있는 안전한 재테크이다. 부동산 경매에 대한 인식을 바꾸고 지금 바로 시작하자.

직장인이여,
유리한 대출조건을 활용하라

앞에서 나는 직장인 여러분에게 하루에 한 시간 정도 활용한다면 경매의 세계에 뛰어들 수 있다고 말했다. 하지만 회사 업무가 한가하지 않은 이상 그 이상의 시간을 내는 것은 현실적으로 불가능할 것이다. 어쩔 수 없이 우리는 졸린 눈을 비벼가며 회사 업무와 경매, 두 가지 일을 동시에 해야만 한다.

그렇다고 해서 무턱대고 회사를 관둘 수는 없지 않겠는가? 나 역시 회사생활과 경매로 날마다 바쁘게 지냈지만 그렇다고 해서 직장생활을 포기할 수는 없었다. 직장인의 장점은 무엇인가? 회사는 매달 나에게 월급을 준다. 그 월급은 안정적인 생활을 가능하게 해주고, 그로 인해 재테크도 할 수 있었다.

회사 연봉은 1년에 50% 이상 오르기 힘들지만 경매로 벌어들이는 수입은 그보다 훨씬 더 많을 수 있다. 경매로 얻어낸 물건이 하나둘 늘고 10개 이상으로 늘어나자 나는 회사 월급보다 훨씬 많은 수입을 매달 얻게 되었다. 그래서 나는 전업투자를 꿈꾸기 시작했다. 이러한 내 생각을 아내와 함께 나누며 많은 고민을 거듭하다 당당하게 사표를 내고 전업투자의 길로 들어서게 되었다.

회사를 그만두고 전업투자를 시작하면 많은 장점이 있다. 그중 최고로 유리한 점은 시간의 제약에서 자유롭다는 것이다. 회사 다닐 때보다 상대적으로 시간이 남는 만큼 최대한 물건을 많이 보러 다닐 수 있고, 법원에 입찰하러 갈 때 상사의 눈치를 보지 않아도 된다.

그런데 그와는 반대로 단점도 있다. 내가 전업투자를 선언하고 제일 당혹스럽던 경우는 물건을 낙찰받고 대출받을 때 발생했다. 회사에 다닐 때는 재직증명서, 원천징수영수증, 이 두 가지만 있으면 웬만하면 모든 대출이 일사천리로 이루어졌다. 하지만 회사를 나오고 나니 상황이 달라졌다.

회사를 관두고 경기도 남양주에 있는 아파트를 낙찰받을 때의 일이었다. 해당 아파트는 남양주의 좋은 자리에 위치해 있고, 1층이지만 2층 같은 1층이라 채광도 무척 훌륭해 단기매매하더라도 1천만 원 이상 수익을 올릴 것 같아 기대감이 컸다. 참고로 이 아파트의 낙찰자 '최○○'은 내 아내이다.

낙찰을 받고 자주 거래하던 소장님에게 전화를 걸어 **경락자금대출***에 관해 문의했다. 법원에서 낙찰을 받으면 대출을 알선해 주시는 소장님들이 명함을 준다. 이분들과 거래하다 보면 자신과 코드가

2014타경5▨▨▨

| 소 재 지 | 경기도 남양주시 화도읍 ▨▨▨ | | | | | | | |
| 새 주 소 | 경기도 남양주시 화도읍 ▨▨▨ | | | | | | | |

물건종별	아파트	감 정 가	188,000,000원	오늘조회: 0 2주누적: 1 2주평균: 0 조회동향
대 지 권	39.618㎡(11.984평)	최 저 가	(80%) 150,400,000원
건물면적	59.979㎡(18.144평)	보 증 금	(10%) 15,040,000원
매각물건	토지 건물 일괄매각	소 유 자	민▨▨
개시결정	2014-02-12	채 무 자	민▨
사 건 명	임의경매	채 권 자	서광주농협

구분	입찰기일	최저매각가격	결과
1차	2014-07-18	188,000,000원	유찰
2차	2014-08-29	150,400,000원	

낙찰: 166,040,000원 (88.32%)

(입찰2명,낙찰:최▨▨)

매각결정기일 : 2014.09.05 - 매각허가결정

대금지급기한 : 2014.10.07

대금납부 2014.10.07 / 배당기일 2014.11.19

배당종결 2014.11.19

등기부현황 (채권액합계 : 153,715,293원)

No	접수	권리종류	권리자	채권금액	비고	소멸여부
1(갑5)	2007.12.21	소유권이전(매매)	민▨▨		거래가액:146,000,000	
2(을2)	2009.04.15	근저당	서광주농협	120,000,000원	말소기준등기	소멸
3(을4)	2013.07.17	근저당	송▨	30,000,000원		소멸
4(갑6)	2014.02.13	임의경매	서광주농협	청구금액: 106,322,370원		소멸
5(갑7)	2014.03.14	가압류	신용보증재단중앙회	3,715,293원		소멸

맞는 분이 있을 것이다. 내 경우에는 경락자금대출을 받을 때마다 세 분 정도에게 사건번호만 문자로 보내드리면, 소장님들이 대출가능 금액과 이자율 등을 확인해 알려주신다.

잠시 후 낙찰 가격의 80%까지 대출이 가능하고 이자율은 3.2~3.5%라고 연락이 왔다. 직장 다닐 때 받았던 대출과 별다르지 않은 조건이었다. 소장님에게 "그럼 최대한 금리가 낮은 곳으로 하고, 추가로 법무사 비용이 싼 법무사로 부탁한다"고 말씀을 드렸다. 소장님은 알았다고 하시며, 좀 더 좋은 조건이 나오는 곳을 알아보시고 연락을 주시기로 했다. 그러면 대개 일주일 내에 소장님이 연락해 오신다. 그럼 대출받을 금융기관으로 직접 찾아가서 대출계약서를 작성하거나, 금융기관의 대출 담당자가 내가 원하는 곳으로 찾아오면 대출계약서를 작성하고 이후에 법무사와 전화로 법무사 비용만 조율하면 대출은 마무리된다.

일주일 뒤에 소장님에게 연락이 왔다. "1금융권으로 대출받으면 낙찰받은 금액의 80%까지 나오고 이자율은 3.3%, 2년 거치 15년 상환이고 중도상환수수료 0.5%"라고 하셨다. 대출을 받을 때 중도상환수수료를 무시해서는 안 된다. '2년 거치 15년 상환'은 2년 동안 이자만 납부하고 3년째부터는 이자와 원금을 같이 납부하는 것을 말한다. 또 '중도상환수수료 0.5%'는 거치 기간인 2년 전에 대출을 상환하면 0.5%의 중도상환수수료가 발생한다는 말이다. 나는 괜찮은 조건이라고 생각하며, 대출계약서를 작성하는 날짜를 알려달라고 부탁했다. 그러자 "그럼 ○○일까지 인감증명서, 주민등록 등·초본, 신분증, 원천징수영수증, 재직증명서를 가지고 어디로 오라"고 문자가 왔다.

아뿔싸! 항상 거래하던 소장님이라서 내가 계속 회사에 다니고 있다고 생각하신 것이다. 하지만 회사를 그만두었으니 재직증명서와 원천징수영수증은 더 이상 발급받을 수 없었다. 곧바로 "소장님, 저 회사 그만두었어요. 다른 서류는 몰라도 재직증명서와 원천징수영수증은 없습니다"라고 문자를 보내드렸다. 그러자 소장님께서 깜짝 놀라시고 문자를 보내주셨다. "범석 씨, 회사 다니는 것으로 알고 알아본 거예요. 회사 안 다니시면 조건이 달라져요. 다시 알아보고 연락드릴게요."

당혹스러웠다. 당연히 아무 문제없이 대출받을 것이라고 생각했는데 난감했다. 이때부터는 소장님만 믿고 있을 수는 없었다. 여기저기 그동안 내가 대출받았던 은행들과 거래했던 법무사들에게 따로 연락을 드렸다. 하지만 그 어느 곳에서도 내가 생각한 기준의 대출이 나오지 않았던 것이다. 대금납부 기일은 다가오고 있는데 대출은 안 되고, 하루하루 피가 마르는 순간이었다. 대금납부 기일 일주일 전에 다른 소장님에게 연락이 왔는데 "1금융권인 은행이 아닌 2금융권인 보험사이고, 대출은 낙찰받은 금액의 80%까지 나오며, 이자율은 4.5%, 2년 거치 15년 상환, 중도상환수수료 1.5%의 조건"을 제시했다.

회사 다닐 때보다 조건이 나빠졌지만 나에게는 선택권이 없었다. 대출을 빨리 받을 수밖에 없기 때문이었다. 이 물건의 잔금을 치르고 몇 개월 만에 단기매매했는데 처음 생각한 수익보다는 제2금융권에서 대출받는 바람에 당초 예상보다 낮은 수익을 올리게 되었다. 다음 표는 만약 내가 회사에 다니면서 1금융권에서 정상적으로 대출을 일으킨 경우와 급하게 2금융권에서 대출을 받은 경우의 실투자금 차이를 비교해 본 것이다.

	1금융권	2금융권
낙찰금	166,040,000원	166,040,000원
대출금	132,000,000원	132,000,000원
취·등록세 및 잡비	1,992,480원	1,992,480원
이자(7개월)	2,541,000원	3,468,840원
실투자금	39,233,480원	41,481,320원

이렇듯 1금융권이 아닌 2금융권에서 대출받으니 최종 실투자금이 200만 원 가까이 차이가 났다.

그런데 오늘날의 나를 비롯한 전업투자자들은 처음 입찰금을 산정할 때 최종 수익금을 먼저 산정해 놓고, 대출금 등의 부대비용을 뺀 금액에서 입찰금을 결정한다. 만약 지금의 내가 과거로 돌아간다면, 대출금 등의 부대비용을 입찰금을 결정하기 전에 산정하기 때문에 결코 그와 같은 입찰금액을 쓰지 않았을 것이다.

여하튼 직장인 투자자는 일반 투자자보다 대출 조건 하나만 놓고보더라도 훨씬 유리한 고지에서 싸울 수 있다. 직장인 투자자와 일반 투자자가 같은 물건에 입찰한다고 가정했을 때, 대출 조건이 유리한 직장인이 훨씬 높은 수익을 올릴 수 있는 것이다.

초기 자본이 적다면
마이너스 통장을 이용하라

내가 재취업한 지 얼마 안 된 2008년 11월에는 온 나라가 미국투자은행 리먼 브라더스의 파산으로 뒤숭숭했다. 글로벌 금융위기로 온통 시끄러웠다.

리먼 브라더스의 파산은 서브프라임모기지(비우량 주택담보대출)의 후유증으로 벌어졌는데, 소문으로만 돌던 미국발 금융위기가 현실화된 상징적인 일이었다. 우리나라 역시 전 세계로 급속히 확산된 금융위기의 여파에서 자유롭지 못했다. 그 여파로 인해 1997년 IMF 외환위기 이후 최고의 호황기를 맞고 있던 우리나라 부동산 시장은 급속히 가격이 떨어지고 있었다. 지금 생각해 보니, 내가 2008년 3월에 팔았던 인천의 빌라는 자의는 아니었지만, 가격이 최고점일 때 팔았던 것이다.

새로 입사한 회사에 다니며 퇴근 후 집에 오면 대개 10시에서 11

시가 되었다. 그래도 부동산 경매를 꾸준히 공부하고 있던 때라 집에 오면 물건 확인을 빼먹지 않았다. 그런데 2009년 3월부터 경매 물건이 쏟아지기 시작했다. 아파트와 빌라 물건이 감정가(감정평가액) 대비 100%에 육박하던 낙찰가율이 점점 떨어져 70%선까지 하락한 것이었다. 이때 나는 경매를 시작해야 할 때라고 직감적으로 느꼈다. 하지만 돈이 없었다.

전에 다니던 회사에서 받은 명예퇴직금 등은 빌라를 팔고 다른 곳으로 이사할 때 모두 써버렸고, 8개월 동안 놀면서 실업급여로 생활했으니 돈이 있을 턱이 없었다. 그래서 생각한 것이 은행의 마이너스 통장이었다. 다음 날 바로 주거래 은행으로 달려갔다. 비록 재취업한 지 6개월밖에 안 되었지만 그래도 10년 이상 주거래 은행으로 이용했고, 6개월 동안 들어온 월급이 있으니 내치진 않을 거라고 생각해서였다.

"얼마까지 해드릴까요?"

은행 직원이 마이너스 대출을 받기 위해 왔다고 하니 처음 한 질문이었다. "3천만 원 정도"라고 말하니, 급여통장과 재직증명서, 원천징수영수증을 가지고 다시 오라는 것이었다. 그리고 신청을 한 다음에 서류심사가 있다는 것이었다. 3일 뒤에 연락이 왔다.

"대출이 불가능합니다."

뭐지? 이 배신감은? 10년 이상 주거래했던 은행으로부터 "마이너스 통장 개설이 불가하다"는 답변을 받았다. 비록 전에 다니던 회사는 어려움에 처했지만 아직은 회사문을 닫지 않았고, 새로운 회사로 옮기고 나서도 급여통장으로 그대로 사용하고 있는데 발급불가 판정을 받은 것이었다. 다시 새로 옮긴 회사의 주거래 은행에 서류를 제출하고 심사를 기다렸다. 다행히 급여통장을 그 은행으로 바꾸고 카드를 발급받으면 2천만 원까지 마이너스 통장을 발급할 수 있다는 답변을 받았다.

당초 생각했던 금리보다는 높지만 경매 **입찰보증금***은 마련할 수 있었다. 내가 초기 자금을 마련하기 위해 마이너스 통장을 생각한 이유는 다음과 같다.

우선 일반(신용)대출과 마이너스 통장을 비교해 보자.

일반(신용)대출과 마이너스 통장 비교		
구분	일반(신용)대출	마이너스 통장
단점	대출금 전액에 대해 이자 발생(이자 부과)	일반(신용)대출에 비해 높은 금리
장점	마이너스 통장에 비해 낮은 금리	이용 금액에 대해서만 이자 발생(이자 부과)

앞의 표와 같이 일반(신용)대출은 마이너스 통장과 비교하면 금리는 낮지만, 대출금액 전액에 대해 매달 이자가 발생한다. 반면 마이너스 통장은 이용 금액에 대해서만 이자가 발생한다. 내가 자금을 사용할 목적은 경매 입찰시 입찰보증금을 마련하는 것이었다.

나는 필요할 때(입찰 당일) 돈을 찾았다가 패찰(경매에 떨어지는 것)하면 바로 입금하려고 했는데, 마이너스 통장을 활용하면 그 요구에 부합할 수 있다. 필요한 금액을 몇 시간도 쓰지 않기 때문에 이자가 거의 없다고 해도 무방한 수준이었다. 그렇게 회사에 다닌 덕분에 나는 초기 경매 자본을 어렵지 않게 마련할 수 있었다.

그런데 내 지인들 중에는 "만약 경락(경매에 낙찰)받고 나서 마이너스 통장만으로는 자금이 부족하지 않느냐"고 묻는 분들이 있다. 경매에 낙찰된다면 그때는 경락자금대출을 받으면 된다. 아파트의 경우 낙찰가액의 70~80%, 다세대주택(빌라)의 경우 80~90%까지 대출이 나오니 전혀 걱정할 필요가 없다.

직장인들이여, 경매 투자를 위해 마이너스 통장을 개설하자.

● 초기 자본이 없는 직장인들은 우선 마이너스 통장을 개설하자.

직장인이 마이너스 통장을 개설하기 위해 필요한 신청서류는 다음과 같다.

1. 재직증명원
2. 신분증
3. 원천징수영수증
4. 해당 은행 통장

● 마이너스 통장을 이용하는 것도 대출이기 때문에 경매 패찰 후 바로 입금하는 것이 좋다.

마이너스 통장의 경우 대출금을 갚지 않고 계속 유지하면 이자가 복리로 계산된다. 매달 나가는 이자가 자동으로 마이너스 잔액을 늘리고, 다음 달에는 이 금액에 다시 이자가 붙는 복리의 형태이므로 되도록 바로 입금하는 것이 중요하다.

● 마이너스 통장의 만기는 보통 1년이다.

1년 후 마이너스 통장을 연장할 때 승진과 연봉 인상 등이 있었다면 금리 감면 요청을 할 수 있다. 이때는 더 낮은 금리를 당당히 요청하자.

우리 가족은 마트 대신
부동산에 간다

처음에 경매를 배울 때는 회사 휴무일인 주말에 임장(현장답사)을 하러 다녔다. 임장은 경매를 한다면 꼭 해야 하는 것이기 때문이다. 내가 아무리 해당 지역을 남들보다 더 잘 안다고 해도, 시세를 어느 정도 알고 있다고 해도 현장답사는 필수로 하길 바란다.

투자할 물건을 선별하고, 권리분석으로 인수 또는 말소되는 권리를 파악한 후 인터넷을 활용해 기본 시세와 수익률을 파악했다고 하더라도, 등기부등록에 나타나지 않은 사항은 현장답사를 통해서만 확인할 수 있다. 또 최종적인 입찰금 및 수익률은 현장답사를 통해서만 결정할 수 있다. 게다가 현장답사를 나가면 예상 밖의 많은 정보를 얻을 수 있다.

예를 들어, 실제로 부동산의 현황과 법원에서 제공하는 **감정평가서*** 및 현황조사서가 일치하지 않는 경우가 있다. 감정평가서나 현황조사서에는 1층 아파트 혹은 반지하 빌라로 되어 있는데, 막상 현장에 가보면 2층 같은 아파트 혹은 1층 같은 반지하 빌라일 수도 있다. 따라서 현장에 직접 나가보지 않으면 정확한 판단이 불가능한 것이 현장답사이다. 그리고 실제로 내가 아는 지인은 경매 물건을 보러 현장에 갔다가 집이 불에 타 소실되어 있는 것을 보고 깜짝 놀랐다고 한다.

나 또한 경매를 배우기 시작하면서 현장답사를 꾸준히 했다. 해당 물건(주차시설, 공원, 놀이터, 방향, 조망 등)을 둘러보고, 주위환경(교육환경, 교통환경, 편의시설, 유해시설 등)을 살펴보고, 마지막으로 부동산 몇 군데에 들러 실제로 거래되는 시세를 확인해 보는 순서로 현장답사를 실시했다. 현장답사를 할 때는 해당 물건과 주위환경은 혼자서 살펴봐도 되지만 시세는 꼭 지역 부동산을 방문해 조사하는 것이 정답이다.

부동산을 방문할 때는 꼭 세 번 들르는 것이 좋다. 한 번은 집을 처분하고 싶은 매도자의 관점에서, 두 번째는 사고 싶은 매수자의 입장에서, 세 번째는 임차인의 입장에서 방문하는 것이 바람직하다. 그런데 나는 같은 부동산이 아닌 다른 부동산 세 곳을 방문한다. 그 이유는 다음과 같다. 부동산의 입장에서는 거래가 되어야만 수익이 발생하기 때문에, 매도하는 사람에게는 최대한 낮은 금액을 부르고 매수하는 사람에게는 최대한 높게 부른 다음에 가격을 조율하려 하기 때문이다.

2007년에 공항철도가 개통되자 인천 서구 검암동에는 많은 인구가 유입되었다. 검암역에서 서울역까지 30분밖에 안 걸려서 많은 직장인들이 검암동으로 이주했다. 2009년 검암동에 아파트 및 빌라가 경매로 많이 나와 물건을 확인하고 주말에 임장을 하러 갔다.

그러나 부동산에서는 나를 그다지 반기지 않았다. 아니, 바꿔 말하면 집을 보기 위해 부동산을 방문해도 제대로 집을 볼 수가 없었다. 나중에 알게 된 사실이지만 부동산 사장님들은 사람 보는 눈이 있다. 그분들은 첫 모습만 봐도 임장을 하러 온 사람인지, 아니면 실수요자인지 알 수 있다.

그런데 나는 임장을 한답시고 주말 아침부터 정장을 빼입고 갔으니, 아무래도 부동산 사장님들이 보시기에는 "저는 실수요자가 아니고 임장하러 왔어요!"라는 티를 팍팍 낸 것으로 보였던 것이다. 그러니 부동산 사장님들이 제대로 된 집을 보여주려 하지 않았으며, 아무리 돌아다녀도 하루에 세 집 이상 볼 수 없었다.

나는 그 당시에 순진하게도 "나온 집이 없다. 주인이 내일모레 오니 그때 방문해 달라"고 말하는 부동산 사장님들에게 알겠다고 말하며 다음에 찾아뵙겠다고 인사를 하고 나왔다. 그러다 어느 순간부터는 헐렁한 체육복에 슬리퍼를 끌고 현지인인 것처럼 방문했다. "저는 이 동네 사는데요. 집주인이 전세금 올려달라고 해서 그러는데, 집 나온 곳 좀 있으면 보여주세요." 그러자 좀 더 수월하게 집을 볼 수 있었다. 하지만 그렇다고 많은 물건을 볼 수 있었던 것은 아니다.

직장인인 나는 토요일에만 현장답사할 수 있었다. 평일에는 퇴근 후에 집에 와서 옷 갈아입으면 금세 밤 12시 가까이 되는데, 어떻게 현장답사할 수 있단 말인가?

그러던 어느 날 아내가 내게 "오늘은 어느 지역으로 집을 볼 것인지" 물어보았다. "검암역 근처의 아파트 및 빌라를 중점적으로 볼 것"이라고 말하니, "할 일도 없으니 같이 가자는 것"이었다. 아무 생각 없이 "그러자" 하고 말하며 같이 나갔는데, 깜짝 놀라고 말았다.

그동안 그토록 냉대했던 부동산 사장님들이 커피를 타주며, 여기저기 다른 부동산에 전화하시면서 집을 보여주시는 것이 아닌가? 물론 그동안 없던 집들이 그날따라 한꺼번에 나온 것은 아니었다. 내가 한 살짜리 우리 아이를 안고 들어가고, 뒤따라 아이 엄마도 같이 들어가니 부동산 사장님 입장에서는 영락없는 실수요자로 보였던 것이었다. 몇 주 동안 임장해야 볼 수 있는 집들을 하루 만에 모두 볼 수 있었다.

그날 이후부터는 주말에 특별한 일이 없다면 우리 가족은 함께 임장을 다녔다. 어디를 다니건 부동산에서 환영받으니 혼자 다닐 때보다 편안하게 임장할 수 있었다. 아파트를 보는 경우에는 하루 만에 해당 아파트에서 나온 모든 물건을 볼 수 있었다. 게다가 부동산 중개인들이 "자신이 집주인과 잘 알고 있는 사이"라고 말하며 "집값을 어느 정도까지 깎아준다"고도 했다. 빌라를 보는 경우에는 해당 부동산에서 차를 대절해 주면서까지 그 동네에서 나온 물건을 모두 보여주었다.

여하튼 가족과 같이 임장을 다니면 좋은 점이 많은데, 내 경우에는 집 안의 내부 구조와 인테리어를 유심히 보는 데 반해 아내는 동네의 주민 성향이나 교육환경, 편의시설 등을 꼼꼼히 살펴본다. 이처럼 집을 보고 온 뒤에 서로가 본 것을 정리하면, 해당 물건의 가치를 좀 더 정확히 파악할 수 있으므로 입찰금을 산정하는 데 유리해진다.

경매를 배우는 사람들 중 여자분보다는 남자분 중에 그런 분이 간혹 있다. 부동산 사무실에 들어가서 실수요자처럼 보이려고 거짓말을 하는 것이 정말 힘들다고 하면서, 처음에 어떻게 말을 꺼내야 할지 모르겠고, 부동산에 들어가는 것조차 머뭇거리게 된다고 말이다. 사실 나도 처음 부동산 사무실에 들어가 거짓말을 하는 것이 힘들었다. 그러나 무수히 다니다 보면 요령이 생긴다.

그런데 여기서 "왜 굳이 힘들게 부동산을 여러 군데 다니느냐? 한 군데 부동산에서 모두 알아보면 되지 않느냐?"고 생각하는 분들도 있을 것이다. 하지만 나중에 물건을 낙찰받은 이후를 생각하면 이야기가 달라진다. 부동산이라고 해서 모두 똑같은 것은 아니다. 부동산 중에는 자신과 코드가 맞는 부동산이 있다. 그래서 낙찰을 받고 물건을 내놓을 때를 대비해, 부동산을 한 군데만 다니지 말고 여러 군데를 다녀보시는 것이 바람직하다.

나는 지금 부동산이 커피숍보다 편하다. 차 한 잔 마시고 싶으면 커피숍 대신 부동산에 들러 이런저런 이야기를 나눈다. 내 경우에는 처음 부동산을 방문할 때의 두려움을 가족과 함께 방문하면서 극복

할 수 있었다. 만약 여러분이 가족과 함께 방문하기 힘들다면 이성인 친구나 경매 동료와 같이 가족인 척하고 방문하시기 바란다. 보다 많은 물건을 볼 수 있을 것이다.

점심시간과 티타임을
십분 활용하라

여러분도 대부분 그렇겠지만 내가 직장생활을 할 때 출근시간은 9시까지였다. 집에서 회사까지 거리가 있고, 늦게 나오면 차가 너무 막혀 최소한 아침 7시에는 집에서 나와야 했다. 그래야 늦어도 8시 30분 정도에 회사에 출근할 수 있었다.

회사에 도착해서는 간단히 커피를 마시면서 그날의 업무순서를 정하고, 거래처 및 각 부서에서 온 이메일을 보며 하루 일과를 계획했다. 오전 회의와 업무시간 동안 기본적으로 2~3잔 정도의 커피를 마셨다. 점심시간에는 꿀맛 같은 잠깐의 낮잠으로 그날의 피로를 풀었다. 이후 정신없는 오후 업무를 하면서 또다시 2~3잔 정도의 커피를 즐긴 것 같다. 아마도 대부분의 직장인들은 나와 비슷한 직장생활을 할 것이다.

직장생활을 하면서 스트레스를 받거나 집중이 안 될 때 계속 일만 하면 스트레스만 점점 더 늘어나고 효율성도 많이 떨어진다. 잠깐의 휴식으로 커피를 즐기고 다시 업무에 집중하기 위해 티타임을 가지는 것이다. 그런데 사실 하루 일과 중 우리가 업무에 집중하는 시간은 얼마나 될까?

2013년 잡코리아에서는 재미있는 설문조사를 진행했다. "하루 8시간의 업무시간, 직장인들은 꼬박 업무에만 집중하고 있을까?"라는 제목으로 말이다. 이 설문조사에 직장인 611명이 참여했는데, 직장인 중 97.1%가 "업무시간 중 딴짓을 한다"라고 답했고, "그렇지 않다"고 답한 직장인은 2.9%에 그쳤다. 업무시간에 딴짓을 한다고 답한 직장인 593명에게 "하루 업무시간 중 딴짓하는 시간"에 대해 주관식으로 질문한 결과, 하루 평균 "59분 21초"가량 딴짓을 하는 것으로 파악됐다. 직급별로 살펴보면 과·차장급이 하루 평균 1시간 2분, 대리급이 1시간 1분, 사원 또는 주임급이 57분, 부장급이 55분가량 딴짓을 했다. 직장에서 중추적인 역할을 하는 과·차장급이 하루 업무시간 중 가장 많이 딴짓을 하는 것이 흥미롭다. 직장인들이 업무시간에 가장 많이 하는 딴짓(복수응답)으로는 메신저(39.6%)가 1위를 차지했고, 스마트폰(39.0%)이 근소한 차이로 그 뒤를 이었다. 이외에도 뉴스 검색(33.7%), 인터넷 쇼핑(33.6%), 주식투자(13.2) 등의 의견이 있었다.

이 설문조사에 따르면, 우리나라 직장인 중 거의 대부분은 업무시간 중 최소 1시간 정도는 딴짓을 한다. 물론 나도 마찬가지였고, 지금 직장을 다니고 있는 직장인들 또한 마찬가지일 것이다. 그렇다면 이렇게 해보자. 어차피 딴짓을 할 것이라면 지금부터는 약간 다른 딴짓을 해보자. '부동산 경매 투자'라는 딴짓, 더 정확히 말한다면 '3536투자법'을 익혀 딴짓을 해보자.

주5일 근무하는 직장인의 경우 하루에 한 시간씩 일주일이면 5시간이다. 3536투자법 중 3단계인 지역분석과 4단계인 시세분석을 하기 위해 일주일에 5시간 딴짓을 한다면, 평소에 내가 잘 알고 있다고 생각해서 그냥 지나쳤던 지역이 새롭게 보일 것이다. '이 동네는 아파트 및 주택 시세가 이렇게 오르고 있구나!', '아하, 이 동네는 교육환경이 뛰어나구나! 교통 제반시설도 좋으니 어느 동네보다 교통과 학군이 좋구나!' 이렇게 말이다.

이 책을 읽고 계신 분들은 3536투자법이 생소할 것이다. 생소한 것이 맞다. 이 책을 쓴 내가 정리한 투자법이니 말이다. 나는 직장에 다니면서 처음 경매 입찰을 할 때 물건만 고르다 시간을 허비한 경우가 허다했다. 그래서 한 달에 1번 입찰하기도 힘들었다. 당시에 나는 공부를 위한 공부가 아니라 투자를 위한 공부가 절실했다. 그렇게 시행착오를 겪으면서 탄생한 것이 바로 3536투자법이다. 3536투자법을 익히면 물건선별부터 시세조사까지 2분 내에 끝마칠 수 있다. 3536투자법과 관련된 더 자세한 내용은 뒤에서 다룰 것인데, 다시 본론으로 돌아가자.

직장인들이여, 굳이 하루에 한 시간씩 짬을 내어 경매 투자를 하지 않아도 된다. 그보다 적은 시간을 활용해서도 충분히 경매 투자를 할 수 있다. 출근 후 차 한 잔 마실 시간, 점심시간에 잠시 생기는 자투리 시간, 업무 중 스트레스가 쌓여 인터넷과 주식 등을 잠시 보는 시간을 활용하는 것만으로도 충분하다. 많은 시간을 들이지 않더라도 3536투자법의 3단계(지역분석)와 4단계(시세분석)를 꾸준히 실천한다면 한 달 후에는 놀라운 변화를 느끼게 될 것이다.

본인이 관심 가지는 지역에 박사가 되어 있는 나를 발견하게 되는 놀라운 변화를 느끼게 될 것이다. 작게는 그동안 출·퇴근길에 무심코 지나쳤던 지역이 다르게 보일 것이며, 크게는 동네가 아닌 지역에 따라 이동되는 부동산의 가격 차이를 발견하게 될 것이다. 예를 들어, 강남구의 30평대 아파트가 평균 10억 원대에 시세가 형성되었다면 반경 10킬로미터 내의 지역인 분당, 과천, 강동구 등은 5~7억 원대로 가격대가 형성되어 있을 것이다. 과천에서 다시 5킬로미터 내외에 있는 안양, 관악구 등이 4~6억 원대로 시세가 형성되어 있는 것을 알게 될 것이다. 만약 부산이라면 가장 비싼 해운대구와 수영구, 연제구 순으로 시세가 형성된다는 말이다.

다시 말해서 해당 지역의 상세한 시세분석과 지역분석이 가능해지므로, 그 지역에서 부동산 중개업을 하시는 분들보다 더 정확하고 냉철하게 시세파악을 할 수 있게 된다. 일주일만 이렇게 딴짓을 하더라도 현재 내가 사는 지역의 교통 제반시설 및 교육환경 등을 명확히 알고, 시세가 어떻게 형성되었는지 한눈에 보일 것이다. 현재 직장에서 딴짓을 하는 시간을 조금만 할애하는 것만으로도 충분히 경매 투자를 할 수 있다.

부동산 경매라고 해서 많은 시간이 필요하지 않다. 이렇듯 직장에서 차 한 잔 마실 시간이나 점심시간을 이용하는 것만으로도 충분히 할 수 있다. 내 경우에는 경매 물건선별, 권리분석, 지역분석, 시세분석까지 직장 근무시간에 모두 끝낼 수 있었다. 그렇다고 업무를 등한시하지도 않았고, 오히려 내가 투자할 곳을 고르는 재미에 인터넷 쇼핑이나 주식 등에 시간을 허비하지 않아 업무능률이 더 오를 수 있었다.

직장 내에서 근무시간에 어차피 딴짓을 할 거라면 자신에게 유익한 딴짓을 하자. 혹시 아는가? 그 시간의 투자가 1년 뒤에 당신을 멋진 임대인으로 만들어줄지……

내가 회사를 위해 일할 때,
임차인은 나를 위해 일한다

내가 어렸을 때 아버지는 옷을 염색하는 공장에 다니셨다. 단칸방 월세에 살면서 아버지는 아침 일찍 출근하시고 늦게 퇴근하셨다. 어머니는 살림에 보태신다고 시골에서 옥수수를 가지고 오셔서 연탄불에 찌시고, 동네 가게 앞에서 좌판을 펼치고 옥수수를 파셨다.

내가 초등학교 때 아버지가 승진하시자 어른들이 단칸방인 우리 집에 모여 술 한 잔 드시면서 축하해 주셨다. 하지만 그래도 단칸방 월세로 사는 것은 매한가지였다. 내가 아홉 살 되던 해에 아버지는 조금이라도 더 벌어서 잘살아 보시겠다고 하시면서, 열사(熱砂)의 나라인 사우디아라비아 현장에 가서서 2년 동안 일하셨다. 하지만 끝내 아버지는 평생 집 한 채 없이 사셨다. 어렸을 적 집주인과 약간의 마찰만 있어도 "방 빼!"라는 말을 서럽게 들으며 살아오신 것이다. 그래서 내 부모님의 꿈은 내 집 한 채 가지시는 것이었다.

최근 발표된 뉴스에 따르면, "요즘 젊은 세대들은 인식이 많이 바뀌어서 내 집 마련보다는 전·월세로 살면서 수입자동차를 타거나 자신의 삶을 즐기는 경향이 있다"고 한다. 정말 그럴까? 통계청에 따르면, 우리나라에서는 최근 10년 동안 월평균 가계소득이 크게 늘지 않았다. 우리나라 직장인의 평균 근로소득은 2013년 3,040만 원에서 2015년 3,199만 원으로 약간 상승했다. 하지만 수도권 집 값을 보면 소득 대비 너무 많이 올라서 감히 쳐다보지를 못하고 포기할 수밖에 없다. 2013년 기준 29세 이하 직장인이 한 푼도 쓰지 않고 11년 6개월을 모아야 아파트를 장만할 수 있었지만 2015년 기준 약 12년 11개월까지 늘어났다. 물론 이 역시 한 푼도 쓰지 않는다는 전제로 가능한 일이다.

내 생각에는 자신의 삶을 즐기려는 개인주의 때문이 아니라, 젊은 세대들의 소득이 아파트 상승가격을 따라가지 못하니 내 집 마련을 포기하는 젊은 층이 많아진 것이다. 평생을 열심히 일하셨던 나의 부모님이나 요즘 젊은 세대들 모두 열심히 일하는 것은 마찬가지다. 그리고 우리 부모님 세대나 요즘 젊은 세대나 내 집 장만이 어려운 것도 마찬가지다. 참으로 가슴 아픈 현실이 아닐 수 없다.

현실이 그렇더라도 직장인들은 나와 내 가족을 위해 열심히 일한다. 많은 사람들이 그렇게 살고 있다. 그런데 직장인들이 잊고 있는 사실이 하나 있는데, 바로 직장인들이 열심히 일하고 있을 때 뒤에서 슬며시 웃는 사람이 있다는 것이다. 그건 바로 집주인이다.

수도권에서는 전세가 점점 없어지고 월세가 가파르게 증가하고 있다. 그러니 월세와 보증금의 평균금액도 높아졌다. 2015년 기준 서울은 보증금 1억 원에 월세 80만 원, 수도권은 보증금 6,500만 원에 월세 70만 원, 지방은 보증금 2,700만 원에 월세 45만 원이다. 수도권에서 월세로 살고 있는 29세 이하 직장인의 경우를 생각해 보자. 한 달 동안 열심히 일하며 받는 월급이 200만 원도 채 안 되는데 월세가 70만 원이니 월급의 3분의 1 이상이 월세로 나가는 것이다. 주5일 근무하는 직장인들은 한 달에 20일에서 21일 근무한다. 21일 중 3분의 1이라면 7일인데, 이 시간 동안 월세를 내기 위해 일해야만 한다는 계산이 나온다.

만약 주택담보대출을 받아 원리금 균등상환으로 대출금을 갚아 나간다면 어차피 내 집을 위한 돈이기 때문에 아깝지 않겠지만, 월세는 돌려받지 못하는 돈으로 집을 빌리는 데 쓰이는 돈이다. 집주인을 위해 1년 중 4개월을 일해야 한다니, 억울하지 않은가?

여러분은 열심히 일하는 대한민국 직장인이다. 비가 오나 눈이 오나 직장에 나가 일해야 수익(근로소득)이 생기는데, 집주인은 일을 하지 않고도 여러분들이 일해서 번 돈을 임대소득이라는 명목으로 가지고 간다. 게다가 내 몸으로 열심히 번 돈은 근로소득세라는 명분으로 나라에서 칼같이 세금을 걷는데, 불로소득인 임대소득은 사실상 세금이 0%에 가깝다. 아이러니하게도 이 글을 쓰고 있는 나 역시 직장 다닐 때 받았던 근로소득보다 현재 임대해서 받는 임대소득이 더 많다. 게다가 부모님의 용돈도 내가 드리지 않는다. 월세라는 명목으로 내게 입금되는 통장 중 하나를 부모님에게 드렸기 때문이다. 세입자는 매달 꼬박꼬박 우리 부모님에게 용돈을 드리기 위해 월세를 그 통장에 입금한다.

웃어야 할지 울어야 할지, 부모님은 내가 매달 용돈을 주고 있는 것으로 알고 계신다. 물론 이 돈은 내가 직장에 다니면서 일하지 않아도 매달 자동으로 들어오는 금액이다. 이렇게 될 수 있는 이유는 세입자가 살고 있는 집이 내 소유로 되어 있기 때문이다. 내 경우에는 어떤 곳에서는 실투자금 500만 원 정도로 매달 15만 원 이상 들어오고, 어떤 곳에서는 오히려 실투자금보다 보증금이 많이 들어와서 500만 원 이상 수익을 거두며 출발해 매달 20만 원 이상 들어온다.

이렇게 일반적인 상식으로는 말도 안 되는 수익이 가능한 것이 부동산 경매이다. 그리고 여러분은 부동산 경매의 시스템을 알게 되면 이렇게 될 수밖에 없다고 깨달을 것이다. 그러니 모든 부동산 투자는 반드시 자금이 많아야 할 수 있다는 어리석은 생각을 떨쳐버리자.

현재 직장에 다니는 직장인들 그리고 평생 힘들게 일해도 집 한 채 가질 수 없었던 분들은 부동산 경매를 통해 새로운 삶을 살자. 이제부터는 집주인을 위해 일하지 말고, 나를 위해 일하는 세입자들을 만들어보자.

월급이 들어올 때
부동산 투자 시작하라

투자의 기본은 안전성에 있다. 주식을 예로 들면, 많은 투자자들이 "여윳돈으로 투자하라"고 말한다. 다시 말해서 마음을 급하게 먹지 말고 느긋하고 냉철해져야 투자도 성공적으로 할 수 있다는 말이다.

부동산 경매 투자도 마찬가지다. 조급한 마음을 버리고 냉철히 판단해야만 이길 수 있는 확률이 그만큼 높아진다. 하지만 여유는 부자가 되어야만 생길 수 있지 않을까? 직장인은 월급을 받아서 생활비로 쓰고 나면 남는 것이 없다. 게다가 아이들의 교육비, 부모님용돈, 대출이자 등으로 지출하고 나면 남는 돈이 없다. 그런데 갈수록 일자리가 부족해지고 있으니 직장에서 일하는 기간도 점점 짧아지고, 월급도 물가만큼 오르지 않고 있다. 평균수명은 느는데 근로소득은 오르지 않으니, 어디 여유를 부릴 수 있겠는가. 그러니 직장생활을 하면서 희망 없는 날만 보내게 된다. 그런데 정말 희망이 없는 것일까?

그렇지 않다고 생각한다. 왜냐하면 직장인에게는 최대 장점이 있는데, 바로 매달 월급일이 되면 꼬박꼬박 월급이 들어온다는 것이다.

경매를 함께 공부한 동기 중 50대의 선배님이 계셨다. 이분은 회사에서 정리해고를 당하시고 경매를 배우셨는데, 부동산 경매에만 올인한 분이었다.

이분은 처음부터 나와는 차원이 다른 물건을 보고 계셨다. 퇴직 후에 많은 돈을 받은 이분은 내가 초기 투자금을 모으고 작은 빌라나 아파트를 보고 있을 때 덩치가 큰 단독주택이나 상가, 금액이 비싼 아파트를 보고 계셨다. 같이 경매를 공부한 동기들 모두 그분을 부러운 눈길로 바라보았다.

이후 이 선배님을 3년 동안 뵙지 못했는데, 우연한 기회에 다른 모임에서 만나 뵙게 되었다. 나는 그 모임에서 실전 경매 선배로서 경매를 처음 배우는 수강생들이 건네는 질의에 대답해 주었는데, 그 선배님이 수강생으로 계시는 것이었다. 이상하게 생각되어 질의문답 시간이 끝나고, 그 선배님과 따로 소주를 마시면서 이야기를 나누어보았다.

나는 그분이 그동안 잘 지내셨는지도 궁금했지만 '지금쯤이면 작은 꼬마빌딩 하나 정도는 가지고 계셔야 할 분이 왜 경매 기초반 강의를 듣고 계시는지' 궁금했다. 그 선배님은 소주가 한잔 들어가자

이야기보따리를 풀어놓으셨는데, 참으로 가슴이 먹먹해지는 이야기였다.

그 선배님은 처음 경매를 공부할 때는 마치 새로운 신세계를 알게 된 기분이었다. 왜 바보같이 20년 넘게 직장생활을 하면서 그런 방법이 있는지 몰랐는지, 그런 자신이 불쌍하다는 생각이 들었다. 그렇지만 지금이라도 그 사실을 깨달았고 마침 직장에서 받은 퇴직금과 위로금이 있으니 다행이라고 생각했다. 투자금은 마련되었으니 이제부터 열심히 해서 1~2년 후에는 임대인으로 행복한 삶을 살아보리라 다짐했다.

처음 1년 동안의 단타는 성공적이었다. 비록 처음이라서 많이 남기지도 못하고 명도도 힘들었지만 물건 한 건당 1천만 원가량의 수익도 올리셨다. 그런데 2년 차에 접어들면서 낙찰이 잘 안 되었고 수익이 없으니 경매를 포기하게 되었고, 지방에서 작은 PC방을 차려 운영하셨다. 그러다 PC방 수익도 보잘것없었고 이러면 안 되겠다 싶어서 다시 경매를 배우신다는 것이었다.

여기까지 선배님의 이야기를 들으면서 나는 두 가지의 의문이 들었다. 첫째, 실제로 낙찰을 받아보신 분이 낙찰이 잘 안 되어 경매를 포기했다고? 둘째, 선배님이 그 당시에 보던 물건들은 나도 알고 있는데, 한 건당 천만 원도 안 되는 수익을 올렸다고?

이상했다. 내 상식으로는 도저히 이해할 수 없었다. 선배님의 마음이 상하지 않도록 나는 세 가지의 질문을 대화 중간에 적절한 시간차를 두고 조심스레 건넸다.

첫째, 1년 동안 어떤 물건을 낙찰받으셨나? 둘째, 이후 몇 건의 물건에 입찰하셨나? 셋째, 그 후 어떤 물건에 입찰하셨는가?

처음에는 분당에 있는 아파트 두 건, 일산에 있는 오피스텔 하나, 마포에 있는 오피스텔 하나, 총 4개의 물건을 낙찰받는 데 성공하셨다고 하셨다. 사건번호를 받아서 조회해 보니 내 생각으로는 지역은 훌륭했고 낙찰받은 가격도 나쁘지 않았다. 이 정도 물건이면 단타로 매매한다 해도 모두 합치면 최소한 7천만 원~1억 원은 벌 수 있는 물건이었다. 그런데 총 3,500만 원의 수익을 내셨다는 것이었다.

수원에서 사시는 선배님은 그 후에 먼 곳은 관리하기도 힘들고, 임장과 명도를 하기가 힘들어 집 주위에 있는 물건만 입찰하셨다는 것이었다. 이야기를 다 듣고 선배님에게 왜 그렇게 낮은 가격에 매매하셨는지 여쭈어보니, 자신이 직장에 다닐 때에는 적어도 매달 월급이 들어왔지만 이제는 그렇지 못해서 문제가 되었다고 하셨다.

전업투자자가 되면 매월 월급이 들어오지 않으니, 고정수익이 발생하지 않는다. 그런데 집에서 쓰는 고정 생활비와 아이들 교육비가 있으니 그것을 충당하기 위해 낮은 가격에라도 빨리 매매해 수익을 냈다는 것이었다. 아는 부동산에서 "나머지 물건들도 그래야 팔린다"며 조언 아닌 조언을 해서 그렇게 팔았다는 것이었다.

안타깝지만 결론은 이렇다. 선배님은 조바심과 나태함을 이겨내지 못하시고 경매를 포기하신 것이었다. 경매는 단타로 접근하더라도 낙찰받고 매매하기까지 최소한 3개월에서 5개월의 시간을 염두에 두고 뛰어들어야 한다. 그런데 그 기간 동안 수익이 없으니 조급한 마음이 생기셨을 것이다. 또한 선배님은 자신에게 이 통장이 전부라는 생각에, 점점 줄어드는 통장의 금액이 공포로 다가왔을 것이다. 게다가 낙찰을 받는 데 성공하다 보니 귀찮은 마음에 집 주위 말고 다른 곳은 쳐다보시지도 않았으니, 처음 경매에 입문할 때 가졌던 열정이 사라지셨다. 그 결과 입찰하는 빈도가 줄어들며 상대적으로 낙찰이 안 되었던 것이다.

이와는 반대로 나는 직장에 다니며 매월 월급이 기본 수익으로 들어와 선배님만큼 조급해하지는 않았다. 다시 말해서 통장의 잔액이 원래부터 적었던 나는 다음 달이면 다시 월급이 들어오니 생활이 가능하리라 생각했고, 거리가 멀든 가깝든 내가 가진 투자금과 적합한 물건이라면 지역에 상관없이 모두 입찰에 들어갔다. 하지만 통장의 잔액이 많았던 선배님은 점점 줄어드는 금액을 보며, '이 돈이 없어지면 나는 정말 끝'이라고 생각하셨던 것이다.

이 작은 생각의 차이 때문에, 선배님은 경매의 판에서 멀어지셨고 나는 살아남은 것이다. 이처럼 많든 적든 매달 수익이 발생하면 생활하는 데 크나큰 위안을 주며 안정감을 준다. 따라서 우리는 회사에서 월급을 받을 때 부동산 경매 투자에 뛰어들어야 한다. 그래야만 부를 늘리고, 정리해고든 집안에 아픈 사람이 생기든 무슨 일이 생기더라도 힘을 얻게 된다.

20년 전의 IMF 외환위기 당시를 생각해 보자. 회사가 내 인생을 보장할 것이라고 믿으며 열심히 일했던 직장인들은 갑자기 불어닥친 경영위기로 거리에 내몰렸다. 반듯한 직장인들이 하루아침에 거리의 노숙자로 전락하고 말았다. 그리고 약 10년 뒤인 2008년에도 글로벌 금융위기로 눈물을 흘리는 직장인들이 많았다.

우리 모두 기억하자. 내년은 금융위기가 찾아온 지 꼭 10년째 되는 해이다. 또다시 그런 위험한 날이 오지 않을 거라고, 누가 확신하겠는가?

투잡보다 쉬운
제2의 월급 만들기

　　내가 회사에 다닐 때 동료들과 투자에 관해 이야기를 하다 보
면 열에 아홉은 주식을 이야기했다. 주식에 투자하는 사람들은 오르
면 기뻐서 한잔 떨어지면 속상해서 한잔한다. 투잡을 하는 동료들은
월급 말고도 따로 수익을 올린다. 그중 가장 어이없었던 동료는 퇴
근 후 대리운전을 하는 동료였다. 회사생활을 하느라 지칠 대로 지
친 몸을 이끌고 밤새 대리운전을 한다는 것이었다.

　　생각해 보자. 밤새 운전하고 회사에 출근한 사람이 전쟁터라 불리
는 직장에서 살아남을 수 있을까? 또한 지칠 대로 지친 몸을 이끌고
제대로 운전할 수 있을까? 항상 그 동료를 아침에 만나면 사고 나지
않고 무사히 출근한 것을 다행이라고 생각하기도 했다.

　　내가 그런 동료들에게 부동산 경매에 관심을 가져보라고 조언하
면 모두 손사래부터 치며 반대했다. 그들은 "첫째, 돈이 없다. 둘째,

시간이 없다. 셋째, 타인의 아픔을 이용해 돈을 벌기 싫다"고 말했다. 그러면 정말 이 세 가지 이유로 인해 부동산 경매를 하지 못하는 것일까? 나는 아니라고 생각한다.

"첫째, 돈이 없다"는 말도 안 되는 이유다. 주식 계좌에 수천만 원을 넣어놓고도 "돈이 없다"고 말하는 직장인들은 나는 많이 보았다.

"둘째, 시간이 없다"도 말도 안 되는 이유다. 점심시간에 커피 마시는 시간과 업무 중 인터넷 쇼핑하는 시간은 시간이 아닌가?

"셋째, 타인의 아픔을 이용해 돈을 벌기 싫다"도 말이 안 된다. 이렇게 말씀하는 분들이 가장 답답했다. 왜 부동산 경매를 그렇게 생각할까? 물론 채무자의 동의 없이 국가가 매각하는 것이 경매이다. 그러니 전 주인의 아픔을 이용한다고 생각할 수 있다. 그러나 해당 부동산에 사는 세입자와 돈을 빌려준 채권자의 입장을 생각해 보면 이야기가 달라진다. 빚이 많아서 경매로 넘어갈 정도의 부동산을 누가 살까? 아무도 그 부동산을 매입하려 하지 않을 것이다. 그러면 그 부동산에 세 들어 살거나 장사하고 있는 세입자가 이사를 가야 할 때 누구에게 돈을 받을 수 있을까? 그리고 돈을 빌려준 사람은 어떻게 돈을 돌려받을 수 있을까?

경매로 넘어간 부동산을 산다는 것은 빚진 채무자의 신용회복을 도와주고, 세입자 및 채권자의 권리를 찾아주는 좋은 제도인 것이다. 경매는 우리 사회에 필요한 경제 활동의 하나라고 이해하기 바란다. 이렇듯 그릇된 생각과 편견에 사로잡혀 부동산 경매를 멀리하지 말고, 있는 그대로 받아들이기 바란다.

모든 직장인들은 회사에서 받는 월급 이외의 수입이 생기길 희망할 것이다. 그러기 위해 많은 사람들이 앞서 말한 대로 대리운전 등 몸으로 하는 경제 활동을 하고 있다. 정말 힘들지 않은가? OECD 국가 중 최고 수준의 노동 강도로 일하며 적은 임금을 받는 우리가, 강한 위계질서의 조직문화를 가진 대한민국에서 직장인이 회사 업무 외에 다른 일을 한다는 것은 사실 쉽지 않다.

나는 직장인이 제2의 월급을 만들기 위해서는 부동산 경매가 유일하다 생각했고, 실제로 제2의 월급을 만들었다. 그리고 이제는 이 제2의 월급이 나의 주 수익원이 되었다. 이것이 가능했던 이유는 경매 특유의 대출 시스템이 있기 때문이다. 사실 경매는 많은 사람들이 생각하는 것보다 적은 시간과 금액으로 직장인이 할 수 있는 유일한 부동산 투자이다.

그러면 투잡과 경매를 비교해 보자. 첫째, 일반적인 투잡은 우선 몸으로 일해야 근로소득을 올릴 수 있다. 전문적인 기술이 있어 따로 일하든지 아니면 대리운전이나 아르바이트 등을 하든지 시간을 내어 일해야만 수익이 생기는 구조이다. 그러나 부동산 경매는 한번 사놓으면 처음 얼마 동안은 시간을 내어 신경 써야 하지만 주거용이든 상업용이든 월세를 놓으면 다음 달부터 꼬박꼬박 내 통장에 돈(임대소득)이 들어온다. 그 부동산에 더 이상 신경 쓰지 않더라도 말이다.

그럼 부동산을 취득할 때 많은 돈이 필요할까? 그렇지도 않다. 일반 다세대주택, 일명 빌라를 예로 들어보자. 우리가 일반매매로 수익형 빌라를 2억 원에(공시지가 1억 1천만 원) 매입할 때 대출을 받지 않아도 될 만큼 돈이 많으면 좋겠지만, 현실적으로 그렇지 않은 경우가 많다.

그래서 대출을 알아보면 우선 DTI('Debt To Income ratio'의 머리 글자로 1금융권의 DTI는 60%이다. 연간 총소득에서 주택담보대출의 연간 원리금 상환액과 기타 부채의 연간 이자 상환액을 합한 금액이 차지하는 비율을 말한다.)를 고려해야 한다. DTI는 간단히 말해, 내가 가진 총부채(차량 할부대출, 신용대출 등)를 포함한 상환능력이다. 예를 들어, 내 연봉이 5천만 원이고, 살고 있는 집에 1억 5천만 원의 담보대출이 있고, 차량 할부금으로 2천만 원이 남아 있을 때 2억 원짜리 빌라를 매입한다고 하자. 연봉(5천만 원)의 60%의 DTI를 적용받는다면 원금과 이자를 3천만 원 내에서 납부할 수 있느냐를 따져야 한다.

또 LTV('Loan To Value ratio'의 머리글자로 담보인정 비율, LTV 비율이 40%라면 1억 원짜리 빌라를 매입할 때 4천만 원까지 대출해 준다.) 규제를 받는다. 예전에 LTV를 100%까지 인정해 주던 시절이 있었는데, 주택 경기가 하락하기 시작하자 부실채권이 늘어났고 경제위기로 번지게 되었다. 이것이 그 유명한 2008년 서브프라임모지기 사태이다. 그래서 요즘에는 1금융권에서 LTV 비율을 40~50%로 적용한다.

앞서 말한 대로 5천만 원의 연봉을 받고 1억 5천만 원의 주택담보대출과 2천만 원의 차량 할부금이 남아 있는 사람이, 2억 원짜리 빌라를 추가 매입할 때 DTI와 LTV 대출금액을 환산해 보자.

			이자(년)	원금(1년)	1년 이자+원금	DTI(60%)
DTI 60%	연봉	50,000,000원				
	차량대출 36개월 이자율 5%	20,000,000원	1,000,000원	6,666,667원	7,666,667원	29,999,367원
	기존 주택담보대출 이자율 3% 120개월	150,000,000원	4,500,000원	15,000,000원	19,500,000원	
	신규대출	21,790,000원	653,700원	2,179,000원	2,832,700원	

		공시지가	LTV(40%)
LTV 40%	신규대출	110,000,000원	44,000,000원

앞의 표를 보면 알겠지만, 기존 대출이 있는 상황에서 일반매매로 DTI(60%)의 규제를 적용받을 경우 2,179만 원을 대출받으면 연봉 대비 상환비율이 60% 꽉 차기 때문에 더 이상 대출받기는 어렵다. 따라서 2억 원짜리 빌라를 매입하려면 1억 7,821만 원이라는 투자 금이 더 필요하다. LTV(40%)를 적용받는다고 하더라도 4,400만 원 이 한도다.

이렇게 일반대출로 부동산을 추가 매수할 경우 투자금이 너무 많 이 들어가기 때문에, 그전에 이미 대출을 받아 집을 샀던 기억이 뇌 리에 강하게 남아 더 이상 부동산에 덤비지 못하는 것이다.

하지만 이 빌라를 경매로 취득한다고 가정해 보자. 경매로 낙찰 후 받는 경락자금대출은 DTV, LTV 규제를 안 받는 것은 아니지만 일반매매일 경우보다 규제가 덜하다. 아니, 거의 규제받지 않는다고 말하는 것이 옳다. 2억 원짜리 빌라를 1억 5천만 원에 낙찰받았다면 경락자금대출은 최소 80%에서 최대 90%까지 나온다. 다시 말해서 같은 금액대의 빌라를 사더라도 경락자금대출은 1억 2천만 원에서 1억 3,500만 원까지 나온다는 말이다. 게다가 원리금 균등방식이 아닌 최소 2년까지 이자만 내면 되는 조건이다.

얼마나 훌륭한가? 또한 경매로 사면 시세보다 싸게 살 수 있으니 차후 시세차익까지 노릴 수 있다. 이렇듯 직접 일해야 제2의 월급이 들어오는 투잡보다 시간과 금액 대비 높은 소득을 올릴 수 있는 것이 경매이다. 제2의 월급이 가능한 부동산 경매에 대해 자세히 알고 싶지 않은가? 그렇다면 계속해서 제3부를 읽어보기 바란다.

제 3 부

2천만 원으로

1년에 5채 임대인이 될 수 있다

2천만 원으로 1년에
5채 집주인 될 수 있다

  "2천만 원으로 1년에 부동산을 5채 구입하고 임대를 놓는다"
고 하면 이 글을 읽고 있는 분들 중에는 나에게 사기꾼이라고 말씀
하시는 분이 있을지도 모르겠다. 하지만 나는 종잣돈 2천만 원으로
1년에 5채 이상 구입했으며, 정확히 말하자면 5채를 구입하는 데 2
천만 원이 채 안 들었다.

  아니, 2천만 원이 소모된 것이 아니라 오히려 자산이 더 늘어나게
되었다. 물론 일반매매가 아니라 경매라는 마법이 있기에 가능한 이
야기이다. 간단하게 내 경우를 예로 들어 어떻게 이런 일이 가능한
지 알아보도록 하자.

  다음 사례를 보면 최초 감정가는 131,000,000원이며 두 번의 유
찰이 발생해 최저가(**최저매각가***)는 64,190,000원이다. 법원 경매에
서는 입찰자가 없으면 유찰되고 2차 경매가 진행되는데, 이때는 1

2013타경5▨▨▨

소 재 지				
물건종별	다세대(빌라)	감 정 가	131,000,000원	오늘조회: 0 2주누적: 1 2주평균: 0 조회동향
대 지 권	32.2㎡(9.741평)	최 저 가	(49%) 64,190,000원	
건물면적	51.6㎡(15.609평)	보 증 금	(10%) 6,420,000원	
매각물건	토지 건물 일괄매각	소 유 자	윤▨▨▨	
개시결정	2013-06-25	채 무 자	윤▨▨	
사 건 명	임의경매	채 권 자	두암신협	

구분	입찰기일	최저매각가격	결과
1차	2013-12-12	131,000,000원	유찰
2차	2014-01-13	91,700,000원	유찰
3차	2014-02-06	**64,190,000원**	
	낙찰 : 92,310,000원 (70.47%)		
	(입찰4명,낙찰:인천 최▨▨ / 2등입찰가 87,211,000원)		
	매각결정기일 : 2014.02.13 - 매각허가결정		
	대금지급기한 : 2014.03.17		
	대금납부 2014.03.17 / 배당기일 2014.04.21		
	배당종결 2014.04.21		

◆ **등기부현황** (채권액합계 : 180,469,960원)

No	접수	권리종류	권리자	채권금액	비고	소멸여부
1(갑2)	2010.04.16	소유권 이전(매매)	윤▨▨			
2(을1)	2010.04.16	근저당	두암신협	169,000,000원	말소기준등기	소멸
3(갑5)	2013.05.15	가압류	롯데카드(주)	5,017,240원	2013카단7156	소멸
4(갑6)	2013.06.18	가압류	현대캐피탈(주)	6,452,720원	2013카단9448	소멸
5(갑7)	2013.06.25	임의경매	두암신협	청구금액: 134,769,752원		소멸
6(갑8)	2013.08.14	압류	광명시			소멸

차 경매 때보다 최저가가 20~30% 낮아진다. 또다시 유찰되면 3차 경매 때는 2차 경매 때의 최저가보다 20~30% 낮아진다. 그래서 3차 경매 때 최초 감정가보다 49% 낮은 64,190,000원이 최저가가 된 것이다. 이 물건에는 총 4명이 응찰(입찰에 참가하는 것)했는데, 나는 2차 유찰 금액보다 약간 많은 92,310,000원의 입찰가를 써 2등과 약 500만 원 차이로 낙찰받을 수 있었다. 참고로 낙찰자 '최○ ○'씨는 내 아내다.

내가 이 물건을 낙찰받기 위해 최초로 들인 비용은 최저가 금액의 10%인 입찰보증금 6,419,000원이다. 그 다음으로 대출을 알아보니, 낙찰 금액의 90%인 83,900,000을 연이율 3.5%에 대출받을 수 있었다. 입찰보증금을 제외하고 대출을 받기 위한 추가 금액이 1,991,000원 들었으니 총투자금액은 8,410,000원이 되었다. 부동산 취득 신고 시 법무사를 이용했으므로 법무사 비용 500,000원과 취·등록세(1.1%) 1,015,510원이 추가로 들었다. 따라서 총투자금액은 다시 9,925,410원으로 늘어나게 되었다.

마지막으로 해당 빌라의 화장실 수리 및 도배 비용으로 1,500,000원이 들었고, 부동산 중개수수료로 250,000원이 들었으니, 최종적으로 투자한 금액은 11,675,410원이 되었다. 이 집은 바로 보증금 10,000,000원에 월세 500,000원으로 월세 계약을 마쳤다. 그럼 수익률은 어떻게 될까? 이 사례를 간단히 알아보기 위해 표로 만들어 보았다.

실투자금	11,675,410원	매월 대출이자	244,700원
월세 보증금	10,000,000원	매월 월세	500,000원
차익	-1,645,410원	매월 이익금	255,300원

여기에는 조금의 거짓이 없는 실제 발생한 상황을 있는 그대로 옮겨놓았다. 이제 조금 이해가 되었으면 좋겠다.

나는 집 한 채를 구입하면서 실제로 총 200만 원이 들지 않았다.

그리고 그 돈도 약 7개월 만에 모두 회수했고, 그 이후부터는 근로소득이 아닌 불로소득이 발생하게 되었다. 즉 내가 일하지 않더라도 매달 약 25만 원의 불로소득이 발생하는 것이다.

그러면 기간을 한번 알아보자. 2014년 2월 6일에 낙찰받고 월세 계약을 5월 10일에 했으니 3개월 정도의 시간이 소요되었다. 초기 입찰에 필요한 금액은 많은 금액이 아닌 최저가의 10%만 있으면 된다. 낙찰받은 이후에는 부대비용으로 약간의 돈이 더 들어가서 총투자금은 11,675,410원이 되었다. 처음 입찰에 필요한 자금은 1천만 원 내외이니, 2천만 원만 있으면 또 다른 물건에도 입찰할 수 있다.

결론적으로 이 물건을 마무리 짓기 전에 다른 물건에 도전할 수 있으므로 최소한 1년에 5채 정도는 충분히 구입할 수 있다. 이 글을 쓰고 있는 2016년 10월 현재 해당 부동산을 아직 보유하고 있는데, 전세 시세는 1억 1천만 원이며 매매 시세는 1억 3,500만 원이다. 해당 지역은 발전 가능성이 풍부한 지역이므로 아직 매매하지는 않았지만, 매매한다 하더라도 등기 후 1년이 지났기 때문에 양도세는 일반과세가 적용되어 크게 나오지 않을 것이다. 따라서 지금 당장 매매하더라도 약 3~4천만 원의 추가소득이 발생할 것이다.

여러분은 이쯤에서 한 가지 궁금한 것이 있으실 것이다. 어떻게 대출금이 그렇게 많이 나오느냐고 궁금하실 것이다. 아파트의 경우 이제는 시장 상품이라고 보아야 한다. KB국민은행 아파트 실거래가 조회 서비스 및 국토해양부 실거래가 조회 서비스로 알아볼 수 있는 아파트는 말 그대로 권장 소비자 가격이 형성되어 있다. 아파트의 경우 경매로 낙찰받으면 낙찰 금액의 80% 또는 KB국민은행 실거래가의 70% 중 낮은 금액을 대출받을 수 있는데, 아직까지 다가구주택 및 다세대주택은 정확한 시세를 나타내는 통계자료가 부족하다. 그래서 낙찰가가 감정가의 90%를 넘지 않는다면 낙찰가 대비 80%~90%까지 대출이 가능하다.

자, 어떠한가? 이 글을 읽고 있는 지금도 2천만 원으로 1년에 5채 부동산의 임대인이 되는 것이 불가능하다고 생각하는가?

이처럼 경매는 돈이 많지 않아도 할 수 있다. 돈이 없기 때문에 하는 것이 경매이다.

1천 원만 더 쓰면
단독으로 낙찰받을 수 있는 물건

입찰을 하러 경매 법정에 가보면, 이제는 경매가 대중적인 재테크 상품으로 변했다는 것을 실감한다. 아이를 안고 오는 아이 엄마부터 나이 드신 어르신들 그리고 20대 초반의 젊은 사람들까지 몰려들기 때문이다. 인터넷 등이 발달되어 경매 지식이 평준화되다 보니, 이제는 경매에 관심을 갖는 사람이 많아졌기 때문일 것이다.

또한 천정부지로 치솟는 전세난에 시달린 서민들이 본인이 입찰하든 컨설턴트에게 맡기든 일반매매보다 싸게 살 수 있다는 것을 알고서 경매에 대한 관심을 늘리고 있다. 문제는 사람이 많아지면 많아질수록 내가 입찰하는 물건의 경쟁률이 높아진다는 데에 있다. 경매를 하는 입장에서는 낙찰을 받아야 임대를 하든 매매를 하든 할 텐데, 낙찰받기가 점점 어려워지고 있으니 말이다.

직장인이 입찰하기 위해 법원에 가려면 황금과도 같은 휴가를 써야만 한다. 대부분의 직장인들은 한 달에 한 번 휴가를 내서 모처럼 늦잠도 자고, 극장에서 영화도 감상하고, 평일 낮에 조용한 커피숍에서 커피도 한잔하는 즐거움을 만끽한다. 이처럼 소중한 시간을 마련해 입찰을 하러 법원에 왔는데 아무 소득도 없이 돌아올 때의 허탈감은 참으로 크다. 그래서 조금이라도 낙찰의 확률을 높일 필요가 있다.

2013년 말에 내가 살고 있던 곳은 인천이었다. 먼 곳에 있는 물건을 낙찰받으면 관리가 힘들어, 인천에 있는 물건들을 찾다가 재미있는 사실을 발견했다. 인천은 한 번 유찰되면 최저가가 30%씩 낮아지는데, 두 번 유찰되면 감정가에서 49%까지 떨어지게 된다. 꽤 괜찮은 물건이라고 여겨지는데 두 번 유찰되어 감정가에서 49%까지 떨어진 물건들이 있는 것이었다.

그런데 내가 괜찮다고 생각한 이런 물건들은 세 번째 입찰 당일에 그전 최저가의 70% 이상 가격에 낙찰되는 것이었다. 그 이유는 처음 유찰될 당시까지 사람들의 관심을 받지 못하다가 두 번의 유찰로 최저가가 49%까지 떨어지자 저렴한 금액의 이점으로 인해 다시금 사람들의 관심을 끌었기 때문이다. 이런 물건들은 대개 최소 5명에서 30명 이상 사람들이 몰렸다. 나는 이런 물건을 유심히 살펴보았는데, 최저가의 70% 이상 금액에 입찰하더라도 투자가치가 훌륭하다고 판단했다.

이 사례는 2013년에 유찰이 두 번 되었지만 3차 경매 입찰일에 2차 경매의 최저가를 상회하며 낙찰된 물건들이다. 이런 경우가 생

3차 경매 입찰일에 2차 경매의 최저가를 상회하며 낙찰된 물건들

사건번호	건물면적	용 도	감정가	최저경매가	매각가	감정가대비	낙찰가대비
인천4 2012-74795	46㎡ (14평)	오피스텔(주거용)	100,000,000	49,000,000	81,000,000	49%	81%
인천16 2012-89124	60㎡ (18평)	다세대	140,000,000	68,600,000	111,000,000	49%	79%
인천26 2012-60987	34㎡ (10평)	다세대	81,000,000	39,690,000	61,399,990	49%	76%
인천18 2012-70373	39㎡ (12평)	다세대	62,000,000	30,380,000	46,020,000	49%	74%
인천21 2013-5086	40㎡ (12평)	다세대	74,000,000	36,260,000	58,910,000	49%	80%
인천24 2013-16536	74㎡ (22평)	다세대	170,000,000	83,300,000	130,019,990	49%	76%
인천28 2013-15151	35㎡ (11평)	다세대	58,000,000	28,420,000	52,000,000	49%	90%
인천26 2013-36868	60㎡ (18평)	다세대	134,000,000	65,660,000	105,000,002	49%	78%
인천3 2012-99602[5]	16㎡ (5평)	다세대	32,000,000	15,680,000	24,388,000	49%	76%
인천3 2012-99602[12]	16㎡ (5평)	다세대	33,000,000	16,170,000	25,000,000	49%	76%
인천16 2013-42375[1]	51㎡ (15평)	오피스텔	87,000,000	42,630,000	81,000,000	49%	93%
인천16 2013-42375[2]	79㎡ (24평)	오피스텔	136,000,000	66,640,000	129,000,000	49%	95%
인천1 2013-87682	29㎡ (9평)	오피스텔(주거용)	72,000,000	35,280,000	65,110,000	49%	90%
인천7 2013-99470	311㎡ (94평)	오피스텔	580,000,000	284,200,000	550,000,000	49%	95%
인천1 2014-16373	71㎡ (21평)	오피스텔(주거용)	280,000,000	137,200,000	223,000,000	49%	80%
인천14 2014-49144	15㎡ (4평)	오피스텔(주거용)	24,000,000	11,760,000	18,300,000	49%	76%
인천9 2014-59769	70㎡ (21평)	오피스텔(주거용)	165,000,000	80,850,000	126,100,000	49%	76%
인천14 2014-62789	410㎡ (124평)	오피스텔(상가)	712,000,000	348,880,000	580,001,000	49%	81%
인천20 2014-56661[1]	403㎡ (122평)	오피스텔(주거용)	1,250,000,000	612,500,000	975,000,000	49%	78%
인천9 2015-10891[2]	21㎡ (6평)	오피스텔(주거용)	27,000,000	13,230,000	22,700,000	49%	84%
인천9 2015-10891[3]	28㎡ (9평)	오피스텔(주거용)	37,000,000	18,130,000	27,770,000	49%	75%
인천13 2015-12224	69㎡ (21평)	오피스텔(주거용)	290,000,000	142,100,000	236,999,000	49%	82%
인천9 2014-22262[33]	12㎡ (4평)	오피스텔(주거용)	27,000,000	13,230,000	21,875,000	49%	81%
인천9 2014-22262[37]	12㎡ (4평)	오피스텔(주거용)	27,000,000	13,230,000	21,875,000	49%	81%
인천20 2015-40076	73㎡ (22평)	오피스텔(주거용)	140,000,000	68,600,000	107,117,000	49%	77%

기면 그 물건에 입찰하고 떨어진 분들이 투덜대기 시작한다. "아니, 저 사람은 앞전 입찰일에 와서 받아가지, 왜 이제 와서 받는 거야?"

그래서 나는 결심했다. "그래, 내가 저 사람이 되어보자!"

그 다음부터는 괜찮은 물건이라고 판단되면 한 번 유찰된 물건에 1,000원만 더 쓰는 버릇이 생겼다. 어차피 떨어지면 그만이고 낙찰 되면 단독을 노리는 전략이었다. 당시에 이 전략은 유효했고 좋은 물건들을 단독으로 낙찰받을 수 있었다. 그리고 나는 앞으로도 이 전략을 계속 펼칠 것이다.

이 물건은 이런 전략으로 낙찰받은 물건 중 하나이다. 감정가가 1억 1,500만 원이었는데 한 번 유찰되어 최저가는 8,050만 원이 되 었고, 1,000원만 더 써서 단독으로 낙찰된 물건이었다. 이 물건은 임대를 놓기로 계획하고 낙찰받았지만 명도 과정에서 1가구 1주택 확인서를 받아 9,900만 원에 바로 매매했다.

　참고로 1가구 1주택 확인서는 2013년에 국가에서 한시적으로 시행한 주택 매매 활성화 제도였는데, 매도하는 집주인이 2년간 보유하고 1가구 1주택인 경우 매수자가 매도자에게 1가구 1주택 확인서를 받으면 향후 5년간 그 집에 대한 양도세를 감면시켜주는 제도이다. 경매 역시 매수의 한 형태이므로 집주인에게 1가구 1주택 확인서를 받으면 일반매매와 동일하게 양도세 감면 혜택을 받을 수

있었다. 이 제도는 2013년 내에 주택구입을 해야 하는 전제 조건이 있어서, 잔금 납부기한이 2014년 1월 7일까지였지만 매각허가결정과 동시에 바로 납부해 2013년 12월 30일에 등기를 마칠 수 있었다. 결과적으로 1가구 1주택 확인서를 받은 덕분에 양도세를 감면받아서 이득을 보았다.

이 물건은 그전에 소개한 물건과 같은 날에 낙찰받은 물건인데, 세입자가 살고 있어서 전 주인을 만날 수 없었기 때문에 1가구 1주택 확인서를 못 받아서 임대로 놓은 물건이다. 감정가는 150,000,000원인데 한 번 유찰되어 최저가 105,000,000원에서

1,000원을 더 쓰고 낙찰받은 물건이다. 명도 후에 바로 보증금 2천만 원에 월세 40만 원에 임대를 놓았으며, 현재까지 보유하고 있다. 현재는 보증금 2천만 원에 월세 45만 원으로 임대 중이다.

다세대주택 명	우정 그린빌		삼성 프리스빌
낙찰금	80,501,000원	낙찰금	105,001,000원
대출금	72,000,000원	대출금	94,500,000원
취·등록세 및 잡비	1,850,000원	취·등록세 및 잡비	2,400,000원
실투자금	6,198,577원	실투자금	8,085,077원
매매대금	99,000,000	보증금 및 월세	2천만 원/40만 원
이익금	**16,647,477원**	대출이자(월)	**300,000원**

두 물건의 수익률은 이 표를 통해 쉽게 확인할 수 있을 것이다.

단기매매한 다세대주택 우정 그린빌은 200% 이상의 수익률을 안겨주었다. 임대를 놓은 다세대주택 삼성 프리스빌은 실투자금 8,085,077원이 들어갔으나 보증금 2천만 원이 들어왔으니 실투자금이 0원이 들어간 셈이며, 오히려 1,200만 원가량의 순수익을 올릴 수 있었다. 월세 40만 원 중 30만 원은 대출이자로 빠져나가고 매월 10만 원이 남으니, 수익률로 따지면 우정 그린빌 못지않다.

이처럼 총 2천만 원 이하의 투자금으로 2곳의 부동산을 동시에 매입하고 수익을 낼 수 있는 것이 경매이다. 정말 매력적이지 않은가?

나쁜 임차인에 대한 편견을 버려야 한다

부동산 경매를 하면서 임대인이 되면 참으로 많은 세입자를 만나게 된다. 내 집같이 깨끗이 쓰는 분이 있는가 하면, 자기 집이 아니니까 지저분하게 쓰는 분도 있다.

어떤 분은 임대 기간인 2년 동안 창문이나 베란다의 환기를 한 번도 하지 않아 곰팡이와 같이 사신다. 집이 망가지는 것도 문제지만 도대체 그런 집에서 어떻게 어린아이들과 같이 2년을 보내셨는지, 아이 건강은 괜찮은지 걱정이 앞선다.

임대인 입장에서 가장 골치 아픈 세입자는 월세를 안 내는 세입자이다. 돈이 많아서 월세를 받지 않아도 된다면 문제없겠지만 나 역시 세입자의 월세를 받아 해당 부동산의 은행 대출이자를 내야 하기 때문에 한두 달 월세를 못 받으면 손해가 크다. 그래서 부동산 월세 계약 시 특약사항에 "월세를 연체한다면 얼마간의 이자를 내야 하고,

2개월 연체 시 바로 계약해지한다"는 문구를 표기해 놓는다.

내 지인 중 한 분은 금천구 가산동에 있는 빌라를 경매로 낙찰받아 월세를 놓았는데, 중국 조선족(실제로 이분들은 이 표현을 굉장히 싫어하신다. '중국 동포'라는 표현을 쓰길 바란다.)과 한족(중국인)만 찾아온다고 했다. 그래서 나에게 어떻게 하면 좋을지 자문을 구한 적이 있었다.

내가 "고민이 무엇이냐?"고 물어보니, 그분은 "아는 분이 중국에서 살아서 잘 아는데, 중국인들은 신발을 신고 집에 들어가고 집을 너무 지저분하게 쓰며, 이상한 냄새도 나서 그분들한테 임대하는 게 꺼림칙하다"는 것이었다.

이야기를 듣고 보니, '어디서 이상한 소리를 듣고 중국인에 대한 편견에 사로잡히셨구나' 싶었다. 나보다 나이가 어리면 쓴소리라도 해주고 싶었지만, 나이가 나보다 많으신 분이라 그러진 못했고, 이분이 가진 외국인에 대한 편견을 바꾸어주고 싶어서 중국에서 출장 생활 등을 한 내 경험담을 들려주었다.

모든 중국인들이 신발을 신고 집에 들어간다는 것은 잘못된 오해이다. 물론 그분들이 신발을 신고 들어가는 경우도 있다. 그러나 그럴 수밖에 없는 집에 한해서다.

그런데 서양국가 중 스위스, 독일, 노르웨이 등 몇몇 국가를 제외하고 대부분의 나라에서는 집에서 신을 신고 생활한다. 그러면 그 나라 사람들이 모두 지저분하게 사는 것일까? 중국은 요즘 주택을 지을 때 우리나라처럼 온돌 난방 시스템을 많이 사용하지만, 예전에는 온돌 난방 시스템이 아니었다. 그리고 침대 문화이다 보니 우리나라처럼 바닥을 깨끗이 유지한다는 개념이 없어서 신을 신고 다니는 것이다. 과거에 우리나라에는 마당이 있는 집들이 많았는데, 이 경우 마당에서 신을 벗을 이유가 없었다. 중국인들이 집에서 신을 신고 다니는 것은 이와 같은 이치다.

또한 중국인들에게 이상한 냄새가 나는 이유는 그 사람들 특유의 향신료 냄새 때문이다. '상차이(고수)'는 중국인들이 가장 좋아하는 향신료이다. 우리나라로 따지면 마늘과 같은 것이다. 만약 당신이 외국에서 집을 알아보는데 우리한테는 친숙한 마늘 냄새와 김치 냄새 때문에 집을 내줄 수 없다고 한다면 어떻겠는가?

마지막으로 중국인들은 모든 결제를 선불로 하는 문화를 갖고 있다. 우리나라처럼 전세 문화가 없고 매매 또는 월세 문화다. 게다가 3개월, 6개월, 1년 단위로 계약하는데, 우리나라처럼 다달이 월세를 내는 것이 아니라 1년 계약에 월 30만 원이라면 계약할 때 360만 원을 먼저 지불한다. 이런 문화가 있어서 중국 임차인들 중에 월세를 밀린 경우는, 내 경우에는 한 번도 없었다. 다음은 내 아내가 중국인 유학생 세입자와 주고받은 문자 내용이다.

첫 번째 문자는 여름방학이 되어 중국에 들어가니 8월과 9월 두 달 월세를 9월 달에 같이 주겠다는 내용이다. 그래서 차라리 8월에 두 달치를 먼저 주시면 감사하겠다고 문자를 보내니, 바로 월세를 선불로 주었다.

또 두 번째 문자는 신년에 겨울방학이라 중국에 들어가니 알아서

■■ 502호,방학때
7월21부터8월20일 까지 중국
가요,다음달 월세 는9월10월 같이
낼것예요!부탁드리겠습니다!
2015년 7월 20일 오후 6:49

말씀하신 달이 8월9월 아니신가요?
아니면 8월은 주시고 9월 10주신다는
말씀인가요?
2015년 7월 20일 오후 7:04

우리 8월10일 월세 내야했는대,그대
우리중국에서 있잖아요,그러니까 우리
9월10일에 90만원
같이내려고해요,이렇게될까요?,안되
면 내일 우리 선불 게요
2015년 7월 20일 오후 7:23

아네
저희도 들어오면 바로 나가야하는
돈이 있어서 먼저 주시면
감사하겠습니다.
2015년 7월 20일 오후 7:25

알았어요!ㅋㅋㅋ,저 내일
선불게요,수고하세요
2015년 7월 20일 오후 7:27

네 감사합니다.
잘 다녀오세요.
2015년 7월 20일 오후 7:28

누나님 우리 설날에쯤 중국에
가기때문에 방세 선불드렸어요,
좀확인해요!
1월 27일 오후 6:50

동생님 고향 잘 다녀와요
이거 맞는지 모르겠네
"일루핑안"
1월 27일 오후 7:46

ㅋㅋ맞아요,누나 새해 복많이
받으세요,그리고 우리 계속하게
여기서 살려구요!
1월 27일 오후 7:49

누나님 우리 계속하게 살겠다,근대
계약만기되잖아요,우리 위국인
비자연기할때 새계약서 필요해야돼
다고해서 시간이 나서 계약 디시
적어주세요!
3월 2일 오후 4:34

계약서 새롭게 쓰기는 필요없지만
그냥 원래 계약서 위에 일기 쓰고
누나의 도장 찍으면되는데 누나
시간이 언제 괜찮아요
3월 3일 오후 12:36

5일이나 7일 오전 11시 시간
괜친아요^^
3월 3일 오후 7:31

네 ,5일 우리 다 집에있어요 ,그때
오세요
3월 3일 오후 7:36

네 그때 뵈요.
3월 3일 오후 7:53

한 달치 월세를 선불로 주었다는 내용이다. 이 중국인 유학생은 계약기간을 1년 더 연장하겠다는 뜻을 내비쳤다. 재계약서에 맞추어 날짜를 변경하고 도장을 다시 찍어 달라는 말에, 당연히 날짜를 변경하고 새로 도장을 찍어주었다.

나는 이런 임차임만 있다면 10년이라도 더 살라고 부탁드리고 싶다. 물론 내 경우에는 착한 중국인들만 만나서 그런지는 모르겠지만 나는 이분 말고도 중국 동포나 중국인들에게 임대 놓으면서 '이렇게 편해도 되나' 싶을 정도로 말썽 한 번 부리지 않고 살고 있는 분들만 만났다.

생각해 보자. 임대를 주고 정말 중요한 것은 임대료를 밀리지 않는 것 아닌가? 한두 달 월세를 우습게 넘기는 임차인이 좋은가, 아니면 제때에 꼬박꼬박 월세를 주는 임차인이 좋은가? 당연히 후자이지 않은가? 중국 동포나 중국인들에게 임대를 하든 하지 않든 당신 마음이지만 임대를 놓는 이유를 잘 상기하고, 다른 나라의 문화에 대한 편견은 버리시길 바란다.

자, 중국인 유학생들에게 임대한 이 물건의 수익률을 확인해 보자.

이 빌라에는 보증금 회수로 인해 실투자금이 370만 원만 들어갔다. 그리고 월세를 받고 은행 대출이자를 내면 매월 22만 원이 남는다. 연수익률은 70% 이상이다. 게다가 속 한 번 썩이지 않으니 정말 고마운 분들이다.

하지만 이와는 달리 임대인을 괴롭히는 임차인도 종종 만날 수 있다. 그런 임차인을 어떻게 상대하는지에 대해서는 이 책의 제4부에서 소개할 것이므로, 안심하기 바란다.

📅경매개시 76 배당요구종기일 83 최초진행 35 매각 22 납부 49 배당종결(265일 소요) ←이전 목록 다음→

2013타경7█████

소 재 지	████████████████████████████
새 주 소	████████████████████████████

물건종별	다세대(빌라)	감 정 가	115,000,000원
대 지 권	20.605㎡(6.233평)	최 저 가	(70%) 80,500,000원
건물면적	44.46㎡(13.449평)	보 증 금	(10%) 8,050,000원
매각물건	토지·건물 일괄매각	소 유 자	김█
개시결정	2013-09-06	채 무 자	김█
사 건 명	임의경매	채 권 자	화곡새마을금고

오늘조회: 1 2주누적: 0 2주평균: 0 조회동향

구분	입찰기일	최저매각가격	결과
1차	2014-02-12	115,000,000원	유찰
2차	2014-03-19	80,500,000원	

낙찰: 85,150,900원 (74.04%)

(입찰4명, 낙찰:인천 최██ /
2등입찰가 84,000,000원)

매각결정기일 : 2014.03.26 - 매각허가결정

대금지급기한 : 2014.04.21

대금납부 2014.04.10 / 배당기일 2014.05.29

배당종결 2014.05.29

등기부현황 (채권액합계 : 162,236,712원)

No	접수	권리종류	권리자	채권금액	비고	소멸여부
1(갑2)	2012.09.24	공유자전원지분전부이전	김█		매매	
2(을3)	2012.09.24	근저당	화곡새마을금고	130,000,000원	말소기준등기	소멸
3(갑3)	2013.01.25	압류	국민건강보험공단			소멸
4(갑4)	2013.05.22	압류	국민건강보험공단			소멸
5(갑5)	2013.07.31	가압류	삼성카드(주)	12,236,712원	2013카단11802	소멸
6(갑6)	2013.08.30	가압류	인천신용보증재단	20,000,000원	2013카단13461	소멸
7(갑7)	2013.09.06	임의경매	화곡새마을금고	청구금액: 102,993,010원		소멸

	빌라 502호
낙찰금	85,150,900원
대출금	72,000,000원
취·등록세 및 잡비	936,000원
실투자금	13,708,635원
보증금 및 월세	1천만 원/45만 원
대출이자(월)	230,000원

갭투자보다 훨씬 수익률 높은 무피투자, 낙찰 후 전세 놓기

투자를 하다 보면 전세로 임대하는 것보다 월세로 임대하는 것이 이득인 경우가 많다. 월세로 임대하면 실투자금이 어느 정도 들어가야 하지만 괜찮은 수익률을 올릴 수 있다. 하지만 전세로 임대하는 것이 이득인 경우도 있다. 월세로 임대하면 전세로 임대하는 것보다 자금이 더 들어가야 하므로, 다음 투자를 위한 자금이 부족해질 수도 있다. 반면에 전세로 임대하자마자 낙찰금 이상의 전세금을 받을 수 있고, 이 전세금을 다음 투자에 이용할 수 있다.

사실 경매 초창기에 나는 낙찰받은 물건을 전세로 임대했다. 왜냐하면 당시에 나는 투자금이 많지 않았던 직장인 투자자였기 때문이었다. 투자금에 여유가 있으면 월세로 임대해 다달이 일정 금액이 들어오는 것도 좋겠지만 실투자금이 여유롭지 않은 상황에서는 끊임없이 물건을 선별하고 투자하는 것이 바람직하다. 이런 이유로 어떠한 물건이든 낙찰가 대비 전세가가 높으면 바로 전세로 임대했다. 또 그렇지 않은 경우에는 월세 계약기간이 만료된 이후 낙찰가 대비 전세가가 올라 있으면 전세로 돌렸다. 게다가 전세로 임대하고 계약 기간이 만료되면 일반 과세기간이 된다. 이때 매수자가 나타나면 곧 바로 매도해 높은 수익률도 챙길 수 있으니, 나쁘지 않은 전략이다.

얼마 전까지 이와 비슷한 방식의 '갭(gap)투자'가 광풍처럼 번졌다. 갭투자란 전세가와 매매가의 차이, 즉 갭(격차)이 거의 없는 집을 구입해 전세로 임대한 뒤 나중에 시세차익을 노리는 투자를 말한다.

예를 들어, 전세가가 3억 원이고 매매가가 3억 3천만 원인 아파트를 3천만 원으로 투자해 매수한다. 그런 다음 2년 후 전세가가 3억 5천만 원으로 오르면 2천만 원의 차익을 수익으로 발생시키거나, 매매가가 4억 원으로 오르면 매매 차익을 수익으로 발생하는 시키는 방식이다. 이 방식은 상대적으로 많은 돈이 필요하지 않기 때문에 소액으로 투자할 수 있고, 경매보다 쉬운 투자 방식이다. 물론 이런 갭투자 방식도 좋은 방법이지만 '상대적으로 소액'이라는 말은 '매매가 대비 소액'이란 말이지, 일반 직장인들에게 3천만 원은 아주 큰 금액이다.

또한 전세 계약기간이 끝나는 2년 동안, 아니면 갑자기 매매가가 크게 오르기 전까지는 투자금이 묶여 다른 곳에 투자하지 못하는 상황이 발생한다. 그리고 중요한 것은 전세가와 매매가가 반드시 올라야만 수익이 발생한다는 전제가 들어간다.

반면에 경매로 매수한다면 투자금이 그렇게 많이 들어가지 않고,

전세가와 매매가가 오르지 않더라도 시세 대비 낮은 가격에 매수했기 때문에 손해를 보는 경우는 거의 없다. 더 좋은 것은 내 투자금이 묶이지 않아 또 다른 곳에 투자할 수도 있다.

이 물건은 2013년에 6,336만 원에 낙찰받고 대출을 5,400만 원 받아 실투자금액은 936만 원이 들어간 다세대주택이다. 명도 후 곧바로 보증금 500만 원에 월세 40만 원에 임대해 실투자금은 436만 원이 되었고, 한 달 대출이자가 144,000원이므로 매월 256,000원의 수익이 생기는 연수익률 70% 이상의 초우량 물건이었다. 2년 동안 월세를 받으면서 초기 투자금 436만 원은 모두 회수했으며, 별도로 90만 원 이상의 금액이 더 들어왔다. 이후 계약기간이 완료되어 세입자는 이사 나가고, 전세로 돌려서 6,500만 원에 새로운 세입자가 들어왔다. 전세금 6,500만 원을 받아 대출금 5,400만 원과 월세 세입자 월세보증금 500만 원을 상환하고도 600만 원의 수익이 추가로 발생하게 되었다. 현재 이 다세대주택의 시세는 1억 원 선에서 거래되고 있다.

자, 그럼 이 다세대주택을 갭투자하는 경우와 경매투자하는 경우를 비교해 보자. 갭투자를 하는 경우 매수가는 당시의 감정가인 8,500만 원이라 하고, 전세가는 5천만 원이라고 해보자.

	갭(gap)투자			경매투자		
매수가	85,000,000원		매수가		63,360,000원	
전세	50,000,000원		월세		5,000,000원	400,000원
대출	0원		대출		54,000,000원	
취·등록세및잡비	935,000원	500,000원	취·등록세및잡비		696,960원	500,000원
실투자금	36,435,000원		실투자금		5,556,960원	
대출이자(년)	0원		대출이자(년)		1,728,000원	
수익률(년)	0원	0%	수익률(년)		3,072,000원	57% 이상

2년 후

전세		65,000,000원	전세		65,000,000원
실투자금 대비 수익금		-21,435,000원	실투자금 대비 수익금		6,587,040원

		1억 원에 매도 시 수익금				
실투자금 대비 수익금	13,565,000원	시세 차익	실투자금 대비 수익금	41,587,040원	2년 월세 수익+시세차익

　이처럼 초기투자금 자체가 차이 나므로, 시간이 지나면 지날수록 갭투자와 경매투자의 수익률은 점점 더 벌어지게 된다. 처음 매수할 때 갭투자는 3,600만 원의 투자금이 필요하지만, 경매투자는 550만 원이면 가능하다.

　갭투자는 일단 전세를 놓기 때문에 2년간 수익이 발생하지 않지만 경매투자는 월세를 놓자마자 연수익률 57% 이상의 수익이 발생한다. 갭투자의 경우 2년 후 전세로 전환하더라도 실투자금 3,600만 원 중 1,500만 원만 회수할 수 있으므로 여전히 2,100만 원의 투자금이 들어가야 하지만, 경매투자의 경우 2년 후 전세로 돌리면 내 투자금이 전혀 들어가지 않는 '무피투자'로 전환된다. 오히려 전세로 전환하자마자 실투자금 대비 650만 원의 수익금을 발생시킬 수도 있다. 또 물건을 1억 원에 매도할 경우 갭투자와 경매투자의 수익률은 더 벌어진다. 갭투자의 경우 21,000,000만 원의 수익금이 발생하지만 경매투자는 2년 월세와 시세차익을 포함해 총 41,500,000원의 수익금이 발생한다.

　이 책을 읽는 여러분은 아직도 돈이 많아야 투자할 수 있다고 말할 것인가? 이제는 갭투자보다 수익률이 높은 경매투자에 빠져들기 바란다.

관점만 바꾸면 꼬박꼬박
돈 들어오는 시스템을 만든다

내가 경매를 한다고 이야기하면서 "한 채에 월 15~30만 원 정도 번다"고 말씀드리면, "고작 그 정도밖에 못 버느냐"고 반문하시는 분들이 꽤 많다. 하지만 "이 금액들이 작다고 생각하시는 분들은 경매를 하시면 안 된다"고 말씀드리고 싶다. 경매는 한 번에 대박을 노리는 로또복권이 아니지만 수익률로 따지면 그 어떤 투자보다 훌륭한 투자 방식이다. 다음은 나와 내 친구의 이야기이다.

나는 2008년 3월 회사에서 정리해고를 당했다. 재취업도 힘들고 할 일도 없어 경매 공부를 시작할 때였다. 집 근처에 사는 아는 친구와 만났다. 그 친구와는 일주일에 한 번 정도는 만나 소주 한잔 마시면서 회포를 푸는 사이였다. 이야기를 나누다가 나는 "퇴직 후 취직도 잘 안 되어서 경매 공부를 하고 있다"고 말하면서, 자연스럽게 경매에 대한 이야기가 나오게 되었다. 그 친구는 자기도 경매에 관심이 있어서 공부도 해보았지만, 경매도 어느 정도 돈이 있어야 할 수 있고, 살고 있는 사람을 억지로 내쫓는 것이 싫어서 그만두었다고 했다. 그렇게 그날의 경매 이야기는 흐지부지되고 말았다.

2014년 2월, 어느 날이었다.

"오빠, 오빠 친구가 낙찰받은 거 같아!"

아내에게 전화가 걸려왔다.

회사를 나오고 전업투자를 시작하면서 월급처럼 매달 꼬박꼬박 돈이 들어오는 월세 물건의 수량을 늘리는 데 한창 재미에 빠져 있을 때였다. 그 당시에는 괜찮은 물건이 여러 지역에 있으면 아내가 한 곳의 법원에 입찰하러 갔고, 나는 다른 지역의 법원에 입찰하러 갔다. 마침 그날은 인천에 괜찮은 물건이 몇 건이 있었는데 집에서 가까운 인천법원에는 와이프가 갔고, 나는 의정부법원에 있었다. 전화를 끊고 바로 물건을 확인해 보았다.

물건을 확인해 보니 내가 입찰했던 물건 중 하나인 이 물건에 총 3명이 입찰했고, 그중 나는 2등은 했으며, 친구가 나와 150만 원 차이로 1등을 한 것이었다.

아차, 싶었다. 사실 앞에서도 언급했지만, 경매에 대해 부정적이던 친구가 어느 날 경매에 관해 하나하나 물어보더니 급기야 학원에서 이론 수업을 들었던 것이었다. 또 그 친구는 퇴근 후 혹은 주말에 임장을 나갔고 몇 번 입찰도 했다.

그러나 이후 모두 **패찰***되었다. 친구는 술 한 잔을 마시며 "너는 잘도 경락(경매에 낙찰받는 것)받던데 나는 왜 계속 패찰되는지 모르

2013타경6█████

소 재 지	███████████████████████				
새 주 소	████████████				

| 물건종별 | 다세대(빌라) | 감 정 가 | 145,000,000원 | | 오늘조회:1 2주누적:0 2주평균:0 조회동향 |

구분	입찰기일	최저매각가격	결과
1차	2014-01-29	145,000,000원	유찰
2차	2014-02-26	101,500,000원	

대 지 권	36.18㎡(10.944평)	최 저 가	(70%) 101,500,000원
건물면적	55.8㎡(16.88평)	보 증 금	(10%) 10,150,000원

낙찰 : 104,390,000원 (71.99%)

매각물건	토지건물 일괄매각	소 유 자	박██

(입찰3명,낙찰:인천 김████ / 2등입찰가 102,950,000원)

개시결정	2013-07-29	채 무 자	박██

매각결정기일 : 2014.03.05 - 매각허가결정
대금지급기한 : 2014.04.04

사 건 명	임의경매	채 권 자	좌수영새마을금고 (합병전상호:서교새마을금고)

대금납부 2014.03.27 / 배당기일 2014.04.29
배당종결 2014.04.29

등기부현황 (채권액합계 : 143,000,000원)

No	접수	권리종류	권리자	채권금액	비고	소멸여부
1(갑2)	2011.06.23	공유자전원지분전부이전	박██		매매	
2(을2)	2011.06.23	근저당	좌수영새마을금고	143,000,000원	말소기준등기	소멸
3(갑3)	2013.07.29	임의경매	좌수영새마을금고	청구금액: 112,174,280원		소멸

겠다"면서 푸념 아닌 푸념을 하는 것이었다.

　나는 그 친구의 정확한 생각을 알고 싶어서 물어보았다. "왜 부정적으로 생각했던 경매를 하려고 하는데?" 친구는 나를 바라보며 "사실은 경매가 그렇게 나쁜 것이 아니라고 깨닫게 되었다"고 했다.

　영화나 드라마를 보면 집주인은 엉엉 울고, 나쁜 사람들이 집에 들어가 세간 살림을 모두 끄집어내는 상황, 친구는 이런 것이 경매인 줄 알았다는 것이었다. 그런데 내가 경매를 시작하고 옆에서 지켜보니 그런 것이 아니라고 깨달았다. 사실 이 친구는 내가 처음 경락받고 명도하는 것이 겁이 날 때 같이 가주었다. 그리고 명도 역시 상대를 배려하는 방식임을 지켜보았으니 생각이 달라졌던 것이다. 또한 출산이 한 달도 남지 않은 둘째를 생각하니, 이렇게 살다가는 현재 살고 있는 아파트 대출금도 언제 갚을지 막막하다고 생각했다.

친구는 결국 자기가 벌지 않으면 3개월도 못 버티는 생활에 두려움을 가지게 되었다. 그래서 나는 안타까운 마음에 그 주 주말에 만나 임장 노하우와 낙찰받기 쉬운 물건을 선별하는 법 등을 자세히 알려주었다. 특히 이 친구는 돈이 별로 없어서 빌라 물건에 집중해 입찰하려 해서, 빌라 시세 보는 법과 입찰가를 산정하는 방법을 알려주었다.

결국 이 친구는 입찰에 참여하면서 내가 이만큼 썼을 거라는 전제하에 그 금액 이상을 썼으니, 당연히 나는 패찰하고 말았던 것이었다.

하지만 친구가 낙찰받으니 아쉽다는 마음보다는 기쁜 마음이 더 든 것이 사실이었다. 나만 알고 있던 지식을 활용해 내 지인이 낙찰받으니 말이다. 이후에 친구가 명도를 부탁해 여러 번 그 집을 방문하게 되었다. 그런데 채무자와는 달리 임차인은 배당기일까지 살 수 있는 권한이 있다. 그래서 "이 집에 소액 임차인이 살고 있어서 배당받으니, 최대한 빨리 잔금을 치러서 배당기일을 앞당기자"고 친구에게 조언했다. 명도 과정에서 소액 임차인과 대화가 잘되어 재임대를 하기로 했다.

여기에서 한 가지 짚고 넘어가야 할 것이 있다. 명도로 세입자를 내보내면 도배 및 기본 인테리어 비용이 발생하며, 부동산 중개료도 들고, 다음 세입자를 맞이할 때까지 경락자금대출을 받은 이자를 매월 내야 한다. 재임대를 하게 되면 그런 필요경비를 줄일 수 있으니, 경매 낙찰 후 재임대를 반대할 이유가 없다.

다음은 친구가 실제로 이 물건에 투자한 금액 및 수익률을 계산해 본 것이다.

다세대주택 수익률	
감정가	145,000,000원
최저가	101,500,000원
입찰보증금	10,150,000원
낙찰금	104,390,000원
취·등록세	1,148,290원
등기 비용	880,000원
경락잔금*	2,240,000원
명도비	–
대출(88%)	92,000,000원
보증금	20,000,000원
월세	400,000원
대출이자(월) 3.3%	253,000원
실투자금(입찰보증금+취·등록세+등기 비용+경락잔금-보증금)	-5,581,710원
월수익	147,000원

어떤가? 여러분이 보기에도 훌륭하지 않은가? 이 친구는 집을 한 채 마련해 보증금 2천만 원과 월세 40만 원을 받는 임대인으로 출발하면서 실투자금이 하나도 들지 않았고 오히려 5,581,710을 벌

어들였다. 자기 자본을 들이지 않고도 매달 대출이자를 제외하고 147,000원이 통장으로 들어오고 있다. 지금 이 순간에도 말이다.

한 달 뒤 친구는 예쁜 공주님을 둘째로 얻었고, 세입자는 둘째 공주님의 분윳값을 매달 내주고 있는 셈이다.

제4부

연수익률,

부동산 경매가 가장 높다

최소 연수익률 30% 이상, 부동산 경매라서 가능하다

요즘 같은 불경기에 부모님 세대처럼 성실히 저축하면 미덕이고 훌륭한 재테크라고 생각하는 사람은 많지 않을 것이다. 물론 열심히 돈을 모아 저축하며 사는 사람들이 잘못되었다는 것은 아니다. 하지만 예전에 부모님들이 그랬던 것처럼 회사에서 열심히 일만 하고 저축만이 유일한 재테크라고 생각한다면 어떻게 될까?

얼마 전 뉴스를 통해 "수도권에서 일반 직장인이 한 푼도 안 쓰고 21년을 모아야 집 한 채를 구입할 수 있다"는 소식을 접했다. 이런 상황에서 무작정 저축만 한다면 일반 서민들은 평생 동안 집 한 채 장만하지 못할 것이다.

사실 재테크 수단에는 저축 이외에도 많은 것이 있다. 주식, 펀드, 채권, 부동산 등 열거하자면 끝도 없이 많지만 나는 그중에서 부동산, 특히 부동산 경매에 집중하고 있다. 왜냐하면 많은 금액이 필요하지 않고, 조금이라도 빨리 경제적 자유를 이룰 수 있기 때문이다.

나 역시 한때는 주식에 미친 적이 있었다. 1998년 말에 IMF 외환 위기를 벗어나기 시작하자 여기저기서 주식으로 얼마를 벌었으며, 주식만큼 좋은 것이 없다는 이야기가 TV와 신문 지면에 오르내렸다. 그래서 난생처음 증권회사에 찾아가 계좌를 만들고, HTS 프로그램이라는 CD(현재는 인터넷의 발달로 홈페이지에서 다운받을 수 있지만 당시만 하더라도 증권회사를 방문해 프로그램 CD를 받아서 설치해야 했다.)를 받아와 집과 회사 PC에 설치하고 주식을 하기 시작했다. 결과는 참담하다 못해 비참했다. 1년치 연봉이 사라지는 기간이 6개월도 채 걸리지 않았던 것이다. 얕은 지식에 주식을 했으니 당연한 결과였다.

주식이 나쁜 것은 아니다. 주식 투자에 앞서 제대로 공부하지 않고 덤벼들었던 내 탓이었다. 주식 투자에 실패하면 휴지조각으로 변한 주식밖에 남지 않는다. 그러나 경매는 아무리 잘못되어도 최소한 부동산은 남는다. 주식처럼 없어지는 채권이 아니라 물건이기 때문이다.

다른 사람들과 마찬가지로 나도 처음에는 경매 또는 부동산 투자를 위해서는 많은 돈이 필요하다고 생각했다. 돈이 돈을 벌고, 있는 사람들만 부동산 투자를 할 수 있다고 생각했고, 나도 모르게 부동산 투자라는 단어를 무의식적으로 멀리하고 있었던 것이다. 하지만 경매에 입문하면서 적은 돈으로 부동산에 투자할 수 있고, 어떤 경우에는 내 돈을 들이지 않고도 부동산을 소유할 수 있다는 것을 알게 되었다.

경매는 많은 장점이 있지만 시세보다 훨씬 싼 가격에 부동산을 매입할 수 있다는 것이 가장 큰 장점이다. 또한 경험이 쌓여 복잡한 물건의 권리분석도 할 수 있으면, 시세보다 반값 이하로도 부동산을 구입할 수 있는 것이 경매이다.

그렇다고 100만 원을 투자해 곧바로 100만 원 이상의 수익을 바라는 이에게는 경매가 맞지 않는다. 주식이든 경매든 '대박=쪽박'이라는 것을 알아야 한다. 내가 처음 경매에 입문하면서 세웠던 목표는 최저 30%의 연수익률이었다. 물론 이 목표를 지금도 철저히 이루고 있으며, 어떤 경우에는 연수익률을 50~70% 이상 올린 경우도 있었다. 또한 무한대의 수익률을 올린 경우도 있었다.

어떻게 무한대의 수익률이 나올 수 있느냐고 반문하시는 분이 계실 수도 있으니, 한 가지 예를 들어보겠다. 감정가가 1억 5천만 원인 빌라가 경매로 나왔는데, 시세조사를 해보니 전세는 1억 원, 월세는 보증금 2천만 원에 월세 40만 원 정도를 받을 수 있다는 결론이 나왔다고 하자. 해당 경매가 1회 유찰되어서 최저가에서 30% 가(서울은 1회 유찰 시 최저가에서 20%씩 저감되지만 인천 및 지방은 1회 유찰 시 30%씩 저감된다.) 저감되어서 최저가의 70%인 1억 500만 원에 낙찰받았다고 가정해 보자. 낙찰 이후 경락자금대출(경락자금대출은 일반 담보대출을 제한하는 정부의 규제를 받지 않아 DTI와 LTV 적용을 받지 않고, 농협과 신협 등 제2 금융기관이나 보험사에서 대출을 받아 통상적으로 낙찰가의 80%, 시세가 잘 알려지지 않은 다가구주택이나 다세대주택의 경우 90%까지 대출이 가능하다.)을 일으켜 낙찰가의 85%인 8,900만 원을 연이율 3%로 대출받는다면, 실투자금은 취·등록세(1.1%)를 포함해 약 1,700만 원이 들어간다. 이 빌라를 보증금 2천만 원에 월세 40만 원으로 임대한다면, 보증금 2천만 원이 들어오니 순수익으로 300만 원이 생길 것이다. 대출금 8,900만 원의 연이율은 3%이니, 월 대출이자는 89,000,000×3%÷12=222,500원이 발생한다.

월세 40만 원에서 월 대출이자 222,500원을 빼면 177,500원이니 매달 177,500원의 수익이 발생하고, 이 빌라가 사라지지 않는 한 계속해서 무한대의 수익금이 창출되는 것이다. 게다가 2014년부터 양도과세가 일반과세로 바뀌는 시점이 2년에서 1년으로 단축되어, 등기 후 1년 후에 매매한다면 일반과세(3~38%)로 높은 시세차익까지 챙길 수 있다. 이렇듯 소자본 또는 0원으로 높은 수익률을 올릴 수 있는 것이 경매이다.

그리고 다른 투자처럼 최대 연수익률 30%가 아닌 최소 연수익률 30% 이상의 수익을 낼 수 있는 것이 경매다. 현재 1년 내내 아침 일찍 힘들게 눈뜨고 출근해 자신의 모든 열정을 회사에 바치는 직장인들은 이 말을 꼭 명심하길 바란다. 우리는 부동산 경매로 경제적인 자유를 누릴 수 있다. 이 시스템에 눈뜨는 순간 우리의 미래는 분명히 달라질 것이다.

단기매매라면 다가구주택보다 아파트가 낫다

등기를 마치고 1년 내에 단기매매를 한다면 환금성 면에서 아파트가 단연 최고이다. 빌라와 오피스텔은 매매가 안 되는 것은 아니지만, 단기매매로는 적합하지 않다. 실제로 빌라와 오피스텔은 전·월세로 임대하려면 매수자를 천천히 찾아야 한다. 곧바로 매수자를 찾고 싶지만 1년이 지나도록 매수자를 못 구하는 경우도 있기 때문이다. 그런 상황이 발생한다면 어쨌거나 매달 대출이자를 내야 하므로 바로 손해로 이어진다.

그렇다면 아무 아파트나 낙찰받으면 바로 팔릴까? 그렇지는 않다. 아파트라고 하더라도 매매가 바로 되는 것이 있고 그렇지 않은 것이 있다.

우선 매매가 잘되는 아파트에 대해 알아보도록 하자. 역세권과 좋은 학군, 지역은 아파트의 선호도를 높이는 요인이다. 당연히 교통이 편리하고 학군이 좋으며 지역이 좋고, 게다가 단지 규모가 큰 아파트가 그렇지 않은 것보다 비싸고 잘 팔리는 것이 당연할 것이다. 그런데 아파트의 선호도는 다음과 같은 요인으로도 높아진다.

첫째, 브랜드다. 모든 상품에 브랜드가 있듯이 아파트 역시 브랜드가 있다. 브랜드에는 명품이 있고 그렇지 않은 것이 있다. 예를 들어, 래미안, 자이, 푸르지오, e편한세상 등은 이름만 들어도 좋은 아파트라는 이미지가 연상될 것이다. 반면에 우성, 한양, 동보, 한국 등의 이름들은 한 번씩은 들어보았을 것이다. 그럼 기산, 라이프, 상아, 팬더 등의 이름들은 들어보았는가? 이 이름들도 아파트의 브랜드명이다. 당신이 매수자라면 어떠한 아파트를 선호하겠는가? 당연히 인지도가 높고 이름이 잘 알려진 아파트를 선호할 것이다.

둘째, 아파트마다 선호하는 동이 별도로 존재한다. 놀이터가 바로 앞에 있는 동은 그렇지 않은 동보다 선호도가 낮다. 봄, 여름, 가을에 창문을 열어놓기 힘들 정도로 소음이 많을 수밖에 없기 때문이다. 또한 차도와 인접해 시끄러운 동보다는 단지 안쪽에 위치한 동이 밖의 소음으로부터 조용하기 때문에 선호도가 높다.

셋째, 라인과 방향도 중요하다. 한 동의 라인이 4호까지 있는 아파트라면 1, 4호 라인보다는 2, 3호 라인이 안정감도 있고 난방비도 절감할 수 있으므로 선호도가 높다.

1호	2호	3호	4호

그렇다면 실거주자들은 어느 방향의 아파트를 가장 선호할까? 실거주자들은 '남향, 동향, 서향, 북향' 순으로 선호한다.

남향은 아침부터 저녁까지 온종일 햇볕이 잘 들어온다. 또한 태양의 고도는 계절에 따라 차이가 나는데, 남향은 여름에는 햇볕이 적게 들어와 덜 덥고, 겨울에는 햇볕이 많이 들어와 더 따뜻하다. 그렇기 때문에 냉난방비가 적게 들고 낮 시간에 채광이 좋아 집 안이 하루 종일 환하다.

동향은 해 뜨는 것과 동시에 햇볕이 가장 먼저 들어오지만, 긴 오후 시간에는 햇살을 많이 받지 못한다. 그래서 여름에는 시원하지만 겨울에는 춥다.

서향은 동향과는 반대로 오전에는 햇살이 들어오지 않지만, 오후에는 집 안 깊숙이 햇살이 들어온다. 겨울에는 따뜻하지만 여름에는 덥다.

북향은 선호도가 가장 낮은 집이다. 하루 종일 햇빛이 잘 들어오지 않는다. 단 조망권이 좋다면 이야기가 달라진다. 한강 또는 바다를 조망할 수 있는 북향은 오히려 남향보다 선호도가 높을 수도 있다.

넷째, 아파트가 몇 층에 위치하는지도 선호도를 좌우하는 요인이다. 아파트에서 선호층 또는 로열층으로 불리는 층은 3분의 1 정도가 된다. 예를 들어, 15층짜리 아파트라면 7~13층이 로열층이고, 25층짜리 아파트라면 17~23층이 로열층이다.

같은 지역에 위치한 동일 평수의 아파트라도 브랜드, 동, 라인, 방향, 층에 따라 1~4천만 원 정도 금액 차이가 나는데, 선호도가 높은 아파트는 높은 가격에 매매될 뿐만 아니라 다른 아파트보다 먼저 매매될 확률이 높다.

이 아파트는 주위의 다른 대단지 아파트보다 작은 규모의 아파트로, 171세대의 작은 아파트이다. 하지만 주위 아파트들보다 인지도가 높은 엠코라는 브랜드를 가지고 있다. 엠코 아파트를 모르시는

2012타경 9▓▓							
소재지	엠코타운 ▓▓▓▓ 도로명주소검색						
새 주소	▓▓▓▓ 엠코타운 ▓▓▓▓						
물건종별	아파트	감정가	240,000,000원	오늘조회: 1 2주누적: 0 2주평균: 0 조회동향			
대지권	36,771㎡(11,123평)	최저가	(70%) 168,000,000원	구분	입찰기일	최저매각가격	결과
				1차	2013-05-06	240,000,000원	유찰
건물면적	84,983㎡(25,707평)	보증금	(10%) 16,800,000원	2차	2013-06-05	168,000,000원	
				낙찰: 193,733,600원 (80.72%)			
매각물건	토지·건물 일괄매각	소유자	박▓	(입찰5명,낙찰:인천 최▓▓ 차순위금액 188,400,000원)			
개시결정	2012-11-28	채무자	박▓	매각결정기일 : 2013.06.12 - 매각허가결정			
				대금지급기한 : 2013.08.23			
사건명	임의경매	채권자	남인천농협	대금납부 2013.08.22 / 배당기일 2013.09.25			
				배당종결 2013.09.25			

임차인현황 (말소기준권리 : 2011.08.18 / 배당요구종기일 : 2013.03.18)

임차인	점유부분	전입/확정/배당	보증금/차임	대항력	배당예상금액	기타
이▓	주거용	전 입 일: 2012.03.15 확 정 일: 미상 배당요구일: 없음	미상		배당금 없음	
기타사항	☞본건 현황조사차 현장에 임한 바, 폐문부재로 이해관계인을 만날 수 없어 상세한 점유 및 임대차관계는 알 수 없음					

등기부현황 (채권액합계 : 216,000,000원)

No	접수	권리종류	권리자	채권금액	비고	소멸여부
1	2011.08.18	소유권이전(매매)	박▓▓		거래가액 금269,080,000원	
2	2011.08.18	근저당	남인천농협 (용남지점)	216,000,000원	말소기준등기	소멸
3	2011.10.17	압류	인천광역시남구			소멸
4	2011.10.24	압류	인천광역시			소멸
5	2012.11.28	임의경매	남인천농협	청구금액: 186,055,897원	2012타경9▓▓	소멸
6	2013.02.14	압류	인천광역시남구			소멸

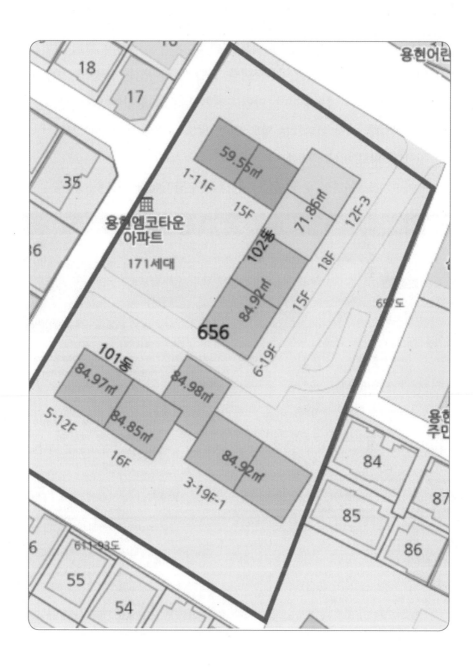

분도 계실 텐데, 현재 힐스테이트라는 브랜드를 사용하고 있는 현대 엔지니어링이 건설한 아파트이다. 또한 이 아파트는 16층 중 10층이고, 방향은 남동향이며, 라인도 5호 라인 중 중간에 있는 3호 라인이었다. 해당 아파트는 명도 후 한 달도 안 돼 다른 아파트보다 천만 원 정도 비싼 금액에 매각되었다.

이 아파트를 명도 후 한 달도 채 안 되어 단기매매한 이유는 다음과 같다. 이 아파트에 사시던 분이 경매를 취소하시기로 했는데, 항소만 하시고 입찰보증금을 납부하지 않은 상태에서 차일피일 기일만 미루었다. 그래서 좀 골치 아파졌지만 빠른 단기매매로 높은 수익을 올릴 수 있었다.

　이 아파트는 2천 세대가 넘는 대단지 아파트이고, 인지도 높은 벽산이라는 브랜드를 가지고 있는 아파트이다. 또한 25층 중 21층이며, 남동향이고, 6호 라인 중 2호 라인이었다. 해당 아파트 역시 명도 후 한 달도 안 돼 다른 아파트보다 5백만 원 비싼 금액에 매각되었다. 이 아파트의 경우 낙찰부터 매매까지 3개월도 채 안 걸렸는

데, 단기매매로 높은 수익을 안겨준 물건이었다.

그럼 두 아파트의 실제 투자금을 확인해 보자.

아파트명	엠코	벽산
낙찰금	193,733,600원	197,800,000원
대출금	154,000,000원	158,000,000원
취·등록세 및 잡비	3,388,000원	3,476,000원
실투자금	43,121,600원	43,276,000원

두 아파트 모두 낙찰금액 대비 20% 내외의 실투자금만으로 구입할 수 있었으며, 1년도 채 안 되어 단기매매로 높은 수익률을 안겨주었다. 이처럼 임대보다는 단기매매를 선호하신 분들은 다가구주택과 빌라(다세대주택)보다는 아파트 그리고 같은 아파트라도 선호도가 높은 아파트를 공략하는 것이 정답이다.

그런데 2017년 전국 아파트 입주물량은 37만여 세대이다. 그러다 보니 연일 뉴스에서는 '집값 폭락 우려'에 대한 기사가 쏟아지고 있다. 그렇다면 이제 아파트에 투자하면 안 된다는 말인가? 그렇지 않다. 전국적으로 입주물량이 많은 것은 맞지만 우리나라의 아파트 주거 비율은 60% 이상이고, 그 비율은 갈수록 높아지고 있다. 한마디로 아파트의 아성은 깨지지 않는다는 말이다. 그럼 여기에서 내가 현재 유심히 살펴보고 있는 투자 유망 지역 몇 곳을 소개하겠다.

인천(영종)

영종도의 인구는 약 6만 명인데 2017년에는 약 2만 명의 상주 인구와 종사자가 유입될 예정이다. 또한 미단시티, 인스파이어, 파라다이스시티 등 복합리조트 3개가 잇따라 개장될 것이다. 2016년에도 가격이 많이 올랐지만 아직 최고점에 이르지는 않았다고 판단된다.

파주(운정)

운정 신도시는 2기 신도시 중 가장 소외되고 저평가된 신도시이다. 하지만 최근 GTX 삼성-킨텍스 구간이 파주 운정까지 연장될 수 있다는 소식이 발표되었고, 지하철 3호선도 운정까지 연장된다면 장기적으로는 호재로 작용할 것이다.

고양(일산, 삼송)

일산은 1기 신도시 중 소외된 신도시이다. 그런데 GTX와 경기북부테크노밸리 등 대형 호재로 최근에도 소형아파트의 가격이 오르고 있다. 30평대 아파트도 움직임이 심상치 않아 유심히 살펴보고 있다.

김포

서울 지하철과 연결되는 김포 경전철은 최대 호재로 떠오르고 있다. 김포 경전철은 2017년 말까지 공사를 마치고 시험운행을 거쳐 2018년 개통될 예정이다. 경전철이 완공되면 김포공항역까지 20여 분이면 도착하고, 김포공항역에서 5호선과 9호선, 공항철도로 갈아탈 수 있으므로 서울 도심과 강남에 대한 접근성이 높아진다.

대형 평수는 위험하다고?
경매는 예외다!

"**오빠**, 짐 싸! 이사 가자!"

2013년 늦은 봄에 아내로부터 문자가 왔다. 당시에는 경매로 어
느 정도 재미도 보고 있었고, 이번에는 내가 거주할 집의 평수를 늘
리기 위해 입찰했는데, 낙찰이 된 것이었다.

그 당시에 나는 실거주를 목표로 한다고 하더라도 수익률이 낮을
것으로 판단되면 신중을 기했는데, 그리 높지 않은 금액에 입찰했는
데 낙찰이 되었다. 이 물건을 낙찰받고 경매하는 지인이 "앞으로 대
형 평수는 거래가 힘들다"고 걱정해 주셨다.

그 당시에는 '핵가족 시대에 뜨는 85㎡ 이하 중소형 아파트, 지는
85㎡ 이상 대형 아파트'라는 제목의 뉴스가 심심치 않게 나오곤 했
다. 그 내용은 이러했다.

2000년대 초·중반기에는 부동산 시장에 중대형 위주로 공급되

2012타경8◼◼◼◼

소 재 지							
물건종별	아파트	감 정 가	520,000,000원				

				오늘조회: 1 2주누적: 0 2주평균: 0 조회동향			

구분	입찰기일	최저매각가격	결과
1차	2013-04-26	520,000,000원	유찰
2차	2013-05-28	364,000,000원	유찰
3차	2013-06-27	254,800,000원	

대 지 권	80.69㎡(24.409평)	최 저 가	(49%) 254,800,000원
건물면적	170.348㎡(51.53평)	보 증 금	(10%) 25,480,000원

낙찰 : 346,900,000원 (66.71%)

(입찰7명,낙찰:인천 원범석 /
2등입찰가 330,990,000원)

매각물건	토지 건물 일괄매각	소 유 자	정◼

매각결정기일 : 2013.07.04 - 매각허가결정

개시결정	2012-10-19	채 무 자	정◼

대금지급기한 : 2013.08.02

사 건 명	임의경매	채 권 자	신한은행

대금납부 2013.07.31 / 배당기일 2013.09.06
배당종결 2013.09.06

등기부현황 (채권액합계 : 760,521,854원)

No	접수	권리종류	권리자	채권금액	비고	소멸여부
1	2010.11.19	소유권이전(매매)	정◼		거래가액 금728,600,000원	
2	2010.11.19	근저당	신한은행 (석남동지점)	432,000,000원	말소기준등기	소멸
3	2010.11.19	근저당	갈산농협	91,000,000원		소멸
4	2012.08.06	가압류	홍산농협	40,000,000원		소멸
5	2012.08.10	가압류	장계농협	100,985,774원		소멸
6	2012.08.17	가압류	임피새마을금고	96,536,080원		소멸
7	2012.10.19	임의경매	신한은행 (개인여신관리부 경매팀)	청구금액: 372,202,032원		소멸

었다. 2008년 금융위기를 기점으로 미분양이 늘어났고, 핵가족화가 보편화된 데다 경기불황이 지속되자 건설사들은 비교적 안정적인 수요가 뒷받침되는 중소형으로 방향을 선회했다. 실제로 85㎡ 이하 중소형 아파트는 거래가 활발한 반면 85㎡ 이상 대형 평수들은 거래가 잘 이루어지지 않고 있다.

사실 부동산 시장의 선행지표로 볼 수 있는 경매 시장에서도 중소형 아파트에는 평균 8~10명의 입찰자가 몰려들고, 대형 아파트에는 2~3명만 입찰하니 그리 틀린 말은 아니다.

하지만 경매를 좀 했다는 사람들과 일반인들이 간과하는 사실이 있다. 뉴스에서 하는 말인 "매매가 잘 이루어지지 않는다"는 바꿔 말하면, 매매가 힘들다는 말이지 매매가 아예 실종되었다는 말은 아니지 않은가? 부동산을 매수하려는 사람에게 싸다고 생각된다면 어떠한 물건이라도 팔릴 수 있지 않을까?

그래서 나는 아파트 물건을 입찰할 때 오히려 중소형 아파트보다는 대형 아파트를 선호한다. 이유는 다음과 같다.

첫째, 대형 아파트는 낙찰받기 쉽다. 그 당시에도 그랬고 이 글을 쓰고 있는 2016년 10월에도 그렇지만 85㎡ 이하 중소형 아파트는 우선 인기가 좋기 때문에 입찰자가 많아 낙찰이 어렵다. 반면에 대형 아파트는 입찰 경쟁자가 적어 비교적 낙찰이 수월하다.

둘째, 대형 아파트에는 명분을 중요시하는 화이트칼라가 살 확률이 높다. 이런 분들은 자존심이 높다. 이분들에게 찾아갈 때도 미리 정중히 전화 드리고 찾아뵙는다. 그러다 보니 명도 과정에서 중소형 아파트에 사시는 분들을 상대할 때보다 수월하다.

셋째, 대형 아파트를 낙찰받으면 명도 후 인테리어 비용이 오히려 중소형 아파트보다 덜 들어간다. 아무래도 대형 아파트이다 보니 이미 인테리어가 고급으로 되어 있어서 별도 비용이 들지 않는 것이다.

다음은 내가 낙찰받은 대형 아파트의 수익률이다.

대형 아파트 수익률	
감정가	520,000,000원
최저가	254,800,000원
입찰보증금	25,480,000원
낙찰가	346,900,000원
취·등록세	4,500,000원
등기 비용	1,000,000원
경락잔금	41,420,000원
명도비	1,000,000원
대출(80%)	280,000,000원
실투자금(입찰보증금+취·등록세+등기 비용+경락잔금+명도비)	73,400,000원
매매 금액(2016년 10월 기준)	420,000,000원
이익금(매매 금액-대출금-실투자금)	66,000,000원
수익률	약 89%

　사실 이 물건은 감정가(감정평가액)가 높게 책정되어 있는 물건이 었다. 대형 평수의 거래량도 별로 없었고, 분양 이후 연일 매매가가 곤두박질하며 분양가 대비 40% 이상 떨어졌으며, 실거래가는 3억 7천만 원으로 형성되어 있었다. 이 물건은 분양 평수 206㎡이고, 실평수 170㎡로 해당 단지에서 가장 큰 평수이다. 감정가는 5억 2 천만 원이고 최저가는 두 번 유찰되어 2억 5천만 원대로 떨어져 있 었다. 2010년에 지은 아파트로 신축에 해당되며 3천 세대 이상의 대단지 아파트이고, 28층 중 22층으로 로열층이었다. 그 당시에 교 통은 경인고속도로와 인접해 있고, 인천지하철 2호선이 계통될 예 정이었다. 또 아파트 주위에 재래시장 및 초중고 학교가 인접해 있

어서 생활편의 및 교육환경도 뛰어나 최소 1~2년 내에 분양가의 70~80%는 회복할 수 있을 거라고 예상했다.

이 예상은 적중했다. 당시에 이 물건을 단기매매했다면 투자금 대비 20% 정도의 수익률을 올릴 수 있었겠지만 2년 정도 보유해 일반과세로 전환되었고, 지금 당장 저층의 가격으로 매도하더라도 투자금 대비 50% 이상의 연수익률을 올릴 수 있게 되었다.

물론 아직까지 대형 평수는 매매 시장에서 인기가 없다. 하지만 전세나 월세 시장에서는 인기 있는 지역도 있다. 예전에는 2년 내에 매도한다면 양도소득세가 55%(양도소득세 50%+부가세)까지 부과되어 단기매매가 쉽지 않았다. 하지만 2014년 이후 단기매매 양도소득세는 44%(양도소득세 40%+부가세)로 낮아졌으며, 2년이 아니라 1년만 보유하더라도 일반 과세(6~38%)로 낮아져서 단기매매하기도 훨씬 수월하다.

매번 패찰되어 시간과 노력을 허비하는 분들은 하나같이 인기 지역의 인기 아파트에 입찰한다. 입찰자들이 몰려드는 중소형 아파트에 입찰하면 경쟁률이 높아서 낙찰받기 어렵다. 이런 물건에는 대개 15~30명 정도 입찰한다.

그래서 나는 매번 패찰되는 분들에게 대형 평수에 입찰하시라고 조언해 드리는데, 모두 똑같은 답변을 한다. "대형 평수는 매매가 안 된다"고 말이다. 참으로 어이없는 답변이다. 어디에서 들었는지 거의 같은 답변이다.

중요한 세 가지만 꼭 알아두자. 첫째, 대형은 중소형보다 입찰 경쟁에서 우월하며 감정가 대비 낙찰가 비율이 낮다. 둘째, 대형은 인테리어 비용이 중소형에 비해 적게 들어간다. 셋째, 매매가 안 되는 아파트는 없다. 거래량이 적을 뿐이다. 앞서 이야기한 대로 대형도 가격 메리트만 있다면 충분히 승산이 있으며, 오히려 중소형보다 유리한 점이 많다. 또한 수익률 또한 매우 높으니, 매매가 안 될 것이라는 겁부터 먹는 오류를 범하지 말기 바란다.

그럼 매매가 잘되는 대형 아파트와 그렇지 않는 아파트는 무엇이 다른지 알아보자. 아파트 투자에 있어 수요공급의 원칙은 대단히 중요하다. 인천 청라와 송도, 일산 식사지구, 파주 운정지구는 2008년 금융위기 이전에 계획되었고, 당시에는 대형 평수 위주로 공급되었다. 그러고 나서 금융위기 이후에 부동산 시장이 폭락해 실거주자 위주로 시장이 개편되면서, 이 지역들의 부동산 가격은 다른 지역에 비해 더 떨어지고 말았다. 이 지역들은 2015~2016년 부동산 상승장에서 중소형 아파트만 분양가 대비 어느 정도 회복되었지만 대형 아파트들은 상대적으로 오르지 못했다. 또한 주위에 대형 평수가 많아서 상대적으로 팔리기가 쉽지 않다.

대형 아파트는 물건이 넘쳐난다. 또 800세대 이하의 아파트는 관리비가 굉장히 많이 나온다. 하지만 2008년 금융위기 이후 건설사들은 신규 아파트를 중소형 위주로 공급했기 때문에 실제로 수도권의 몇몇 대형 아파트는 품귀 현상이 일고 있다. 2015년과 2016년에 신규공급된 아파트 중 대형 아파트는 6.6%에 불과하다. 이는 2010년 이후 4분의 1 수준으로 줄어든 수치이다.

따라서 앞으로 다음과 같은 대형 아파트들은 매매가 잘될 수 있다. 기존 아파트 중 2천 세대 이상의 대단지이고, 그중 중소형 위주로 단지가 구성된 아파트(전체 단지에서 대형 아파트가 10~25%가량 공급되어 있는 경우)는 매매하기가 수월하다. 주위에 업무지구와 관공서가 위치하고, 학군과 교통이 좋은 아파트는 매매가 잘될 것이다.

20년 이상 노후 아파트도 황금알을 낳을 수 있다

많은 경매 투자자들은 20년 이상 오래된 아파트에 입찰하지 않는 경향이 있다. 그러나 수익률이 높다면 입찰에 참여하지 않을 이유가 없다. 우리나라 속담 중에 "썩어도 준치"라는 말이 있듯이 값어치가 있는 물건은 오래되었거나 낡고 다소 흠이 생겨도 어느 정도 가치가 있다.

아무리 오래된 아파트라도 아파트는 아파트다. 다가구주택과 빌라, 오피스텔보다 환금성이 뛰어나고 임대소득 또한 높은 아파트를 단지 오래되었다는 이유만으로 투자의 목록에서 지워버리면, 큰 기회를 놓쳐버릴 것이다.

내 경우에는 두 가지 목적을 가지고 오래된 아파트의 경매에 입찰한다.

첫째, 아파트는 단기매매를 할 때 유리하다. 준공된 지 20년 이상

경과한 아파트들은 다른 아파트에 비해 경쟁률이 덜하고 감정가가 터무니없이 낮은 금액으로 감정되는 경우가 종종 있다. 적은 금액에 낙찰된다면 단기매매를 통해 높은 수익률을 올릴 수 있다.

| 굿&션 | 전체메뉴 | 법원바로가기 | 관할법원안내 | 관심물건등록 | 상담실 | 건의/제안 | | 인쇄 | 닫기 |

경매개시 `68` 배당요구종기일 `259` 최초진행 `0` 매각 `26` 납부 `37` 배당종결(390일 소요)   ← 이전 목록 다음 →

2014타경8▮▮▮

소 재 지	▮▮▮▮▮▮▮▮▮▮▮▮			
물건종별	아파트	감 정 가	162,000,000원	오늘조회: 1 2주누적: 0 2주평균: 0 조회동향
대 지 권	37.497㎡(11.343평)	최 저 가	(100%) 162,000,000원	
건물면적	60.33㎡(18.25평)	보 증 금	(10%) 16,200,000원	
매각물건	토지 건물 일괄매각	소 유 자	김▮▮	
개시결정	2015-01-02	채 무 자	김▮▮	
사 건 명	강제경매	채 권 자	서울보증보험(주)	

구분	입찰기일	최저매각가격	결과
	2015-09-10	162,000,000원	변경
1차	2015-11-25	**162,000,000원**	

낙찰 : 175,496,000원 (108.33%)
(입찰13명,낙찰:인천 원▮▮ /
2등입찰가 166,720,000원)
매각결정기일 : 2015.12.02 - 매각허가결정
대금지급기한 : 2015.12.30
대금납부 2015.12.21 / 배당기일 2016.01.27
배당종결 2016.01.27

등기부현황 (채권액합계 : 236,384,733원)

No	접수	권리종류	권리자	채권금액	비고	소멸여부
1(갑8)	2011.01.06	소유권이전(매매)	김▮▮		거래가액:178,000,000	
2(을3)	2011.01.06	근저당	동대문중앙새마을금고	148,200,000원	말소기준등기	소멸
3(갑9)	2011.02.14	소유권이전 청구권 가등기	이▮▮		매매예약	소멸
4(갑12)	2012.09.14	가압류	현대캐피탈(주)	25,240,613원	2012카단14036	소멸
5(갑13)	2014.06.16	가압류	서울보증보험(주)	62,944,120원	2014카단650	소멸
6(갑14)	2015.01.02	강제경매	서울보증보험(주) (경원신용지원단)	청구금액: 68,864,193원		소멸

이 아파트는 건축한 지 20년 경과한 아파트이다. **입찰기일***을 보니 2015년 11월 25일인데 사건번호가 2014로 시작되었다. 이처럼 경매가 늦춰지는 경우에는 채권자 측에서 법원에 재감정을 의뢰해

해당 시기에 맞는 감정가로 나오는 경우가 대부분이다. 그래서 감정
평가서를 보게 되었는데 중요한 단서를 찾아냈다.

구분	소재지	명칭 및 종별 층.호수	전유면적 (㎡)	기준시점	금액(원) (전유면적기준)	목적	비고
1		아아파트 ○층 ○○○호	78.10	2014.04.03.	190,000,000 (@2,430,000원/㎡)	경매	
2		아아파트 ○층 ○○○호	60.33	2011.08.26.	160,000,000 (@2,650,000원/㎡)	경매	

가. 인근지역 감정평가전례

　　감정평가서에는 인근 지역의 매매 사례를 기록한 '인근 지역 감
정평가전례'라는 난이 있는데, 이 부분이 이상한 것이었다. 내가 입
찰하려는 물건의 기준시점은 2011년 8월이고, 사례도 일반매매가
아닌 경매 사례를 적어놓은 것이었다. 통상적으로 매매가보다 적
은 금액으로 낙찰되는 경매의 속성상 1억 6천만 원은 말도 안 되
는 금액이었다. 바로 인근 부동산에서 시세를 알아보니 저층이 1억
8,500만 원에서 로열층은 1억 9,500만 원 정도에 시세가 형성되어
있었다. 입찰에 참여해 감정가보다 높은 약 1억 7,500만 원 정도를
쓰고 낙찰받았으며, 이 아파트는 다시 1억 9,200만 원이라는 높은
금액에 매도할 수 있었다.

　　둘째, 장기투자를 할 때도 유리하다. 25년 이상 경과한 아파트의
경우 4~6층짜리 저층 아파트가 많으며, 엘리베이터가 없는 아파트
가 대부분이다. 이 경우 낙찰받은 이후에 전 · 월세로 임대한 뒤 재

건축이나 재개발을 노려볼 만하다.

← 이전　목록　다음 →

경매개시 70 배당요구종기일 197 최초진행 36 매각 28 납부 38 배당종결(369일 소요)

2015타경3▨▨

| 소 재 지 | ▨▨ | | | | |
| 새 주 소 | ▨▨ | | | | |

| 물건종별 | 아파트 | 감 정 가 | 150,000,000원 | 오늘조회:1 2주누적:0 2주평균:0 조회동향 | | |

구분	입찰기일	최저매각가격	결과
대 지 권	32.14㎡(9.722평)	최 저 가	(70%) 105,000,000원	1차	2015-10-15	150,000,000원	유찰
건물면적	49.2㎡(14.883평)	보 증 금	(10%) 10,500,000원	2차	2015-11-20	**105,000,000원**	

대 지 권	32.14㎡(9.722평)	최 저 가	(70%) 105,000,000원
건물면적	49.2㎡(14.883평)	보 증 금	(10%) 10,500,000원
매각물건	토지 건물 일괄매각	소 유 자	최▨
개시결정	2015-01-21	채 무 자	최▨
사 건 명	임의경매	채 권 자	홍콩상하이은행(영업소)

낙찰 : 137,850,000원 (91.9%)
(입찰13명,낙찰:인천 원범석 / 2등입찰가 137,157,000원)
매각결정기일 : 2015.11.27 - 매각허가결정
대금지급기한 : 2015.12.30
대금납부 2015.12.18 / 배당기일 2016.01.25
배당종결 2016.01.25

등기부현황 (채권액합계 : 216,485,869원)

No	접수	권리종류	권리자	채권금액	비고	소멸여부
1(갑1)	1993.12.23	소유권이전(매매)	최▨			
2(을14)	2008.09.02	근저당	홍콩상하이은행	129,600,000원	말소기준등기	소멸
3(을16)	2011.07.26	근저당	에이치케이저축은행	40,300,000원		소멸
4(갑2)	2014.12.04	가압류	(주)케이비국민카드	35,177,074원	2014카단57007	소멸
5(갑3)	2015.01.21	임의경매	홍콩상하이은행	청구금액: 104,007,912원		소멸
6(갑4)	2015.03.10	가압류	(주)한빛자산관리대부	11,408,795원	2015카단20482	소멸

이 아파트는 건축한 지 28년이 지났으며, 엘리베이터가 없는 저층 아파트이고, 6층 중 6층이다. 이렇게 오래된 아파트들은 대지권이 많다는 특징이 있다. 건물 면적이 15평 정도인데 대지권만 10평 정도 나오니, 다른 아파트와 비교하더라도 3평 이상 더 나오는 셈이다. 해당 아파트는 현재 실투자금 600만 원가량이 들어갔으며, 보

증금 2천만 원에 월세 40만 원에 임대하고 있다.

이 아파트는 정확히 언제 재개발이 될지는 알 수 없다. 하지만 재개발 정비구역으로 지정되었으니 언젠가는 되리라 생각된다. 또한 현재 주위에 있는 비슷한 평형대의 아파트 매매가가 2억 5천만 원 이상이니, 재개발이 되었을 때 높은 수익률을 안겨줄 것이라 믿어 의심치 않는다.

두 아파트의 수익률을 알아보자.

아파트명	상아		동아
낙찰금	175,496,000원	낙찰금	137,850,000원
대출금	140,396,800원	대출금	110,000,000원
취·등록세 및 잡비	2,807,936원	취·등록세 및 잡비	2,200,000원
실투자금	32,291,264원	실투자금	25,650,000원
매매 금액	192,000,000원	보증금 및 월세	20,000,000/400,000원
이익금	13,696,064원	대출이자(월)	300,000원

상아아파트는 단기매매한 아파트로 40% 이상의 연수익률을 안겨주었으며, 동아아파트는 실투자금 25,650,000원이 들어갔으나 보증금 2천만 원이 들어와 실투자금이 5,650,000원만 들어간 셈이 되었다. 월세 40만 원 중 30만 원은 이자로 빠져나가고 월 10만 원이 남으니 수익률은 약 21%로 낮아 보이지만, 향후 재개발이 이루어지면 엄청난 시세차익까지 볼 수 있으므로 수익률 또한 높아질 것이다. 이 아파트의 경우 매매거래 금액은 2016년 12월 기준 1억 8천만 원으로 단기매매도 가능하지만 차후 재개발의 이익을 무시할

수 없어 장기로 가지고 가는 중이다. 이렇듯 오래된 아파트라고 해서 피하지 않고, 수익률과 미래가치 등을 따져가며 승부한다면 좋은 투자처가 될 수 있다.

1년에 5건 단기매매로
연봉 이상 벌 수 있다

처음 경매에 입문할 때는 1년에 4채 낙찰이 목표였다. 직장에 다니며 따로 시간을 내는 것이 쉽지 않아 1분기에 하나씩만 낙찰받 자고 생각했기 때문이다.

사실 직장인이 부동산 경매를 하면서 1년에 물건을 한두 건 정도 낙찰받고 단기매매를 하더라도 고액 연봉자가 아닌 경우에는 연봉의 50% 이상의 수익을 얻을 수 있다. 그러니 '1년에 4채 낙찰'은 내 나름대로는 거창한 목표를 세운 셈이었다. 그러나 역시 목표는 목표에 그쳤고, 처음 1년은 1건 낙찰받는 데 만족해야 했다.

나는 왜 목표를 이루지 못했을까? 이유는 시간과 돈이 큰 걸림돌이 되었다. 입찰하기 위해서는 한 달에 한 번 휴가를 내거나 아내에 게 **대리입찰***을 맡겨야 했다. 또 입찰에 참여하기 위해서는 입찰보증금이 필요한데, 당시에 나는 돈이 별로 없어서 입찰할 수 있는 물건은 한 번에 한 건이었다. 지금처럼 동시에 여러 물건에 입찰하는 것은 언감생심이었다.

또한 낙찰을 받으면 바로 물건을 팔 수 있는 것도 아니고, 경매 절차상 내 이름으로 등기하고 명도까지 한 달 반에서 두 달 정도 소요되었다. 배당받는 세입자가 있는 경우라면 명도까지 최소한 석 달이 걸렸다. 그리고 매매 잔금 또는 임대 잔금을 치르기까지 최소한 5~6개월 정도의 시간이 소요되었으니, 1, 2월에 낙찰을 받더라도 내 손에 수익금이 들어오려면 최소한 6~7월이 되어야 하고, 이후 다른 물건에 입찰해 낙찰받더라도 그해에는 매매까지 이어지지 않아 1년에 1건으로 만족해야만 했다.

처음 낙찰받고 수익금을 얻기까지 이렇게 오래 걸리니, 처음에는 '이렇게 오랫동안 고생해서 이 정도밖에 못 버나' 하는 자괴감이 들었던 것도 사실이었다. 그러나 첫술에 배가 부르지 않는 법이며, 경매는 대박을 꿈꾸는 자에게는 어울리지 않는 법이다.

그럼에도 불구하고 경매는 끈기 있게 매달리다 보면 어느 정도 요령이 생기고 높은 수익률을 안겨줄 것이다. 실제로 나는 경매를 통해 실투자금 대비 연수익률 100% 이상을 올리게 되면서, 멀리 내다보는 법을 깨우쳤다. 경매만큼 훌륭한 투자 방식은 없다는 사실을 상기하며 초심을 잃지 않기로 했다.

그런데 경매에 입문한 다음 해부터 놀라운 일이 벌어지기 시작했다. 부동산 경매의 한 사이클을 경험하게 되니 정확히 어떻게 돌아가는지 파악할 수 있었다. 또한 권리분석과 시세분석만 정확히 할 수 있다면 최소한 투자금 이상의 수익을 올릴 수 있다는 자신감까지 생기게 되었다. 그리고 최초 투자한 물건에서 초기 실투자금을 회수하고 추가 수익도 발생하자 총알이 늘어나게 되었다. 첫해에는 같은 입찰일에 좋은 물건이 몇 건이 있더라도 하나의 물건밖에 입찰하지 못했지만 다음 해부터는 두 개 또는 세 개의 물건에 동시에 입찰할 수 있었다.

그 결과 실입주를 목표로 한 아파트 평수 늘리기 1건, 임대 목적의 빌라 3건, 단기매매 아파트 3건 등 총 7건의 물건을 낙찰받을 수 있었다. 2년 전에 처음 세웠던 목표가 분기에 1개씩인데 처음 1년 동안 1건, 다음 1년 동안 7건의 물건을 낙찰받았으니 처음에 세웠던 목표를 정확히 이룬 것이었다.

"아니, 물건 하나에 6개월 정도씩 걸린다면서 어떻게 그렇게 할 수 있지?"라고 반문하시는 분들이 계실 것 같아 내가 남들보다 빠르게 임대나 매매를 했던 노하우를 소개하겠다. 사실 노하우라고 해서 거창한 것은 아니다. 생각하는 데 그치지 않고 실천하는 것, 이것이 바로 빠른 임대와 매매로 이루어지게 하는 노하우이다.

첫째, 낙찰받은 물건들은 임대인지 단기매매인지 정확한 목표를 정하고 들어가야 한다. 임대든 단기매매든 기본 철칙이 있어야 부동산에 내놓을 때 정확하게 말할 수 있다. 만약 같은 물건을 매매하거나 임대하기 위해 부동산에 내놓을 때 부동산에서는 중개수수료가 많은 매매만 신경 쓰고 임대는 덜 신경 쓰기 때문이다. 참고로 임대로 내놓을 때는 부동산업자에게 "세입자를 빨리 구해 주시면 부동산 중개수수료 외에 사례비를 챙겨 드리겠다"고 말하는 것도 좋은 방법이다.

둘째, 명도는 낙찰과 동시에 해당 물건지를 찾아가 소유자든 세입자든 만나는 것이 중요하다. 찾아갈 때 음료수라도 사들고 가서 최대한 그들의 말을 경청해야 한다. 그리고 그들이 원하는 것이 무엇이지 들어보고 부담스럽지 않은 수준에서 최대한 제시 조건을 들어준다. 그렇게 몇 번 찾아가 내가 그들의 적이 아니라는 것을 인식시켜주어야 한다. 그러면 명도가 되지 않더라도 부동산에서 집을 보러 갈 때 집을 보여준다. 나는 그렇게 해서 명도가 되지 않은 집을 계약한 경우가 많았다.

셋째, 임대를 목적으로 받은 물건에 소액 임차인이 거주하고 있다면 재계약하는 것에 중점을 두고 명도를 진행한다. 주인이 아닌 세입자의 경우 이사 나가는 것을 부담스러워 하신다. 새로 집을 알아보셔야 하고 이사비도 들어가니 그도 그럴 것이다. 나 또한 기존 세입자를 내보내고 새로운 세입자를 받는다면 시간도 시간이지만 도배와 장판 등 기본 인테리어 비용과 중개수수료가 들어가니 불이익이 발생한다. 그럴 바에야 차라리 기존 세입자와 재계약하면서 보증금이나 월세의 일부분을 깎아주는 것이 시간과 금액 면에서 훨씬 이득이다.

넷째, 마지막으로 부동산을 내 편으로 만들어라. 나는 중개수수료 외에 수고비를 아끼지 않는다. 부동산에 집을 내놓으면 기본 시세가 있으므로 터무니없는 금액에 내놓지는 않을 것이다. 하지만 시세대로 내놓는다면 내 물건이 다른 물건들보다 먼저 계약되지는 않을 것이다.

부동산에 물건을 시세대로 내놓으면서 다른 물건보다 되도록 빨리 계약되도록 하기 위해서는 부동산업자에게 "내 물건을 계약시키면 기본 중개수수료 외에 수고비 얼마를 더 주겠다"는 말을 덧붙이는 것이 좋다. 물론 부동산업자가 기본 중개수수료 이상을 요구하는 것은 엄연한 불법이다. 그러나 내 물건을 팔아주는 수고를 한 부동산업자에게 따로 수고비를 드리는 것은 불법이 아니다. 그렇다면 매수자들에게 비슷한 물건들 중 누구의 물건을 한 번이라도 더 보여주겠는가? 당연히 내 물건에 신경 쓸 것이다.

이렇게 해서 처음 한 사이클에 약 6개월의 시간이 소요되던 것을 최소 2개월에서 최대 4개월까지 줄일 수 있었다. 다음 해에는 드디어 임대를 제외하고 단기매매만 5건을 하며 단기매매차익으로만 내 1년치 연봉 이상의 수익을 챙길 수 있었다.

얼마 후 나는 새로운 고민에 빠지게 되었다. 새로 들어간 직장에서는 과장에서 차장으로 승진해 있었다. 1~2년 뒤에는 부장까지도 무난히 승진할 수 있었지만 문제는 회사의 비전이었다. 회사에서는 내가 입사할 때 대기업에 초기 납품했던 제품을 5년 가까이 납품하고 있었다. 물론 새로운 사업에 시도도 많이 했지만, 대기업에 납품하던 그 제품으로 회사 매출을 유지하고 있었다.

약 5년간 한 제품이 회사의 최대 매출을 견인하고 있는 와중에 최대 매출처인 대기업에서 그 제품을 사주지 않는다면 어떠한 일이 벌어질지는 불 보듯 뻔했다. 전에 다니던 회사에서도 이미 그런 일을 경험한 바 있었다. 또한 나는 생산 및 자재, 제품 출하 스케줄을 동시에 담당하고 있었는데, 2년 전부터 조금씩 제품 출하가 줄어드는 것을 느끼고 있었다.

나는 아내와 함께 많은 고민을 하다 당당하게 사직서를 내고 전업투자의 길로 들어서게 되었다. 이후 불행하게도 내 예감은 적중했다. 내가 다니던 5년 동안 이익만 내던 회사가 1년 만에 매출이 급락했다. 내가 퇴사한 지 정확히 1년 만에 정리해고를 하게 되었다. 그것도 상반기와 하반기 2번에 걸쳐서 말이다.

만약 내가 부동산 경매를 배우지 않았거나 미래에 대비하지 않았다면 다시는 경험하고 싶지 않은 정리해고를 당했을 것이고, 다른 사람들처럼 여러 기업에 또다시 이력서를 내거나 프랜차이즈 창업 박람회를 기웃거렸을 것이다. 생각만 해도 끔찍하고 아찔한 순간이었다.

수익률을 떨어뜨리는
임차인 유형

"사장님, 보일러가 이상해요."

"사장님, 벽에 누수가 있어요."

"주인아저씨, 가스레인지 후드가 안 돼요."

임대인이 되어보면 이런 이야기를 심심치 않게 듣게 된다. 물론 집주인이기 때문에 세입자가 사는 동안 편히 살 수 있도록 집을 수리해 줄 의무가 있다. 오히려 이런 하자가 생겼을 때 빨리 말해 주는 세입자가 고맙기까지 하다. 분명히 집에 이상이 있는데 말을 안 해서 작은 일이 큰 일로 번진다면, 또는 계약이 종료될 때 말해 주면 참으로 난감하다.

그렇다면 임대인에게 어떤 세입자가 착한 임차인이고, 나쁜 임차인일까? 착한 임차인은 집을 깨끗이 쓰면서 월세를 안 밀리고 꼬박꼬박 내는 세입자다. 집을 임대하면서 이런 세입자만 어떻게 구분할 수 있을까?

우리는 점쟁이가 아니니 그런 세입자만 골라 받는 것은 불가능하다. 그러나 나는 오랫동안 임대인으로서 경험이 쌓이다 보니 최소한 어떤 분들에게는 임차하면 안 될 것이라는 감이 생겼고, 이런 예감은 80% 이상 적중한다. 여러분은 세입자를 받기 전에 다음과 같은 유의점들을 반드시 고려하기 바란다. 임차인이 잘못 들어오면 처음 목표로 세웠던 수익률이 떨어지니 유심히 살펴보자.

첫째, 유난히 애완동물을 사랑하는 세입자는 피하자.

몇 년 전에 나이 드시고 점잖으신 분이 집을 계약하러 오셨다. 자신과 딸만 생활하신다 하셨고 귀여운 강아지 한 마리를 가슴에 꼭 안고 계신 모습이 너무 좋아 보였다. 강아지에 대해 여쭈어보니 유기견 센터에서 한 마리 입양받았는데 조용한 아기라는 것이었다. 그래서 아무 걱정 없이 계약하게 되었다. 그러나 나중에 그 강아지로 인해 불거진 파장을 예상하지 못한 것을 땅을 치고 후회했다.

어느덧 계약 만료 시점이 다가왔고 임차인에게 전화했다. 그 지역의 전·월세 금액이 많이 올랐는데, "혹시 재계약하신다면 시세 대비 반 정도만 올려 받겠다"고 말하기 위해 연락드렸더니 "이사를 가신다"는 것이었다. 어차피 전·월세는 잘 나가는 지역이라 "그럼 부동산에서 오면 집을 잘 보여주시라"고 말씀드렸다.

그리고 얼마 뒤 부동산에서 연락이 왔다. 부동산에서는 "아무래도 세입자가 새로 들어오기 힘들 것 같다"고 말했다. 그 이유를 물어보니 "집에 개가 너무 많고 냄새가 심하다"는 것이었다. 깜짝 놀라 그날 바로 집을 찾아가니 가관이었다. 처음 보았던 작은 강아지는 없어졌고 큰 개 5마리가 있는 것이었다.

게다가 개에게 먹여서 그런 것인지 집 안에 여기저기 고기 뼈가 널브러져 있었고, 대소변을 아무 데나 봤는지 문을 열자마자 냄새가 너무 심해 헛구역질이 먼저 나왔다. 부동산에 연락해 우선 집을 내놓는 것을 취소했다. 이후 세입자에게 손해배상을 하고 싶었으나 계약 시 특약사항에 애완견에 대한 내용이 없었으니 손해배상 청구를 해도 소용없었다.

이 경험을 거울로 삼아 나는 계약서를 작성할 때 특약사항에 애완동물 금지 조항을 넣게 되었다. 그 후 임차인이 이사 나갈 때 이삿짐센터 사람들이 모두 마스크를 쓰고 욕을 하며 이삿짐을 옮겼다. 이 집은 전문 방역업체를 불러 냄새 제거를 하고도 한 달 동안이나 비워 두어야만 했다. 두 번 다시 만나기 싫은 최악의 임차인이었다.

둘째, 유흥업에 종사하는 세입자도 조심하자.

모든 사람들이 그렇지는 않지만, 유흥업에 종사하는 분들도 사실 임차인으로는 달갑지가 않다. 월세 날짜를 한두 달 밀리는 것은 다반사고, 왜 그렇게 집 안에서 담배를 피워대는지 세입자가 나가고 나면 욕실과 부엌, 조명등 등의 담배 찌든 때를 지우는 데만 이틀 이상의 시간이 걸린다.

셋째, 보증금을 내리고 월세를 더 주겠다는 임차인도 피하자.

빌라보다는 오피스텔에 이런 분들이 많다. 보증금 1천만 원에 월세 30만 원 또는 보증금 500만 원에 월세 40만 원에 임대를 놓으려 하면, 꼭 보증금 300만 원에 월세 50만 원에 하자고 하거나 보증금 100만 원에 월세 50만 원에 하자고 조르는 분들이 계신다. 이런 분들과는 계약하지 않는 것이 좋다. 얼핏 보면 매월 받는 월세가 많아져 이득인 것 같지만 이런 경우 2개월 또는 6개월만 월세를 연체하면 보증금이 모두 없어지고 나중에는 연락도 두절되는 경우가 많다. 또한 관리비를 연체하고 말도 없이 사라지는 경우도 있으니, 금전적으로 손해를 볼 뿐만 아니라 마음고생까지 할 수도 있다.

넷째, 집에 대해 무관심한 세입자도 피하자.

어느 더운 여름날, 젊은 부부가 이사를 왔다. 월세도 잘 내고 아무런 말도 없어 잘 사시나 싶었는데 봄이 지나서 연락이 왔다. 아래층에서 "집 천장에 물이 세니 수리해 달라"고 했다는 것이었다.

몇 년 동안 문제가 없던 집이었는데 어쨌든 윗집인 우리 집의 누수로 인해 아랫집에 문제가 생기면 수리해 주는 것이 맞는 이야기라서, 누수 업체에 연락하고 집을 보러 갔다. 그런데 누수를 확인해 보니 보일러 동파로 인해 한겨울에 얼었던 곳이 녹으면서 물이 샌 것이었다.

'아니, 사람이 살고 있는 집에서 보일러 동파라니?'

말도 안 되는 상황이 발생해 세입자에게 물어보니 한겨울 동안

남편이 출장을 가서 집을 비웠는데, 난방비가 아까워 보일러 작동을 하지 않고 전기장판으로 한겨울을 지냈다는 것이었다.

어이가 없었다. 한겨울에는 최소한 보일러를 '외출'로라도 틀어놓아야 하는데, 아예 꺼놓고 지냈기 때문에 문제가 생긴 것이었다. 다행히 계약서 특약사항에 "현 상태로의 계약이며, 세입자의 부주의에 의한 고장은 세입자가 수리한다"라는 조항을 넣은 덕분에 세입자가 수리를 책임지게 되었다.

위에서 소개한 4가지 유형의 세입자 말고도 피해야 할 유형들이 더 있지만 그래도 나머지 유형들은 이보다 심각한 피해를 주지는 않는다. 이후 몇 가지 사건을 경험하고 나는 임차인들과 임대계약서를 작성하면서 기본적인 세 가지 특례조항들은 반드시 넣는다.

*(특례조항)

첫째, 애완동물은 1마리 이상 키우지 않으며, 애완동물을 키울 시 계약 만료 후 세입자는 청소업체에 청소를 의뢰하고, 의뢰 금액은 세입자가 부담한다.

둘째, 월 차입금은 ○○일까지 입금하고 2개월 이상 연체 시 해당 계약을 즉시 해지한다.

셋째, 현 상태로의 계약이며, 세입자 부주의에 의한 고장은 세입자 자비로 수리하며, 임대차 계약 종료 시 임차인은 위 부동산을 원상으로 회복하여 임대인에게 반환한다.

너무 무리한 요구인가? 그렇지 않다. 오히려 이런 특약사항이 없으면 나중에 서로 안 좋게 끝나는 경우가 많다. 또한 나쁜 세입자로 인해 힘들게 낙찰받은 집에서 수익이 아닌 손해를 보게 된다면 너무나 억울하지 않은가? 조심하고 또 조심한다고 해서 나쁠 것은 없다.

제5부

바쁜 직장인을 위한

3536투자법

2분 내에 물건선별과 권리분석, 지역분석, 시세분석을 마치는 3536투자법

경매를 처음 시작할 때 회사에 입사한 지도 얼마 안 되어 성과를 올려야만 했다. 신입이 아닌 경력으로 입사했기 때문에 어느 정도 성과를 보여주어야 했다. 담당 부서가 '자재부'이다 보니 파악해야 하는 모델만 100가지 이상이었고, 각 모델별 자재 부품만 1,000가지가 넘었다. 업무 파악도 제대로 못했기 때문에 실질적인 성과를 내는 데는 한계가 있었다. 그리고 입사한 시기가 11월이다 보니 모델과 자재별로 재고를 파악해 연말결산도 해야 했고, 부서 팀장은 전산 문제도 해결해 주었으면 하는 눈치를 보내기도 했다.

한마디로 말해서 해야 할 일이 산더미만큼 많았다. 결론은 월, 화, 수, 목, 금, 금, 금으로 출근하며 일하는 수밖에 없었다. 4개월 동안 그렇게 일하니 업무도 어느 정도 파악되었고, 전산 상과 실재고 상의 자재 수량도 완벽히 맞출 수 있었다. 그렇다고 회사생활에서 긴

장의 끈을 놓을 수가 없었다. 이렇게 회사에 모든 열정을 바친다 하더라도 회사가 어려울 때 어떻게 나올지를 전에 다니던 회사에서 몸소 체험한 덕분에 경매의 끈을 놓치지 않았다.

퇴근 후 피곤한 몸을 이끌고 집에 도착해 대법원 경매 사이트 및 유료 경매 사이트에 들어가 물건을 선별하고, 이 물건에 대한 권리분석과 지역분석, 시세분석까지 했다. 하지만 하루에 한 건의 물건도 제대로 파악하지 못하는 경우가 많았다.

현장조사는 토요일에 한다고 하더라도 몇 개월 동안 10여 건의 물건밖에 입찰하지 못했고, 이마저도 낙찰된다면 기뻤겠지만 패찰이 계속되니 점점 힘이 빠지고 말았다. 그래서 모두들 "경매를 배우고 1년 내에 그만둔다"고 말하는구나 싶었다.

이래서는 아무것도 하지 못할 것이라고 생각했다. 그래서 직장생활을 하느라 시간이 부족한 나를 위해 스스로 투자법을 개발하기로 마음먹었다. 우선 경매 물건을 선별하고 파악하는 방법부터 바꿔보자고 생각하게 되었고, 그래서 탄생한 것이 '3536투자법'이다.

첫째, 3초 내에 물건선별을 끝내자.
둘째, 5초 내에 권리분석을 끝내자.
셋째, 30초 내에 지역분석을 끝내자.
넷째, 60초 내에 시세분석을 끝내자.

이 방법대로 한다면 하나의 물건을 조사하는 데 2분도 채 걸리지 않는다. 회사에서 잠깐이라도 휴식시간이 생길 때마다 물건을 선별해 두면, 퇴근할 무렵에는 좋은 물건을 10여 개가량 추릴 수 있게 되었다.

물론 경매 물건을 검색하면서 해당 물건들을 선별하기 위해 일일이 등기부등본을 떼어 확인하고, 전입세대열람원도 확인하고 권리분석도 해야 하며, 감정평가서과 현황조사서도 읽어봐야 하지만 내게는 그럴 시간이 충분히 없었다.

물론 투자할 만한 물건이라면 평소보다 몇 배 이상의 노력을 기울여 물건에 대해 분석하고 정보를 수집해야 한다. 하지만 나에게 이 물건이 적합한지 그렇지 않은지를 알아보기 위해 물건을 분석하고 정보를 수집하느라 시간을 소모하는 것이 너무나 아까웠다. 대부분의 사람들이 등기부등본이나 전입세대열람원을 확인하고 감정평가서와 현황조사서를 살펴보고 나서야 비로소 물건에 대한 분석을 마치는데, 이러한 방식은 바쁜 직장인인 내게는 시간 낭비에 지나지 않았다.

따라서 나만의 방식으로 2분 내에 물건선별과 권리분석, 지역분석, 시세분석을 마치는 3536투자법을 개발했는데, 여러 지인들에게 알려주었더니 의외로 반응이 좋았다. 특히 이 투자법은 시간이 없는 직장인에게 매우 인기가 많았다. 3536투자법을 간단히 요약해 본다면 다음과 같다.

첫째, 3초 물건선별은 자신이 가지고 있는 금액 대비 투자 가능한 물건을 선별하는 단계이다.

둘째, 5초 권리분석은 물건선별 후 조금 더 시간을 들여 좋은 물건인지 위험한 물건인지를 판단하는 단계이다.

셋째, 30초 지역분석은 해당 물건이 위치해 있는 지역의 교통시설과 교육시설, 생활편의시설 등을 판단하는 단계이다.

넷째, 60초 시세분석은 해당 물건의 매매가, 전세가, 월세가 등을 판단하는 단계이다.

앞으로 소개할 3536투자법은 이 글을 쓰고 있는 2016년 11월을 기준으로 한 것이다. '첫째, 3초 물건선별'부터 시작해 '넷째, 60초 시세분석'까지 실제로 좋은 물건들을 분석하는 방법을 단계별로 소개하도록 하겠다.

자, 그럼 나와 함께 경제적 자유를 누리게 해주는 '3536 직장인 경매 투자법'의 세계로 떠나보도록 하자.

부동산 경매, 경매 절차부터 이해해야 한다

경매를 하기 위해서는 왜 경매 물건이 나오는지, 경매는 어떤 식으로 진행되는지 이해해야 한다. 경매를 모르는 대부분의 사람들은 이렇게 생각할 수도 있다. '투자만 잘하면 되지 절차까지 이해할 필요가 있을까? 절차를 모르더라도 경매할 수 있을 텐데'라고 생각할 것이다.

하지만 경매 절차를 이해하지 못한다면 어떠한 상황이나 특이한 경우가 생기더라도 그에 맞는 대응책을 찾을 수가 없다. 물론 많은 사람들이 "경매는 시작하자마자 이겨놓고 싸우는 게임"이라고 말한다. 틀린 말은 아니다. 그렇지만 경매 절차를 이해하지 못한다면 한 순간에 잘못된 악수를 두어 피 같은 입찰보증금을 날릴 수도 있다.

그렇다면 왜 경매 물건이 나오는 것일까? 답은 의외로 간단하다. 금전 관계, 즉 채무 관계가 얽혀 있기 때문이다. 만약 경매라는 제도가 없다면 어떻게 될까? 돈을 빌려준 채무자 입장에서는 이러지도 저러지도 못하게 될 것이다. 1년에 부동산 경매로 나오는 물건은 20만 건 이상인데, 채권자 입장에서는 이 부동산들이 경매를 통해서라도 거래되어야 어느 정도 손실을 막을 수 있을 것이다. 결국 채권자의 손실을 방지하고자 국가가 나서서 중재하는 것이 부동산 경매이다.

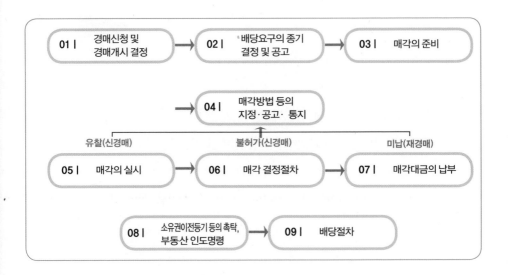

이 도표는 대법원 경매 사이트에 나와 있는 경매 절차도이다. 다소 복잡해 보일 수도 있는데, 경매가 어떤 순서로 진행되는지만 이해하고 넘어가자. 실제로 경매에 입찰하는 경우에 모든 절차를 정확히 이해할 필요는 없다.

01부터 04까지는 법원이 경매로 내놓을 물건을 준비하는 절차이다. 이 기간은 대개 3~6개월 정도 걸린다. 물론 절차상 진행이 늦어지면 1년 이상 걸리기도 하지만, 평균적으로 3~6개월 걸린다. 이 기간에 입찰을 준비하는 우리가 할 일은 없다.

그러나 05, 06, 07, 08, 09는 입찰을 비롯해 낙찰 이후의 절차인데, 이 절차를 알아두면 **항고***와 **매각불허가결정*** 등의 변수가 발생하더라도 적절히 대처할 수 있을 것이다. 그럼 낙찰 이후의 절차와 발생할 수 있는 변수에 대해 알아보도록 하자.

1. 법원에서 매각 준비를 마치면 **매각결정기일***(경매 입찰일)이 잡힌다. 매각결정기일이 잡히기 2주일 전부터 대법원 사이트나 경매 유료사이트에서 사건 검색이 가능하다. 매각결정기일이 잡히는 날부터 물건분석, 권리분석, 현장분석 등을 해야 한다. 매각결정기일에는 법원에 가서 해당 물건에 입찰한다.

2. 낙찰이 되면 최고가 매수 신고인이 된다. 이때는 낙찰받은 신고인일 뿐이므로 해당 부동산에 대한 권리는 없다. 이후 약 1주일 내에 매각에 이의가 있는 이해관계인(낙찰자, 채무자, 소유자, 임차인, 근저당권자 등)이 항고하지 않으면 매각허가결정이 확정된다.

3. 매각허가결정이 나면 낙찰자는 해당 물건을 취득할 수 있는 권리가 생긴다. 하지만 아직까지는 소유주가 아니다. 매각허가결정이 나고 7일 이내에 이해관계인의 이의 신청이 없을 때 법원에서 매각허가확정이 난다. 참고로 매각허가결정이 나자마자

대출 및 명도를 동시에 진행하는 것이 이롭다.

4. 매각허가확정이 되면 약 4주간의 잔금납부 기일이 발생한다. 이 기간 내에 잔금을 납부하면 소유주가 된다. 물론 이 기간이 지나더라도 다음 매각 3일 전까지는 잔금납부를 할 수 있다. 이때는 잔금납부기일부터 납부 시까지 년 20%의 이자가 발생한다.

5. 잔금을 납부하면 바로 인도명령을 신청할 수 있다. 참고로 배당을 받는 세입자가 있는 경우에는 배당기일이 지나야 인도명령 신청이 가능하다. 인도명령 신청은 잔금납부 이후 6개월 동안만 할 수 있다. 이 기간이 지나면 명도 소송으로 이어지므로 잔금납부와 동시에 진행하자. 인도명령 신청을 하면 신청 후 2~3일 내에 바로 나오지만, 명도 소송은 4~6개월 정도의 긴 기간이 소요되기 때문이다.

6. 잔금납부를 마치고 인도명령 신청도 마치면 명도 과정으로 넘어간다. 이때 해당 부동산의 소유주가 되었더라도 점유하고 있는 사람을 억지로 끌어낼 수도 없고 억지로 끌어낸다면 불법이다. 또한 함부로 해당 부동산에 들어가면 불법 침입자가 되어 불리할 수도 있다. 명도는 되도록 적당한 합의를 통해 진행하는 것이 바람직하다. 내 경우에는 100여 건 이상의 물건 중 강제집행을 한 경우는 1번밖에 없었다.

7. 법원은 경매 물건의 낙찰금액을 이해관계인들의 권리 순위에 따라 배당해 주는데, 이때 낙찰자가 신경 쓸 일은 없다.

이렇게 총 7단계로 이루어지는 이 순서를 꼭 기억하자. 만약 낙찰을 받고 해당 부동산에 가보니 **매각물건명세서***에 나와 있지 않은 심각한 하자가 있다면 어떻게 하겠는가? 예를 들어, 해당 부동산이 화재로 소실되었거나 매각물건명세서에 나와 있지 않은 유치권(타인의 물건을 점유한 사람이 이와 관련되어 생긴 채권의 변제를 받을 때까지 이를 유치할 수 있는 권리) 또는 **선순위세입자***가 있다면 어떻게 해야 하는가? 가만히 있으면 안 되지 않은가? 이 경우에는 7일 내에 매각불허가신청을 한다면 내 소중한 재산을 지킬 수 있을 것이다.

이때 못한다면 차후 다시 주어지는 7일 내에 '매각허가결정 즉시 항고'를 할 수도 있다. 만약 나중에 알아보려고 차일피일 미루다가 이 기간까지 지나버리면 그때는 다시 되돌리기 힘들다. 이렇듯 경매 절차를 모르면 애써 낙찰받은 물건이 휴지조각이 될 수도 있다. 그러니 경매 절차에 대해서는 반드시 이해하고 넘어가도록 하자.

3초 물건선별,
짧은 시간에 물건을 선별하자

대법원이나 경매 유료사이트에서 경매 물건을 찾다 보면 많은 물건이 나온다. 마트에서 장을 볼 때를 생각해 보자. 처음에는 구입할 물건을 정해 두고 가더라도 진열된 물건을 보게 되면 다시 한 번 구경하게 된다. 그러다 보면 한두 시간이 훌쩍 지나는 것을 누구나 경험했을 것이다. 경매 물건 역시 보다 보면 '와, 이 물건이 이 금액에 나왔어?' 하면서 들여다보게 된다. 그러다 보면 내가 입찰할 수 없는 물건임에도 입찰가를 산정하느라 시간을 허비하는 경우가 많다.

물건을 선별할 때는 우선 대법원 경매 사이트를 이용하는 것보다 전문 경매 사이트를 이용하는 것이 유리하다. 대표적인 전문 경매 사이트로는 굿옥션과 지지옥션 등이 있다. 비록 이 사이트들은 유료로 이용해야 하고 대법원의 경매 정보를 그대로 옮겨놓았지만 대법원에서 제공하지 않는 등기부등본을 열람할 수 있다. 해당 물건의 등기부등본 표제부, 갑구, 을구의 통합등기부를 정리해 놓았다. 대법원 사이트에서 눈에 띄는 물건을 발견하고 권리분석을 하려면 등기부등본을 다른 경로로 열람해야 하므로 권리분석하는 데 많은 시간이 소요되지만, 유료사이트를 이용하면 시간상 굉장한 이득이 있다.

또한 전입세대열람원, 건축물대장, 현장답사 지적도 등도 제공하므로, 일일이 발품을 팔아 받아 보는 것과 비교한다면 금액적으로도 오히려 이득이다. 그리고 대법원 사이트는 조회 시작일로부터 2주까지의 물건만 조회할 수 있으므로, 모든 물건을 조회하고 한 번에 많은 물건을 조회하는 데 번거로움이 따른다. 반면에 유료사이트는 오늘 이후 모든 물건을 조회할 수 있으므로, 한 번에 더 많은 물건을 조회할 수 있어서 시간상으로 유리하다. 그럼, 실제로 물건을 선별해 보자.

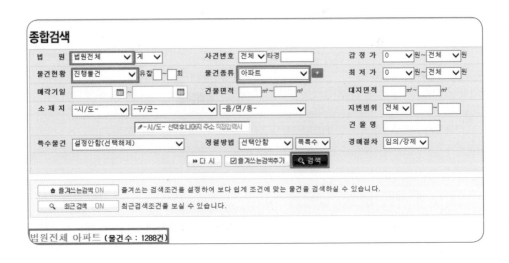

2016년 11월 28일에 유료사이트의 종합검색에서 법원은 '법원 전체'로 체크하고, 물건현황은 현재 진행되는 '진행물건'으로 체크하고, 물건종류를 '아파트'로 체크하고 검색해 보니, 아파트 물건만 1,288건이 검색되었다. 그럼, 물건을 선별했다고 할 수 있을까? 물론 이것도 전국의 아파트 경매 물건을 선별한 것이니, 선별했다고 할 수는 있겠다. 그렇지만 이런 식으로 검색한다면 자신이 원하는 물건, 투자 가능한 물건을 선별했다고 말할 수는 없다. 만약 서울에 사는 직장인이라면 부산이나 제주의 물건에 투자하는 것이 쉽지 않을 것이며, 투자금이 2천만 원밖에 없다면 강남의 10억 원대 아파트에 투자할 수도 없을 것이다. 자, 그럼 자신의 상황에 맞춰 다시 조회 설정을 해보자.

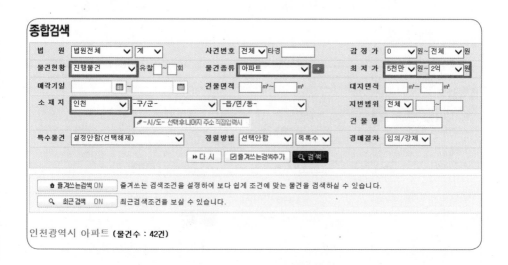

자, 어떤가? 소재지를 '인천'으로 바꾸고, 최저가를 '5천만 원~2

억 원' 사이로 바꾸니 물건이 42건밖에 나오지 않았다. 여기서 중요한 것은 금액을 감정가가 아닌 최저가로 검색하는 것이다. 그 이유는 다음과 같다. 만약 물건의 감정가가 1억 8천만 원이라면 액수가 커서 부담부터 느끼게 될 것이고, 이런 물건들을 지나치게 된다. 그런데 인천은 1회 유찰되면 최저가에서 30%씩 저감을 하는데, 1회 유찰되어 최저가에서 30% 저감되면 최저가가 1억 2,600만 원이 된다. 따라서 최저가로 조회하면 감정가로 조회하는 것보다 더 좋은 물건들을 발견할 수 있다.

그리고 금액을 최저가로 설정하면 좋은 이유는 한 가지가 더 있는데, 실제로 입찰할 때 입찰보증금이 최저가의 10%이기 입찰보증금이 정확히 얼마나 필요한지도 쉽게 알 수 있다.

하지만 아무리 물건이 42개로 줄었다고는 하더라도 넓은 인천 지역의 모든 지역을 보는 것은 무리일 것이다. 그래서 다시 한 번 지역구까지 넣고 조회해 보도록 하자.

이제는 명확하게 나왔다. 앞에서 예로 든 것과 똑같이 설정하고 지역구만 '남동구'로 설정해 조회했는데 42개의 물건에서 5개로 줄어들었다. 그리고 사건번호 '16-21413' 물건은 취하(경매가 취소됨)가 되어 실질적으로 다음 단계인 권리분석을 해야 할 물건은 4개뿐이다. 아파트 외에 다가구주택, 다세대주택, 단독주택, 오피스텔 등 어떤 물건이라도 이와 같은 형태로 조회한다면 물건선별은 단 3초 내에 가능하다.

나는 오전에 회사로 출근하면 업무를 시작하기 전에 이와 같은

법 원 법원전체 ▼ 계 ▼	사건번호 전체 ▼ 타경	감 정 가 0 ▼ 원~전체 ▼ 원
물건현황 진행물건 ▼ 유찰 ~ 회	물건종류 아파트 ▼ +	최 저 가 5천만 ▼ 원~2억 ▼ 원
매각기일 2016-11-28 📅 ~ 📅	건물면적 ㎡~ ㎡	대지면적 ㎡~ ㎡
소 재 지 인천 ▼ 남동구 ▼ -읍/면/동- ▼		지번범위 전체 ▼ ~
🖋-시/도- 선택후나머지 주소 직접입력시		건 물 명
특수물건 설정안함(선택해제) ▼	정렬방법 선택안함 ▼ 목록수 ▼	경매절차 임의/강제 ▼

▶다 시   ☑즐겨쓰는검색추가   🔍검색

🏠 즐겨쓰는검색 ON   즐겨쓰는 검색조건을 설정하여 보다 쉽게 조건에 맞는 물건을 검색하실 수 있습니다.

🔍 최근검색 ON   최근검색조건을 보실 수 있습니다.

인천광역시 남동구 아파트 (물건수 : 5건)

☐ [전체보기] [선택보기] [선택인쇄]   ▶사건번호 ▶소재지 ▶감정가 ▶최저입찰가 ▼매각기일 ▶조회수 ☰목록

사진	사건번호(물번) 물건종류	소재지	감정가 최저입찰가	진행 상태	입찰일자 (시간)	조회수 (최근열람)
☐	16-26237 아파트	인천광역시 남동구 논현동 564-1, 논현주공아 파트 106동 1층 103호 [대지권 38.26㎡, 건물 59.13㎡]	202,000,000 141,400,000	유찰 1회 (70%)	2017.01.06 (10:00)	1,842
☐	16-21423 아파트	인천광역시 남동구 구월동 70-33, 해창아파트 3동 3층 302호 [대지권 46.51㎡, 건물 64.88㎡]	145,000,000 145,000,000	취하 (100%)	2016.12.28 (10:00)	414
☐	16-25944 아파트	인천광역시 남동구 만수동 1005, 만수주공아 파트 807동 12층 1201호 [대지권 34.52㎡, 건물 44.94㎡]	128,000,000 89,600,000	유찰 1회 (70%)	2016.12.22 (10:00)	2,311
☐	16-11389 아파트	인천광역시 남동구 간석동 774-8, 팬더 아파트 에이동 1층 102호 [대지권 34.01㎡, 건물 54.09㎡]	100,000,000 70,000,000	유찰 1회 (70%)	2016.12.21 (10:00)	1,639
☐	16-18632 아파트	인천광역시 남동구 구월동 1125, 세연베르빌 아파트 6층 601호 [대지권 12.14㎡, 건물 46㎡]	115,000,000 80,500,000	유찰 1회 (70%)	2016.12.21 (10:00)	1,360

☐ [전체보기] [선택보기] [선택인쇄]   ※ 원하시는 물건을 선택한 후 [선택보기]를 클릭하시면 보다 편리합니다.   ☰목록

형태로 10개 내외의 물건을 선별해 두고 저장해 놓았다. 그리고 오
전에 업무를 보고 점심시간 또는 오후에 잠깐의 여유가 생기면 저
장해 놓은 물건들을 다음 단계로 분석했다.

5초 권리분석,
안전하고 좋은 물건을 선별하자

어떤 부동산이 경매로 낙찰되면 그 부동산에 존재하던 권리들은 대부분 소멸된다. 그러나 낙찰 후에도 소멸되지 않고 그대로 남아 낙찰자에게 인수되는 권리도 있다. 부동산 경매 입찰자는 낙찰 후에 인수해야 하는 권리가 있는지를 파악해야 하는데 이를 권리분석이라고 한다.

'권리분석'은 경매를 시작하는 사람들은 처음 들어보는 낯선 용어이고, 부동산 경매를 하다 보면 낯선 용어들을 많이 접해야 하기 때문에 어렵게 느껴질 것이다. 물론 권리분석 또한 '법률'을 기본으로 하고 있고, 용어 또한 법률 용어이다 보니 어렵게 느껴지는 것이 당연할 것이다.

그러나 우리가 판검사가 되기 위해 공부하는 것도 아니니, 법률 용어를 일일이 외울 필요는 없지 않은가? 경매와 관련된 권리분석은 기본적인 3가지만 알아도 충분하다. 첫째 **말소기준권리***, 둘째 세입자의 권리, 셋째 그 외의 권리이다.

첫째, 말소기준권리는 말소의 기준이 되는 5가지 권리를 말한다.
1. **(근)저당권***, 2. **(가)압류*** , 3. **담보가등기***, 4. **경매 기입등기***,
5. **전세권***

경매 투자 실무에서 말소의 기준이 되는 5가지 중 (근)저당권과 (가)압류의 99% 이상이 말소기준권리로 나오고 나머지 1%는 그외 권리로 나온다. 말소기준권리는 부동산이 낙찰될 경우 그 부동산에 존재하던 권리가 소멸되는가, 그렇지 않고 그대로 남아 낙찰자에게 인수되는가를 가늠하는 기준이 되는 권리를 말한다. 예를 들어, (근)저당권이 설정되어 있는 부동산에 세입자가 들어온 경우 그 부동산이 경매로 넘어간다면, 세입자의 전입일이 **근저당권*** 설정일보다 나중이 되기 때문에 경매 낙찰자는 세입자를 쫓아낼 수 있다. 이 경우 세입자의 권리는 소멸되는 것이고, 그것을 판단하는 말소기준권리는 근저당권이 된다.

둘째, 세입자의 권리는 **대항력***, 우선변제권, 최우선변제권이다. 이는 경매로 나온 집에 세입자가 있을 경우 세입자의 보증금을 누가 돌려줘야 하는지를 판단하는 기준이다.

대항력은 세입자가 자신의 보증금을 전액 받을 때까지 해당 부동산을 비워주지 않아도 되는 권리이다. 대항력은 해당 부동산에 전입

신고하면 다음 날 0시에 발생한다. 우선변제권은 세입자가 보증금을 우선적으로 변제받을 수 있는 권리이며, 세입자가 확정일자를 받은 경우 해당 부동산이 경매로 넘어갔을 때 다른 후순위권리자보다 **경락대금***을 먼저 배당받을 수 있는 권리를 말한다.

세입자가 대항력을 갖추고 있다면 다른 후순위권리자들보다 먼저 배당을 받지만, 우선변제권이 없다면 배당을 요구할 수 없다. 우선변제권은 대항력을 갖춘 상태에서 확정일자를 받으면 당일 낮에 발생한다. 만약 전입 신고를 하고 같은 날 확정일자를 받았다면 다음 날 0시에 우선변제권도 발생한다.

최우선변제권은 주택 임대차보호법에 의해 경매 시에 소액 임차인이 일정 금액을 다른 권리(선순위이든 후순위이든)보다 먼저 받는 권리이다. 최우선변제권은 돈이 없는 서민들을 위한 법이기 때문에 보증금이 소액이어야 한다. 기준이 되는 보증금의 범위는 시기별로 다르니 확인할 필요가 있다. 단, **경매개시결정*** 확정일자에 앞서 대항력이 먼저 있어야 한다. 확정일자는 최우선변제 요건이 아니기 때문이다.

셋째, 그 외의 권리는 예고등기, 유치권, 지상권, 순위보전가등기이다. 이 권리들은 낙찰자가 해결 또는 인수해야 하는 문제들이다.

예고등기는 등기에 문제가 있고 어떠한 소송이 진행 중이라는 것을 법원이 경고하는 것이다. 참고로 예고등기는 2011년 10월 13일부터 폐지되었다.

최우선 변제액의 범위

(근)저당 설정일	주택소재지	보증금	최우선변제액
2001년 9월 15일~ 2008년 8월 20일	수도권, 과밀억제권	4,000 만원 이하	최대 1,600 만원
	광역시 (군지역,인천광역시제외)	3,500 만원 이하	최대 1,400 만원
	기타지역	3,000 만원 이하	최대 1,200 만원
2008년 8월 21일~ 2010년 7월 25일	수도권, 과밀억제권	6,000 만원 이하	최대 2,000 만원
	광역시 (군지역,인천광역시제외)	5,000 만원 이하	최대 1,700 만원
	기타지역	4,000 만원 이하	최대 1,400 만원
2010년 7월 26일~ 2013년 12월 31일	서울특별시	7,500 만원 이하	최대 2,500 만원
	수도권, 과밀억제권	6,500 만원 이하	최대 2,200 만원
	안산시,용인시,김포시 및 광주시	5,500 만원 이하	최대1,900 만원
	그 밖의 지역	4,000 만원 이하	최대 1,400 만원
2014년1월 1일~ 2016년 3월 30일	서울특별시	9,500 만원 이하	최대3,200 만원
	수도권, 과밀억제권	8,000 만원 이하	최대 2,700 만원
	광역시,안산시,용인시, 김포시 및 광주시	6,000 만원 이하	최대 2,000 만원
	그 밖의 지역	4,500 만원 이하	최대1,500 만원
	서울특별시	10,000만원 이하	최대 3,400 만원
	인천(일부지역 제외),과밀억제권	8,000만원 이하	최대 2,700 만원

유치권은 해당 부동산에 공사나 인테리어 공사를 하고 대금을 못 받은 업체가 부동산을 점유하는 권리이다.

지상권은 해당 부동산의 건물과 대지가 따로 구분되어 있을 경우에 생기는 권리이다. 예를 들어, 대지만 경매에 나오거나 건물만 경매에 나올 때 발생하며 해당 물건을 낙찰받더라도 대지나 건물의 주인과 분쟁이 발생할 수 있다.

순위보전가등기는 해당 부동산을 이미 팔기로 계약 또는 약정되었다는 뜻이다. A가 B에게 팔기로 했는데 A의 금전 상태가 안 좋아 해당 부동산이 경매로 넘어가거나 다른 사람에게 매매된다면 B는 억울하지 않겠는가? 그래서 설정하는 것이 순위보전가등기이다. 이런 순위보전가등기가 본등기로 전환되면 낙찰을 받고 소유권 이전 등기를 마쳤더라도 소유권을 빼앗길 수 있다.

만약 권리분석 과정에서 그 외의 권리들이 있다면 특수 물건이니 일단 패스하자. 경매 물건에 이런 예외적인 권리가 있는 경우는 20% 정도밖에 안 된다. 직장인이라면 80%의 일반 물건에 도전하는 것이 바람직하다. 이런 물건을 놔두고 특수 물건에 시간을 투자할 필요는 없다.

이와 같은 3가지 권리만 분석할 수 있으면 누구나 할 수 있는 것이 권리분석이다. 그러니 모르는 용어가 나온다고 겁부터 먹을 필요가 없으니 자신감을 가지자.

내가 말하는 5초 권리분석은 실제로 시간을 들여 살펴볼 가치가 있는 물건인지 아니면 어떤 위험이 있어 더 이상 살펴볼 가치가 없는 물건인지를 선별하는 방법이다. 예를 들어 알아보기로 하자. '갑'이라는 사람이 5억 원짜리 부동산을 소유하고 있다. 이 부동산을 취득하면서 A은행에 4억 원의 대출을 받았다. 그리고 '을'이라는 사람에게 3억 원에 전세를 주었다. 그런데 아주 친한 지인 '병'에게 '갑'이 급하게 돈이 필요하다며 부동산을 담보로 1억 원을 빌렸다. 그러면 이 부동산의 권리 관계는 어떻게 되는 것일까?

A은행대출 4억, 전세금 3억, 병의 채무 1억, 총 8억 원의 권리 관

계가 형성되는 것이다. 이런 상황에서 갑이 A은행의 이자를 연체한 다거나 병에게 빌린 돈을 갚지 못하는 상황에 처한다면, 은행이나 병은 채무를 받기 위해 담보 물건인 부동산을 경매로 처분해 돈을 회수하려 할 것이다.

이때 '정'이라는 사람이 4억 원에 낙찰을 받아 돈을 지불하였다 면, 정이 지불한 4억 원을 누구에게 먼저 지불해야 할까? A은행? 전세를 사는 세입자? 돈을 빌려준 지인인 병? 총 채무금액보다 낙 찰금액이 많아 모두에게 나누어주면 좋겠지만, 총 채무금액이 8억 원이고 낙찰금액이 4억 원이니 문제가 발생하는 것이다. 그럼 부족 한 4억 원을 낙찰자 정이 내야 할까? 그럴 경우도 있고 아닌 경우도 있다.

다음의 표를 보자. 세입자는 대항력(점유+전입신고)은 있지만 우 선변제권(확정일자)은 없는 경우이다.

표1

A은행(근저당)	세입자 '을'(보증금)	지인 '병'(담보가등기)
2014년 1월 5일	2015년 2월 5일	2016년 5월 5일
4억	3억	1억

표2

세입자 '을'(보증금)	A은행(근저당)	지인 '병'(담보가등기)
2014년 1월 5일	2015년 5월 5일	2016년 5월 5일
3억	4억	1억

표1과 표2의 권리 관계는 같지만 낙찰자 정의 입장에서는 완전히 다르게 결정 난다. 우선 말소기준권리를 고려해 보자. 표1과 표2 모두 말소의 기준이 되는 5가지 권리 중 A은행의 근저당이 '말소기준권리'가 된다. 그러므로 근저당 이후의 모든 권리는 소멸된다. 표1은 A은행의 근저당이 우선순위이기 때문에 낙찰금액 4억 원이 배당으로 모두 소멸되므로 낙찰자 정에게 인수되는 것은 아무것도 없다. 표2는 선순위세입자 을에게 우선순위가 있다. 이 세입자가 대

예시 1

No	접수	권리종류	권리자	채권금액	비고	소멸여부
1(갑5)	2014.09.02	소유권 이전(매매)	최○○			
2(을1)❶	2014.09.02	근저당	국민은행 (상문독지점)	205,800,000원	말소기준등기	소멸
3(갑6)	2016.03.24	압류	국민건강보험공단			소멸
4(갑7)	2016.04.27	압류	서울특별시도봉구			소멸
5(갑8)	2016.07.07	압류	서울특별시용산구			소멸
6(갑9)	2016.07.12	압류	서울특별시서대문구			소멸
7(갑10)	2016.08.01	임의경매	국민은행 (여신관리센터)	청구금액: 173,436,819원		소멸

말소기준권리 이후권리 소멸 ❸

임차인현황 (말소기준권리 : 2014.09.02 / 배당요구종기일 : 2016.10.11)
❷　===== 임차인이 없으며 전부를 소유자가 점유 사용합니다. =====

등기부현황 (채권액합계 : 205,800,000원)

예시 2

2015타경10◯◯◯

| 전체메뉴 | 법원바로가기 | 관할법원안내 | 관심물건등록 | 상담실 | 건의/제안 | 인쇄 | 닫기 |

경매개시 **85** 배당요구종기일 **62** 최초진행(입찰 4일 전) | ← 이전 | 목록 | 다음 → |

소 재 지						
새 주 소						

오늘조회: **168** 2주누적: **2542** 2주평균: **182** 조회동향

물건종별	아파트	감 정 가	720,000,000원

구분	입찰기일	최저 매각가격	결과
1차	2016-02-16	720,000,000원	유찰
2차	2016-03-29	576,000,000원	유찰
3차	2016-05-03	460,800,000원	유찰
4차	2016-06-07	368,640,000원	유찰
5차	2016-07-12	294,912,000원	낙찰

대 지 권	60.536㎡(18.312평)	최 저 가	(26%) 188,744,000원
건물면적	114.88㎡(34.751평)	보 증 금	(20%) 37,750,000원

낙찰 463,700,000원(64.4%) / 1명 / 미납

6차	2016-09-27	294,912,000원	유찰
7차	2016-11-01	235,930,000원	유찰
8차	2016-12-06	188,744,000원	낙찰

매각물건	토지 건물 일괄매각	소 유 자	윤◯◯
개시결정	2015-09-22	채 무 자	(주)다인기획

낙찰 311,100,000원(43.21%) / 5명 / 미납
(2등입찰가:250,000,000원)

사 건 명	임의경매	채 권 자	이◯◯

9차	2017-02-07	**188,744,000원**

임차인현황 (말소기준권리 : 2015.07.24 / 배당요구종기일 : 2015.12.16)

임차인	점유부분	전입/확정/배당	보증금/차임	대항력	배당예상금액	기타
❷ 신◯◯	주거용 502호	전 입 일 : 2012.08.27 확 정 일 : 2012.08.27 배당요구일: 없음	보500,000,000원	있음	예상배당표참조	현황서상전입일자임

임차인분석	☞본건 부동산에 소유자가 직접 점유하고 있지 않고 목적물 전부에 대하여 임대차 있다고 함(본건 부동산 주택 임차인 신◯◯ 전화면담) ☞신◯◯은 임차인 통지서를 수령하고도 배당요구종기일까지 배당요구신청을 하지 않음 -임차인 신◯◯이 제출한 2016. 2. 29.자 임차인 진술서에 의하면 보증금 5억 원 중 1억은 2014. 11. 16. 증액되었으며, 증액된 부분에 대한 확정일자는 2014. 11. 17.임 ☞대항력 있는 임차인 보증금전액을 매수인이 인수함

등기부현황 (채권액합계 : 1,907,463,213원)

No	접수	권리종류	권리자	채권금액	비고	소멸여부
1(갑4)	2009.10.20	소유권 이전(매매)	윤◯◯		거래가액:690,000,000	
2(을18)	2015.07.24	근저당	이◯◯	426,000,000원	말소기준등기	소멸
3(갑11)	2015.08.18	가압류	김◯◯	58,500,000원	2015카단45383	소멸
4(갑12)	2015.09.17	가압류	하나은행	751,049,794원	2015카단48067	소멸
5(갑13)	2015.09.22	임의경매	이◯◯	426,000,000원		소멸
6(갑14)	2015.09.25	가압류	양◯◯	54,163,000원	2015카단48608	소멸
7(갑15)	2015.09.30	압류	중부세무서			소멸
8(갑16)	2015.09.30	가압류	김◯◯	210,000,000원	2015카단810044	소멸
9(갑17)	2015.10.06	가압류	서울보증보험(주)	20,000,000원	2015카단810128	소멸
10(갑18)	2015.10.08	가압류	중소기업은행	42,786,135원	2015카단810573	소멸
11(갑19)	2015.10.13	가압류	삼성카드(주)	24,964,284원	2015카단49826	소멸
12(을18)	2015.10.20	이◯◯근저당권가처분	신용보증기금		사해행위 취소로 인한 근저당권말소등기청구권, 고양지원 2015카합5155 내용보기 사건검색	소멸
13(갑20)	2015.10.21	가압류	신용보증기금	270,000,000원	2015카단810709	소멸
14(갑21)	2015.11.09	압류	서울특별시성동구			소멸
15(갑22)	2015.11.25	압류	성동세무서			소멸
16(갑23)	2015.12.09	가압류	허◯◯	50,000,000원	2015카단101801	소멸

❸ 말소권리: 청구금액: 426,000,000원 권리 이후 권리 소멸

항력만 갖추고 우선변제권이 없다면 낙찰자 정은 추가로 세입자 을의 3억 원을 물어주어야 하는 경우가 발생하는 것이다. 이런 상황을 피하기 위해 권리분석을 철저히 해야 하지만 그렇다고 많은 시간을 투자할 필요는 없다. 위에서 언급한 대로 중요한 몇 가지만 기억하고 써먹는다면 5초 권리분석은 가능하다. 다음의 예를 살펴보자.

예시1과 2가 있다. 이 부분에서 등기권리 사항을 볼 때는 3가지를 확인해야 한다. 첫째, 말소기준권리는 무엇인가? 둘째, 세입자가 있는가? 셋째, 그 외 권리들이 있는가?

예시1의 권리분석 결과는 다음과 같다. 첫째, 말소기준권리는 2014년 9월 2일 국민은행이 근저당을 설정했다. 둘째, 주인 세대가 살기 때문에 인수할 세입자가 없다. 셋째, 낙찰 후 소멸하지 않는 그 외의 권리가 없다. 따라서 이 물건은 투자하기에 적합한 물건이다.

예시2의 권리분석 결과는 다음과 같다. 예시2는 예시1에 비해 권리 관계가 복잡한 것 같지만 마찬가지로 3가지만 확인하면 된다. 첫째, 말소기준권리는 2015년 7월 24일에 이○○가 근저당을 설정했다. 둘째, 세입자 신○○가 2012년 8월 27일에 전입 신고 및 확정일자 신고를 마쳤으므로 대항력과 우선변제권이 있다. 또 세입자는 말소기준권리 일자보다 앞서 전입 신고 및 확정일자 신고를 마쳤는데, 배당을 신청하지 않아 낙찰자가 세입자의 권리를 인수하면 된다. 셋째, 낙찰 후 소멸하지 않는 그 외의 권리는 없다.

예시2의 물건은 말소기준권리보다 앞서 권리를 행사하는 선순위

세입자가 있는 물건인데, 낙찰자가 추가로 세입자의 보증금 5억 원을 떠안는 물건이다. 경매 진행 과정을 살펴보면 다음과 같다. 처음 낙찰받은 낙찰자는 이러한 사항을 간과하고 감정가 7억 2천만 원짜리를 4억 6,370만 원에 낙찰받았고, 세입자의 보증금 5억 원을 떠안고 인수해야 하니 총 9억 6,370만 원에 매입한 경우가 된다. 그래서 1차 낙찰자는 뒤늦게 이 사실을 알고 대금을 미납했던 것이다. 두 번째 낙찰자도 마찬가지이다.

물건분석은 이와 같이 하면 된다. 예시1과 같은 물건이라면 권리상 문제가 없으니 다음 과정인 지역분석과 시세분석으로 넘어가면 되지만 예시2와 같은 물건이라면 그냥 지나치면 된다. 그럼, '권리분석이 이게 다야?'라고 생각하시는 분들이 있을지도 모른다. 그런데 정말 이게 전부다.

경매 전문 사이트에서 제공하는 '등기부현황'의 권리 사항만 한 번 쓱(5초 이내) 보는 것만으로 권리분석을 마칠 수 있다. 물론 특수한 물건인 경우에는 좀 더 세밀한 권리분석이 필요하지만, 직장인인 우리는 그런 물건을 분석할 시간도 없고 실력도 없다. 또한 그런 물건들은 대출받기도 어려우므로 자금이 많지 않다면 투자할 수 없다.

다시 말하지만 전체 경매 물건 중 예시1과 같은 쉬운 물건이 80%이다. 권리분석은 간단히 말해 퍼즐과 같다. 퍼즐(권리분석)을 정확히 맞춘다면, 낙찰 후 낙찰자가 낙찰금액 외에 추가로 인수해야 할 금액이 있는지를 판단할 수 있다.

30초 지역분석,
좋은 입지를 선별하자

물건선별에 이어 권리분석까지 마쳤다면 이제 지역분석으로 넘어가 보자.

부동산 경매를 처음 배울 때 자주 듣는 말이 있다. "내가 사는 지역부터 시작하라" 또는 "내가 잘 아는 지역부터 시작하라"이다. 부동산 경매를 처음 시작하는 사람들에게 이보다 좋은 조언은 없다.

같은 30평대 아파트라고 하더라도 인기 있는 아파트는 따로 있다. 예를 들어보자. 2016년 11월 기준 서울에서 가장 비싸다는 강남구의 30평대 아파트는 평균 10억 원대이며, 비싼 아파트는 15억 원 이상이다. 하지만 같은 강남구일지라도 비싼 아파트의 반값도 되지 않는 6억 원대의 아파트가 있다.

왜 이럴까? 교통, 생활편의시설, 학군(교육), 개발계획 등에 따라 호불호가 갈라지기 때문이다. 강남구에 대해 전혀 모르는 사람과 오래 거주한 사람이 같은 물건에 투자할 때 누가 더 정확히 지역분석을 할까? 그 지역에 오래 거주한 사람이 더 유리할 것이다.

나 역시 초등학교 4학년 때 서울 동대문구에서 구로구로 이사 와서 결혼하기 전까지 20년 이상을 구로구에서 살다 보니 나도 모르게 구로구에 대해서는 준전문가가 되어 있었다. 유홍준 교수는 『나의 문화유산답사기』의 서문에서 "아는 만큼 보인다"고 했는데, 이 말은 옳은 말이다. 부동산은 "아는 만큼 보이고, 사는 만큼 보인다."

이 책을 읽고 계시는 분들은 잠시 책을 놓아두고 눈을 감고 가만히 생각해 보자. 어릴 적 내가 살던 집에서 어느 골목으로 가면 어디가 나오고, 시장 및 마트는 어디로 가면 있으며, 학교와 공공기관은 어디에 있고, 학원가와 유흥가는 어디로 가면 있다는 것을 자세히 알 것이다.

만약 나처럼 한 지역에서 20년 이상 산다면 어느 집에 살아야 어느 초등학교 또는 중학교에 아이가 배정될 것인지를 알 것이다. 그리고 어느 지역으로 이동할 때 몇 번 버스를 타야 빨리 갈 수 있는지, 아니면 지하철로 이동하는 것이 더 빠른지를 바로 알 것이다. 이런 경우에는 따로 30초 지역분석을 하지 않아도 된다. 그 지역에 경매 물건이 나왔을 때 남들보다 장단점을 빨리 파악할 수 있기 때문이다.

그래서 많은 경매 학원과 책들은 "내가 잘 아는 지역부터 시작하라"고 조언하는 것이다. 그렇다면 바꿔 말해서 내가 모르는 곳에 투자하면 안 된다는 말인가? 그렇지는 않다.

사실은 나도 처음에는 내가 잘 알고 있는 구로구의 물건에 투자하지 않았다. 왜냐고? 간단히 말해서 비싸니까! 내가 처음 부동산 투자를 시작할 때 구로구는 아파트형 공장이 우후죽순처럼 들어섰다. 역삼동의 테헤란로에 있던 회사들이 임대 및 입지 조건이 훌륭한 구로(가산)디지털단지로 많이 이동했기 때문이다.

물론 구로구와 금천구는 새로 옮긴 회사들에게 취등록세 50% 감면, 향후 5년간 재산세 37.5% 감면, 법인등록세 인하(자본금 1억 원인 경우 다른 지역의 법인등록세는 120만 원인 반면 구로(가산)디지털단지에 입주한 회사들에게는 40만 원만 내도록 했다.) 등 기업을 유치하기 위해 노력했다. 당시에 많은 회사들이 구로구에 들어오면서 덩달아 구로구의 부동산 가격은 폭등했고, 내가 가진 금액으로는 도전하지 못했던 것이다. 그래서 차선책으로 택한 지역이 가격이 저렴한 인천이었다.

'3536투자법' 중 3단계인 '30초 지역분석'은 많은 사람들이 이야기하는 거창한 도시개발계획이나 재개발 등을 염두에 두고 분석하는 것은 아니다. 도시개발계획이나 재개발 등을 염두에 두는 물건들은 짧게는 3~4년 길게는 5~10년 이상 투자해야 하는데, 내가 말하는 지역분석은 낙찰받은 물건을 내놓았을 때 바로 팔리거나 임대가 가능한 지역인지를 확인하는 분석이다.

우선은 해당 지역에 대해 잘 모른다는 가정 하에 30초 지역분석을 시작해 보자. 지역분석을 하는 데 중요한 것은 첫째 교통, 둘째 생활편의시설, 셋째 학군이다.

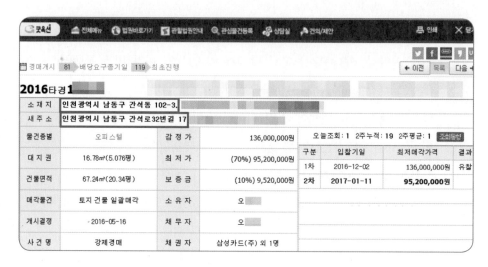

2016타경1███

소재지	인천광역시 남동구 간석동 102-3.████							
새 주 소	인천광역시 남동구 간석로32번길 17							

물건종별	오피스텔	감 정 가	136,000,000원	오늘조회:1 2주누적:19 2주평균:1			조회동향	
대 지 권	16.78㎡(5.076평)	최 저 가	(70%) 95,200,000원	구분	입찰기일	최저매각가격		결과
건물면적	67.24㎡(20.34평)	보 증 금	(10%) 9,520,000원	1차	2016-12-02	136,000,000원		유찰
매각물건	토지 건물 일괄매각	소 유 자	오██	2차	2017-01-11	**95,200,000원**		
개시결정	2016-05-16	채 무 자	오██					
사 건 명	강제경매	채 권 자	삼성카드(주) 외 1명					

첫째, 교통망은 생활의 중요한 요소이다. 아무래도 교통이 나쁜 지역보다는 교통망이 우수한 지역이 좀 더 좋은 가격으로 빨리 거래된다. 1단계 물건선별법에서 찾아낸 물건을 예로 들어보자. 참고로 교통망은 찾기 쉬운 지하철(역세권)은 배제하고 버스 교통망 위주로 확인해 보자.

권리분석까지 끝낸 물건을 네이버 지도에서 상단의 주소를 입력하고(❶), '검색' 버튼을 누르면(❷), 정확한 위치가 표시된다(❸). '버스' 그림 버튼을 누르면(❹), 다음과 같이 주위의 버스정류소가 표시된다.

주위의 버스정류소를 클릭하면 해당 정류소에 정차하는 버스정류소가 보인다.

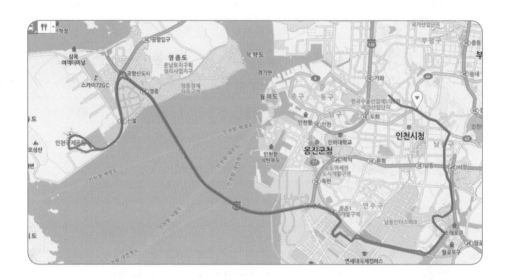

버스정류소에 나타나는 버스 번호를 클릭하면 해당 버스의 이동 경로가 표시된다. 상기 물건 주위의 버스정류소를 클릭하면 간선버스와 지선버스, 광역버스가 모두 통과한다는 것을 알 수 있고, 인천 주요 지역 및 인천국제공항, 서울 강남에 바로 갈 수 있으므로 교통망이 우수하다는 것을 알 수 있다. 참고로 간선버스는 주요 지점을 가급적 직선으로 연결해 빠른 운행을 목적으로 하는 버스이고, 지선버스는 여러 지점을 운행함으로써 간선버스 및 지하철과 환승하는 것을 목적으로 하는 버스이며, 광역버스는 서울 외곽 지역과 서울 시내를 빠르게 연결하는 것을 목적으로 하는 버스이다.

둘째, 생활편의시설도 네이버 지도를 이용해 확인할 수 있다. 지도 상단에 주소를 입력한 후 검색한 다음 '버스' 그림 버튼의 오른쪽을 클릭해 보자.

그러면 물건 주위의 모든 제반시설이 다음과 같이 나타난다.

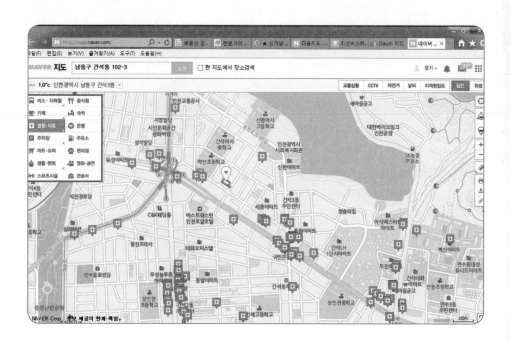

마지막으로 해당 물건의 학군을 조회해 보자. 교육부와 한국교육개발원에서 만든 학구도 안내 서비스 사이트(https://schoolzone.edumac.kr/)에 접속하면 해당 물건 지역에 위치한 초등학교와 중학교, 고등학교 등을 자세히 확인할 수 있다.

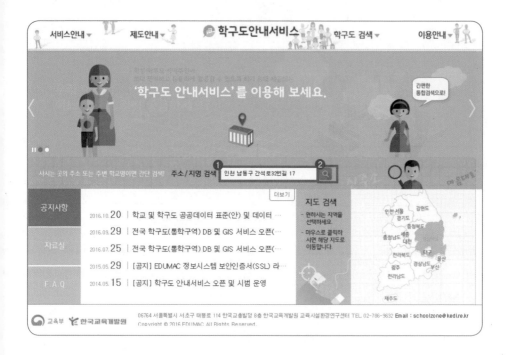

검색창에 주소를 입력하고(❶), 돋보기 창(❷)을 클릭해 보자.

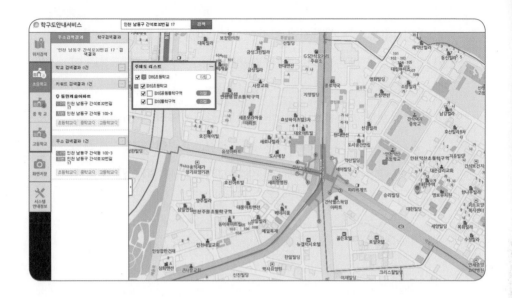

   왼쪽 상단에 있는 초등학교와 중학교, 고등학교를 클릭하면 해당
물건 지역의 학교들이 자세히 표시되고, 해당 학생이 어느 학교로
배정되는지 확인할 수 있다.

   참고로 역세권을 왜 보지 않느냐고 물으실 수 있다. 역세권 주위
가 그렇지 않은 지역보다 선호도가 높다는 것은 부동산에 관심 없
는 사람이라도 충분히 알 것이다. 부동산에 투자할 때 역세권만 투
자할 수 있다면 좋겠지만 그렇지 않은 경우가 더욱 많다. 또한 역세
권은 지하철 노선도만 보더라도 지역분석을 끝낼 수 있다. 따라서
많은 사람들이 간과하고 있는 버스 교통편을 확인해 해당 지역의
실제 생활권을 확인하는 것이 중요하다.

   예를 들어, 간선버스는 주요 지점을 가급적 직선으로 연결해 빠른
운행을 목적으로 하는 버스이다. 간선버스가 많이 다니는 지역이라

면 지역 내에 모든 생활권이 갖추어 있을 가능성이 많다. 지선버스와 광역버스가 많은 지역은 생활기반시설이 부족해 다른 도시로 이동하는 생활권이다.

이런 식으로 지역분석까지 마친 물건들은 지역의 우수성에 따라 상, 중, 하로 분류해 놓는다. 물론 어느 정도 요령이 생긴다면 하나의 물건을 분석하는 데 차 한 잔 마실 시간도 아닌 30초면 끝낼 수 있다.

60초 시세분석,
실거래가를 정확히 알아내자

1단계 물건선별과 2단계 권리분석, 3단계 지역분석까지 마쳤다면 마지막 4단계인 시세분석을 해야 한다.

부동산 경매는 무엇보다도 싸게 사는 것이 중요하다. 해당 물건을 급매가와 비슷한 금액으로 낙찰받거나 시세보다 비싸게 낙찰받는다면 아무런 효용가치가 없다. 말 그대로 묻지 마 투자일 뿐이다.

실제로 경매를 공부하시는 분들 중 50%는 낙찰받지 못해서 포기하시고, 나머지 50% 중 대부분은 급매가와 비슷하거나 시세보다 비싼 금액에 1건만 낙찰받은 후 경매 시장에서 떠나신다. "경매는 나랑 맞지 않다"고 하시며 말이다. 안타깝지만 시세분석을 정확히 못해서 경매 시장에서 떠나시는 분들이 많다.

시세분석을 정확히 하기 위해서는 물건 주위의 부동산 중개업소에 3군데 이상 방문해 매매가와 전·월세 시세를 확인해야 한다.

그런데 부동산도 엄밀히 따지면 상품이다. 모든 상품에는 권장 소비자 가격과 희망 소비자 가격이 있다. 여러분이 시장에서 상품을 구매할 때 권장 소비자 가격이 10만 원인 상품을 15만 원에 파는 상인이 있다면 비싸다며 구매하지 않을 것이다. 반면 이 상인과 협상을 잘해 권장 소비자 가격에서 10%를 내린 9만 원에 상품을 구매했다면 기분이 좋을 것이다. 이것은 여러분이 그 상품의 권장 소비자 가격을 정확히 알았을 때 가능한 일이다. 하물며 적게는 몇 천만 원에서 많게는 수십억 원에 이르는 부동산의 가격을 중개업자의 말만 믿고 헤아린다면 어리석은 일이다.

내가 먼저 정확한 시세(권장 소비자 가격)를 알아야 싼 가격인지 비싼 가격인지 판단할 수 있다. 그래야 해당 중개업소에서 말하는 가격이 적당한지 그리고 적절한 가격으로 중개해 주고 있는지를 알 수 있다.

먼저 국토교통부의 실거래가 공개 시스템(http://rt.molit.go.kr/)에 접속해 보자. 이 사이트는 몇 년 전만 하더라도 매달 말일을 기준으로 계약(잔금) 사항 등을 반영해 실거래가를 산정하고, 다음 달 25일 전후에 발표했다. 하지만 기준 거래가 이상의 이상거래가 발견되면 해당 지자체에서 가격 확인을 마칠 때까지 실거래가를 비공개했다. 그러다 보니 12월인 경우 10월까지만 실거래가를 볼 수 있었고 실제보다 기본적으로 한 달, 이상거래 시 두 달가량 늦게 실거래가가 올라와 정확히 파악하기가 어려웠다.

하지만 요즘에는 계약일자를 기준으로 실거래가가 올라와 비교적 정확하게 실거래가를 알 수 있다.

국토교통부의 실거래가 공개 시스템에 접속해 실거래가를 알고
싶은 부동산의 종류를 클릭한다.

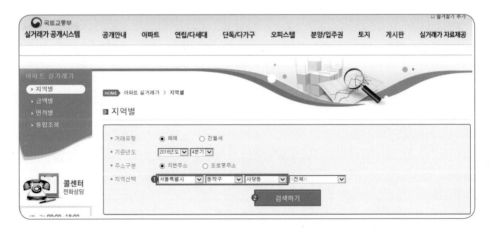

지역을 선택한 후(❶), '검색하기(❷)' 버튼을 누른다.

지역별

- 거래유형   ● 매매   ○ 전월세
- 기준년도   2016년도 ▼ 4분기 ▼
- 주소구분   ● 지번주소   ○ 도로명주소
- 지역선택   서울특별시 ▼ 동작구 ▼ 사당동 ▼ ::전체:: ▼

검색하기

ⓘ **아파트 단지명을 클릭하시면 해당 단지의 1년 정보를 보실 수 있습니다.**   기준 : 2016년 4분기, 단위(면적: ㎡, 금액: 만원) 인쇄

단지	지번	전용면적	10월 계약일	10월 거래금액(층)	11월 계약일	11월 거래금액(층)	12월 계약일	12월 거래금액(층)	건축년도
극동(105)	105	46.75	1~10	37,000 (14)					1993
			11~20	38,700 (6)					
			21~31	37,000 (10)					
		51.57	1~10	39,300 (1)					
			21~31	44,000 (14)					
		59.25	1~10	49,800 (9)	1~10	49,000 (11)			
				49,500 (10)					
		109.7	1~10	58,800 (13)					
			21~31	58,000 (7)					
		110.14	21~31	59,900 (11)					
		119.5	11~20	59,600 (2)					
				58,000 (15)					
		119.91	1~10	62,000 (6)					
대림(169-8)	169-8	59.67	11~20	49,200 (6)					1990
		84.91	1~10	59,000 (8)					
			11~20	59,900 (9)					
				63,000 (13)					
				64,000 (11)					
			21~31	58,500 (1)					
		125.4	1~10	68,500 (3)	1~10	63,000 (1)			
				66,000 (2)					
			11~20	69,500 (15)					
			21~31	67,500 (2)					
				65,500 (3)					
경남아너스빌1차	1134	59.9	1~10	41,000 (14)	21~30	36,500 (1)			1997
				38,500 (17)					
			11~20	40,600 (3)					
				40,000 (18)					
			21~31	36,000 (1)					
		84.98	11~20	50,300 (15)					
사당자이	1139	59.89	1~10	40,000 (3)	11~20	41,000 (3)			1999
			11~20	41,100 (6)					
			21~31	42,000 (13)					
		114.94	11~20	62,600 (10)	1~10	65,000 (11)			

그러면 이처럼 해당 지역 물건의 실거래가를 확인할 수 있다. 한 가지 아쉬운 점은 여전히 이상거래가 있을 때는 지자체에서 확인을 마칠 때까지 가격을 공개하지 않는다는 것이다. 그렇다고 너무 아쉬워하지 말자. 수도권의 경우 몇몇 부동산 사이트를 통해 모든 거래 내역을 알 수 있고, 국토교통부에서 이상거래 시 비공개로 처리한 실거래가까지 모두 알 수 있다. 여기에서 몇몇 유용한 부동산 사이트를 소개한다면 다음과 같다.

서울 지역: 서울 부동산정보광장(http://land.seoul.go.kr/land/)
경기도 지역: 경기도 부동산포털(http://gris.gg.go.kr/index.do)
인천 지역: 인천시 지도포털(http://imap.incheon.go.kr/)

이 사이트들은 실시간으로 거래내역을 보여준다. 그럼 국토교통부의 실거래가와 이 사이트들의 거래내역을 2016년 12월 기준으로 비교해 보자.

▪ 지역별

- **거래유형**   ● 매매   ○ 전월세
- **기준년도**   [2016년도 ▼] [4분기 ▼]
- **주소구분**   ● 지번주소   ○ 도로명주소
- **지역선택**   [서울특별시 ▼] [마포구 ▼] [공덕동 ▼] [::전체:: ▼]

[검색하기]

<계약일 기준 주택거래통계 이용시 유의사항>

본 사이트에서 제공하는 실거래가 자료는 계약 기준 자료로, 통계자료 활용시에는 수치가 왜곡될 수 있으니 참고자료로만 활용하시기 바라며, 외부 공개시에는 반드시 신고일 기준으로 집계되는 공식통계를 이용하여 주시기 바랍니다.

* 주택 매매 거래는 부동산거래신고에관한법률 제3조에 따라 계약 후 60일이내 신고토록 규정
** 주택매매 거래량은 매월 15일경 부동산통계정보시스템(www.r-one.co.kr)에서 확인 가능하며, 전월세 거래량은 국토교통부 홈페이지(보도자료)를 통해 확인 가능
*** 본 서비스에서 제공하는 정보는 법적인 효력이 없으며, 참고용으로만 활용하시기 바랍니다.

- 전체단지   (105-145)   (111-4)   (117-1)정인아트빌   (117-41)연리빌리지
- 두영파크(파크힐)   리드빌라   하나빌

ⓘ **연립다세대 단지명을 클릭하시면 해당 단지의 1년 정보를 보실 수 있습니다.**   기준 : 2016년 4분기, 단위(면적:㎡, 금액:만원) [인쇄]

단지	지번	전용면적	대지권면적	10월 계약일	10월 거래금액(층)	11월 계약일	11월 거래금액(층)	12월 계약일	12월 거래금액(층)	건축년도
리드빌라	11-164	72.9	52.53	21~31	24,000(-1)					1994
하나빌	79-11	67.3	36.15			11~20	32,000(3)			2003
(105-145)	105-145	124.84	57	11~20	69,500(3)					1996
(117-1)정인아트빌	117-1	51.24	29.46			21~30	30,500(4)			2007
(117-41)연리빌리지	117-41	46.51	30.6	21~31	28,500(2)					2007
두영파크(파크힐)	111-25	36.63	26.89			21~30	17,200(4)			2012
(111-4)	111-4	72.18	31.97	1~10	35,500(3)					2002

국토교통부

서울 부동산정보광장

* 거래유형   ● 매매   ○ 전월세
* 기준년도   [2016년도 ▼] [4분기 ▼]
* 주소구분   ● 지번주소   ○ 도로명주소
* 지역선택   [경기도 ▼] [부천시 ▼] [중동 ▼] [::전체:: ▼]

검색하기

〈계약일 기준 주택거래통계 이용시 유의사항〉

본 사이트에서 제공하는 실거래가 자료는 계약일 기준 자료로, 통계자료 활용시에는 수치가 왜곡될 수 있으니 참고자료로만 활용하시기 바라며,
외부 공개시에는 반드시 신고일 기준으로 집계되는 공식통계를 이용하여 주시기 바랍니다.

* 주택매매 거래는 부동산거래신고에관한법률 제3조에 따라 계약 후 60일이내 신고토록 규정
** 주택매매 거래량은 매월 16일경 부동산통계정보시스템(www.r-one.co.kr)에서 확인 가능하며, 전월세 거래량은 국토교통부 홈페이지(보도자료)를 통해 확인 가능
*** 본 서비스에서 제공하는 정보는 법적인 효력이 없으며, 참고용으로만 활용하시기 바랍니다.

• 전체단지	• 남양빌라7동	• 동해그랑빌101동	• 동해그랑빌102동	• 디아망
• 상도하이츠빌	• 서진주택	• 신성베스티아(761-0)	• 엘지타운1동	• 에일주택D동
• 청실빌라(794-7)	• 탐빌라	• 하늘정원		

ⓘ 연립다세대 단지명을 클릭하시면 해당 단지의 1년 정보를 보실 수 있습니다.   기준 : 2016년 4분기, 단위(면적:㎡, 금액:만원) [인쇄]

단지	지번	전용면적	대지권면적	10월		11월		12월		건축년도
				계약일	거래금액(층)	계약일	거래금액(층)	계약일	거래금액(층)	
남양빌라7동	696-7	43.02	34.19	21~31	13,000 (-1)					1987
엘지타운1동	723-9	49.46	27.43	11~20	13,000 (6)					2003
상도하이츠빌	730-12	42.97	18.35			1~10	9,600 (2)			2001
서진주택	763-1	43.32	28.78	11~20	9,300 (1)					1986
탐빌라	764-7	31.02	14.82	11~20	11,900 (3)					2002
에일주택D동	790-17	63.05	30.38	11~20	14,950 (3)					2002
동해그랑빌101동	791-1	48.63	22.03	1~10	12,600 (6)					2001
동해그랑빌102동	791-2	69.69	27.23	1~10	16,000 (4)					2001
청실빌라(794-7)	794-7	48.6	34.71			1~10	10,250 (1)			1986
신성베스티아(761-0)	761	40.04	29.44	21~31	17,000 (3)					2011
디아망	767-6	58.2	33.89	21~31	24,000 (2)					2012
하늘정원	696-3	63.05	31.48	1~10	26,000 (3)					2016

국토교통부

실거래 통합 조회

Home > 실거래가 통합 조회

알림 |
- 매 매 : 신고된 실거래가에서 승인 및 적정판정된 자료입니다.
- 전월세 : 임차인이 전월세 거래 후 주민센터 등을 통해 확정일자를 신고한 자료입니다.
- 일부 자료는 신고과정에서 오기입력이나 누락등의 이유로 오차가 생길 수 있습니다.

아파트 실거래가 **다세대/연립 실거래가**

기간 ▼ 2016-10-01 ~ 2016-12-07 부천시 ▼ 공통 ▼ 검색

남양빌라7동	동해그랑빌101동	동해그랑빌102동	디아망	럭스빌
방주빌라	부흥빌리지	삼두토즈빌	삼토하이츠빌	서진주택
신성베스티어(761-0)	엘지타운1동	에밀주택D동	우정빌라A동	효광하이츠빌
조광골든빌	청실빌라(794-7)	탑빌라		

■ 단지명을 클릭하시면 다양한 상세정보를 확인할 수 있습니다.

분양전형 누락단지신고 중개보수계산 주변중개사무소 상세보기

단위(만원)

단지	전용면적(㎡)	매매 계약일	매매 거래금액	매매 층	전세 계약일	전세 거래금액	전세 층	월세 계약일	월세 거래금액	월세 층	준공년도	매물정보
남양빌라7동	43.02	10.31	15,000	지층								
동해그랑빌101동	48.65	10.05	12,500	05	11.14	9,000	05					
동해그랑빌102동	59.59	10.04	15,000	04	11.12	12,000	05					
디아망	56.2	10.28	24,000	02								
럭스빌	47.54				10.29	10,000	04					
방주빌라	24.11							10.10	500(35)	3		
부흥빌리지	27							10.06	1,000(40)			
삼두토즈빌	42.09				10.18	11,000	02					
삼도하이츠빌	42.97	11.01	9,500	02								
서진주택	45.32	10.11	9,300	1층								
신성베스티어(761-0)	40.04	10.26	17,000	03								
엘지타운1동	49.46	10.17	15,000	05								
에밀주택D동	53.05	10.19	14,950	03								
우정빌라A동	32.48				10.29	6,000	01					
조광하이츠빌	57.16	10.25	13,000	02								
조형골든빌	48.99				10.10	14,000	02					
청실빌라(794-7)	48.6	11.08	10,250	1층								
탑빌라	51.02	10.20	11,800	03								

경기도 부동산포털

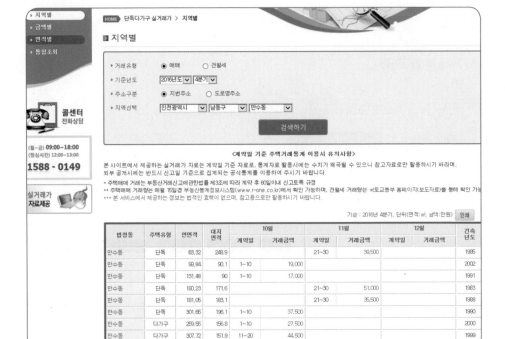

▶ 지역별

▶ 지역별

거래유형	● 매매	○ 전월세
기준년도	2016년도 ▼	4분기 ▼
주소구분	● 지번주소	○ 도로명주소
지역선택	인천광역시 ▼	남동구 ▼	만수동 ▼

검색하기

콜센터 전화상담

(월-금) 09:00~18:00
(점심시간) 12:00~13:00

1588 - 0149

실거래가
자료제공

〈계약일 기준 주택거래통계 이용시 유의사항〉

본 사이트에서 제공하는 실거래가 자료는 계약일 기준 자료로, 통계자료 활용시에는 수치가 왜곡될 수 있으니 참고자료로만 활용하시기 바라며,
외부 공개시에는 반드시 신고일 기준으로 집계되는 공식통계를 이용하여 주시기 바랍니다.

* 주택매매 거래는 부동산거래신고에관한법률 제3조에 따라 계약 후 60일이내 신고토록 규정
** 주택매매 거래량은 매월 15일경 부동산통계정보시스템(www.r-one.co.kr)에서 확인 가능하며, 전월세 거래량는 국토교통부 홈페이지(보도자료)를 통해 확인 가능
*** 본 서비스에서 제공하는 정보는 법적인 효력이 없으며, 참고용으로만 활용하시기 바랍니다.

기준 : 2016년 4분기, 단위(면적:㎡, 금액:만원) 인쇄

| 법정동 | 주택유형 | 연면적 | 대지면적 | 10월 | | 11월 | | 12월 | | 건축년도 |
				계약일	거래금액	계약일	거래금액	계약일	거래금액	
만수동	단독	63.32	248.9			21~30	39,500			1985
만수동	단독	99.84	90.1	1~10	19,000					2002
만수동	단독	131.48	90	1~10	17,000					1991
만수동	단독	180.23	171.6			21~30	51,000			1983
만수동	단독	181.05	183.1			21~30	35,500			1988
만수동	단독	301.65	196.1	1~10	37,500					1990
만수동	다가구	259.55	156.8	1~10	27,500					2000
만수동	다가구	307.72	151.9	11~20	44,500					1999
만수동	다가구	364.02	158.5	1~10	62,800					2002

국토교통부

법정동	면적(㎡)	10월	11월	12월
만수동	181		11.21 35,500	
만수동	260	10.08 27,500		
만수동	63		11.21 39,500	
만수동	59	10.07 10,000 / 10.07 8,000		
만수동	59	10.04 9,000 / 10.06 9,000		
만수동	100	10.01 19,000		
만수동	131	10.01 17,000		
만수동	59	10.07 8,000 / 10.07 9,000		
만수동	308	10.19 44,500		
만수동	180		11.22 51,000	

인천시 지도포털

　이와 같은 방식으로 시세(권장 소비자 가격)를 파악한 후 물건 주위의 부동산 중개업소에 가면 정확한 시세를 파악할 수 있다.

　그런데 수도권 이외의 다른 지자체들은 아직까지 실거래가를 알려주는 부동산 거래 사이트를 만들지 않았다. 앞으로 많은 지자체에서 부동산 거래 사이트를 만들었으면 하고 바라본다.

　자, 그럼 이제까지 알아본 3536투자법을 다시 한 번 정리해 보자.

첫째, 3초 경매 선별법: 출근하자마자 투자 가능한 금액 대비 적합한 물건을 선별한다.

둘째, 5초 권리분석: 오전 티타임에 안전한 투자 물건을 선별한다.

셋째, 30초 지역분석: 점심시간에 지역의 우수성에 따라 상, 중, 하로 선별한다. '간선버스〉광역버스〉지선버스'면 상이고, '간선버스〉지선버스〉광역버스'면 중이고, '지선버스〉간선버스〉광역버스'면 하이다.

넷째, 60초 시세분석: 점심시간과 오후 티타임에 다음 표를 활용해 물건을 시세별로 선별한다.

매매가			전세가			월세가	
하위평균가	일반평균가	상위평균가	하위평균가	일반평균가	상위평균가	보증금	월세

마지막으로 실제로 투자할 물건의 현장조사는 퇴근 이후나 주말을 이용해 하면 된다.

부동산 경매는 돈이 없고 시간이 부족한 직장인이 할 수 있는 투자 방식이다. 또한 내 집 마련을 꿈꾸는 직장인들이 활용할 수 있는 방식이기도 하다. 권리분석과 시세분석만 정확히 한다면 시세보다 저렴하게 낙찰받을 수 있기 때문이다. 이 책을 읽는 모든 직장인들이 '3536투자법'을 이용해 내 집도 마련하고 제2의 월급을 받으시길 바란다.

3536투자법에 유용한 사이트들을
즐겨찾기해 놓자

3536투자법의 4단계를 실행하기 위해서는 다음과 같은 사이트들을 이용하는 것이 바람직하다. 이 사이트들을 컴퓨터에 즐겨찾기해 놓고 수시로 확인하는 습관을 들이자.

1. 물건선별 및 권리분석

대법원 경매정보(http://www.courtauction.go.kr/): 경매 투자자들은 대법원 경매정보 사이트를 기본적으로 이용해야 한다. 경매와 관련된 모든 유료 및 무료 정보가 대법원 경매정보 사이트를 바탕으로 하고 있기 때문이다.

굿옥션(http://www.goodauction.com/): 유료

지지옥션(http://www.ggi.co.kr/): 유료

스피드옥션(http://www.speedauction.co.kr/): 유료

부동산태인(http://www.taein.co.kr/): 유료

아모스옥션(http://www.amosauction.com/): 가입 후 무료 경매 물건 검색

2. 지역분석

네이버 지도(http://map.naver.com/)

학구도 안내 서비스(https://schoolzone.edumac.kr/)

3. 시세분석

국토교통부 실거래가 조회(http://rt.molit.go.kr/)

경기도 부동산포털(http://gris.gg.go.kr/index.do)

인천 지도포털(http://imap.incheon.go.kr/)

서울 부동산정보광장(http://land.seoul.go.kr/land/)

4. 전자입찰

온비드 공매정보 및 입찰(http://www.onbid.co.kr/)

8·2부동산대책 이후
경매가 답이다

정부는 2017년 8월 2일 부동산대책(주택시장 안정화 방안)을 발표했다. 또한 8·2부동산대책을 발표한 지 한 달 만에 정부의 규제를 비껴간 지역의 아파트 가격이 오르자 후속조치로 9월 5일에 9·5부동산추가대책을 발표했다. 그로 인해 성남시 분당구, 대구시 수성구가 투기과열지구로 추가 지정되었다. 그리고 향후에 가격이 상승할 만한 인천시 연수구, 고양시 일산서구 등 16개 구·군을 집중모니터링을 해, 가격이 오르면 바로 투기과열지구를 추가 지정하겠다고 발표했다.

이러한 발표는 "투기 세력을 근절시키고 집값을 안정시키겠다"는 현 정부의 강한 의지를 반영한 것이다. 그러다 보니 이 책을 읽으신 독자 분들과 필자의 주위 분들이 8·2부동산대책으로 인해 이제는 책에서와 같이 "낙찰받고 경락자금대출을 받을 수 없겠죠?", "이제

'8·2 부동산대책' 투기과열지구·투기지역 지정효과

조정대상 지역		달라지는 점
서울 전역+경기 6개시(과천, 광명 등) +세종+부산7개구	세제	다주택자 양도소득세 중과 및 장기보유 특별공제 배제
		1가구 1주택 양도소득세 비과세 요건 강화 (거주요건 추가)
	청약	1순위 자격 요건 강화(+투기과열지구)
		가점제 적용 확대(+투기과열지구)
	기타	오피스텔 전매제한(소유권이전등기 시)

투기 과열지구		
서울 전역 과천시 세종시	금융	LTV, DTI **40%** 적용(+투기지역)
		1가구 1건 이상 주담대 가구는 LTV, DTI **30%** 적용
	정비 사업	재개발 등 조합원 분양권 전매 제한
		정비사업 분양분(조합원+일반분양) 재당첨 제한
		재건축 조합원 지위 양도제한 강화
	기타	자금조달계획 선정 의무화

투기지역		
서울11개구(강남, 서초, 송파 등) +세종시	금융	주택담보대출 건수 차주당 1건▶가구당 1건 강화

*자료: 국토교통부

대출이라는 레버리지를 활용하는 경매는 끝인가요?"라는 질문을 참으로 많이 해왔다.

필자에게 어떤 분은 이메일을 보내셨는데, "1금융권에 아파트 경매 물건 대출을 알아보니 서울은 투기지역이라 시세의 30%만 대출이 나온다"고 하시며 "경매를 도저히 할 수 없는 상황이 되었다"고 걱정하셨다.

그렇다면 8·2부동산대책 이후 경락자금대출은 어떻게 될까? 이에 대해 설명하겠으니 관심이 있으신 독자 분들은 꼼꼼히 읽어주시길 바란다.

그럼 '경락자금대출'은 무엇일까? 바로 '경매에 참여해 낙찰받은 부동산을 인수하기 위해 필요한 자금(잔금)을 대출받는 것'이다.

우선 네이버에서 '대출상품'이라는 키워드를 입력해 검색해 보자. 그러면 개인회생대출, 아파트담보대출, 서민지원대출, 전세대출 등 많은 대출상품이 나열될 것이다. 경락자금대출은 대출상품의 한 가지라고 보면 된다.

그런데 8·2부동산대책은 주택담보대출에 대해서만 규제를 가하고 있다. 경락자금대출에 대해서는 규제를 하지 않는다.

여기까지 말씀드리면 "주택담보대출과 경락자금대출 모두 부동산을 담보로 대출을 하는 것이니 같은 말 아닌가요?"라며 반문하는 분들도 분명히 있을 것이다. 틀린 말은 아니다. 그러나 주택담보대출과 경락자금대출은 미묘한 차이가 있다. 두 대출상품은 담보대출을 하는 것은 같지만 경락자금대출은 경매를 진행하는 물건에 대한 대출이므로 다르다.

그러면 경매는 어디에서 진행될까? 바로 법원에서 진행된다. 법원이 경매를 진행하는 이유에 대해서는 모두 아시겠지만 간단히 설명하겠다. 돈을 빌려준 사람(채권자)과 빌린 사람(채무자)이 있는데, 채권자가 빌려준 금액을 받지 못하면 채권자와 채무자 사이에 다툼이 일어날 것이다. 이것을 법원이 중재해 채무자의 재산을 강제로 매각해 채권·채무 문제를 해결하는 것이 경매이다.

그렇다면 은행은 자기 돈으로 돈을 빌려주는가? 그렇지는 않다. 많은 사람들이 예금을 한 금액으로 누군가에게 돈을 빌려주는 것이다. 만약 은행이 돈을 빌려주고 채권을 회수하지 못한다면 어떻게 될까? 은행에 돈을 입금한 다수의 사람들이 돈을 못 받게 되는 현상이 일어난다면 어떻게 될까? 아마도 사회적으로 큰 혼란이 일어날 것이다.

그래서 국가 경제를 위해 경매 물건은 비싸게 팔리는 것이 유리하다. 강제로 채무자의 물건을 팔고 빚을 정리를 할 바에야 조금이라도 비싸게 팔아서 금융권의 부실채권을 최소화하려고 신경을 쓴다. 다시 말해서 정부는 이러한 이유 때문에 경매 물건에 대한 대출 규제를 까다롭게 하지는 않는다.

만약 경락자금대출의 규제를 강화한다면 어떠한 현상이 일어날까? 아파트 한 채를 1억 원에 낙찰받았다고 하자. 대출 규제를 하기 전에는 낙찰가의 70%인 7천만 원까지 대출받았는데 경락자금대출 규제로 인해 낙찰가의 30%인 3천만 원만 대출받게 된다면, 입찰하려는 사람들이 당연히 입찰가를 낮게 적을 수밖에 없을 것이다. 따라서 경락자금대출에 규제를 가한다면 모든 경매 물건들은 입찰가가 낮아질 수밖에 없다.

또한 경락자금대출을 규제한다면 금융권은 현재 경매가 진행되고 있는 모든 물건들의 금액을 손해 볼 수밖에 없다. 그러면 부실채권이 늘어나 힘이 없는 금융권은 파산으로 이어지고, 이 경우 사회적으로 큰 혼란을 일으킬 수 있다.

그렇다면 경락자금대출은 어떤 금융권에서 다루고 있을까? 사실 여러분들이 잘 아시는 국민은행, 신한은행, 우리은행 등 1금융권에서는 경락자금대출을 잘 취급하지 않는다. 오히려 2금융권에서 많이 취급하고 있다. 그래서 낙찰을 받으신 분들은 신협, 축협, 보험사 등 2금융권에서 대출을 많이 받는다. 그런데 같은 2금융권이라도 지점마다 경락자금대출을 취급하는 곳과 취급하지 않는 곳이 있으니, 여러 곳에 전화를 해서 알아봐야 할 것이다.

자, 그럼 경락자금대출의 한도를 알아보자. 우선 이번에 정부가 내놓은 8·2부동산대책을 유심히 살펴보자. 참고로 정부가 내놓는 부동산대책은 글자 하나하나 잘 살펴봐야 한다.

8·2부동산대책에서는 '주택시장 안정화 방안'이라는 말에 주목해야 한다. 이 말은 '부동산 중 주택에 한해서만 시행되는 방안'이라는 것을 뜻한다. 그러므로 주택을 제외한 상가, 근린생활건물, 상가용 오피스텔 등은 해당되지 않으니, 이런 물건에 입찰하실 분이라면 어느 지역이더라도 기존처럼 경락잔금대출이 많게는 낙찰가의 90% 적게는 70%까지 가능하다.

조정대상지역

성남, 하남, 고양, 광명, 남양주, 동탄 2, 부산(해운대, 연제, 동래, 수영, 남, 기장, 부산진)

투기과열지구

서울(구로, 금천, 동작, 관악, 은평, 서대문, 종로, 중, 성북, 강북, 도봉, 중랑, 동대문, 광진), 과천시

투기지역

서울(강남, 서초, 송파, 강동, 성동, 노원, 마포, 양천, 영등포, 강서), 세종시

문제는 주택인데, 이 글을 쓰고 있는 2017년 9월 15일 기준으로 경락자금대출이 이루어진 통계자료를 살펴본다면 아파트, 다세대주택(빌라), 주거용 오피스텔은 낙찰가 대비 65~70%까지 경락자금대출이 이루어지고 있다. 물론 물건에 따라 다르기 때문에 이보다 더 대출받을 수도 있고 덜 받을 수도 있다. 다가구주택은 낙찰가 대비 60% 정도 대출받을 수 있다고 보면 된다. 5억 원짜리 다가구주택을 낙찰받는다면 3억 원까지는 경락자금대출이 나온다는 말이다.

앞에서도 말했듯이 정부에서 8·2부동산대책을 발표한 이후에도 경락자금대출은 규제를 하지는 않지만 금융권에서는 어쨌든 간에 정부의 눈치를 볼 수밖에 없다. 그래서 8·2부동산대책의 영향을 받는 지역의 경우 금융권에서 경락자금대출의 한도를 약간씩 낮추고 있다.

첫째, 조정대상지역에 해당하는 주택은 낙찰가의 60%선에서 경락자금대출이 이루어지고 있다.

둘째, 투기과열지구와 투기지역에 해당하는 주택은 낙찰가의 50%선에서 경락자금대출이 이루어지고 있다.

그렇다면 8·2부동산대책에 해당되는 지역의 주택에 입찰할 경우 대출 한도가 낮으니 입찰하지 말아야 할까? 그렇지 않다. 앞에서 말씀드렸듯이 대출이 그만큼 나오지 않으니 입찰가 역시 낮아질 것이다. 실제로 경매시장에서는 이러한 기미가 서서히 보이고 있다. 몇 개월 전에 비해 낙찰가가 낮아지고 있기 때문이다. 앞으로는 상대적으로 저렴한 금액으로 낙찰받을 수 있으므로, 오히려 경매(투자)하기에 더욱 좋은 시기가 다가올 것이다.

2017년 이후 부동산 경매시장의 전망은 매우 밝다. 최근 들어 경매응찰자 수가 감소세로 돌아섰고, 경매 물건이 늘어나고 있다. 물건이 늘어난다는 것은 그만큼 부동산 경기가 나빠져 채무로 인해 경매로 나오는 물건이 늘어났다는 것을 뜻하며, 물건이 많으니 그만큼 우량 물건을 낮은 금액에 낙찰받을 수 있는 기회가 늘어난다는 말이다. 그러니 앞으로 다가올 좋은 기회를 놓치지 말길 바란다.

제6부

3536

실전에서 빛나는

생생 입찰 노하우

당황하지 않고 편리하게
법원 방문하기

물건을 선별하고 권리분석과 지역분석, 시세분석에 이어 현장
조사까지 마쳤다면 드디어 법원으로 입찰하러 가면 된다.

입찰은 휴가를 내어 직접 하거나 가족 혹은 지인에게 대리입찰을
부탁할 수도 있다. 하지만 처음 입찰할 때는 본인이 직접 가보길 권
한다. 나는 처음 입찰하러 법원에 갈 때 긴장감을 떨칠 수 없었다.
주차부터 시작해 마지막 입찰까지 어찌해야 할지 몰라 우왕좌왕했
던 일을 잊을 수 없다.

경매 법정은 보통 오전 10시 10분부터 시작해 11시 20분에 입
찰 마감을 하는데, 각 법원마다 입찰 시작 시간과 마감 시간이 조금
씩 차이가 있으니 반드시 미리 확인하고 가는 것이 좋다. 자가용으
로 간다면 주차 시간도 고려해야 하기 때문이다. 이와 관련된 자세
한 내용은 이 책의 〈부록3〉 '전국 법원 입찰시간, 진행성향'을 참조

하면 유용할 것이다.

나는 처음 법원에 갈 때 법원에 주차를 하는 것이 두려워 근처의 유료 주차장에 주차하고 들어갔다. 사실 평소에 법원에 갈 일이 없는 우리 같은 직장인들은 법원에 가는 것조차 두려울 수 있다. 그러나 전혀 두려워할 필요가 없고, 법원 주차장에 당당히 주차해도 된다. 단 모든 공공기관은 차량 5부제를 실시하고 법원도 당연히 5부제를 시행하니, 본인 차량의 마지막 번호가 5부제에 걸리는지만 확인하기 바란다.

차량 5부제

월	화	수	목	금
1, 6	2, 7	3, 8	4, 9	5, 0

그러나 경차는 예외이다. 차량 5부제와 상관없이 주차할 수 있다. 그래서 내가 아는 전업투자자 중에는 상당수가 중고로 경차를 구매해 타고 다닌다.

그런데 입찰 당일에 간혹 빼먹는 것 중 하나가 도장과 신분증이다. 도장은 아무 도장이나 사용해도 되므로 법원 근처에서 막도장을 하나 파서 찍으면 된다고 쳐도, 신분증이 없으면 입찰 자체가 불가능하니 법원에 가기 전에 다시 한 번 챙기자.

본인이 입찰한다면 도장과 신분증, 입찰보증금(최저가의 10%)을 준비하면 되고, 대리인이 입찰하는 경우에는 도장과 신분증, 입찰보증금 외에 입찰자의 인감증명서와 인감 직인이 찍힌 위임장이 필요하다. 입찰 당일에 서두르다 보면 잊을 수도 있으니, 전날에 미리 확인하는 습관을 들이자.

경매 입찰을 위해서는 신한은행 통장을 만들어놓으면 편리하다. 각 법원마다 신한은행이 있으므로 입찰보증금을 입출금하는 데 편리하다. 법원 은행에는 항상 입찰 시간에 맞춰 입찰보증금을 찾으려는 대기자 수가 많으니 이 점을 염두에 두기 바란다.

주차도 하고 입찰보증금도 찾았다면 어디로 가야 할까? 경매 법정은 보통 해당 법원에서 가장 큰 법정이다. 보통 1층(서울 서부법원처럼 10층에 있는 경우도 있다.)에 있지만 법정의 위치를 모르면 법원에 있는 공익근무요원이나 법원 직원 등에게 물어보면 가르쳐줄 것이다.

처음 경매 법정에 가면 한산한 느낌이 들 수 있으나 마감 시간이 되면 법정 안뿐만 아니라 밖까지 사람들로 꽉 찰 것이다. 경매 입찰을 하러 온 사람들뿐만 아니라 대출을 알선하는 소위 '명함 아주머니들', 공부하러 견학 온 사람들, 해당 경매 물건의 이해관계인들까지 많은 사람들로 분주해진다. 법정 안에는 음식물 반입이 안 되니 커피나 음료는 마시고 들어가도록 하자. 또 법정 안에서는 사진촬영과 통화가 금지되어 있다.

경매 법정에 들어가서는 내가 입찰할 물건의 입찰가 등을 소리 내어 말하지 말자. 내가 "얼마 정도에 쓸 것"이라고 말하는 것을 누군가 들었는데, 그 사람이 내가 입찰하려는 해당 물건의 경쟁자라면 어떻게 하겠는가? 당연히 그 사람은 나보다 1원이라도 더 쓸 것이다.

경매 법정에 처음 도착하면 법정 입구에 붙어 있는 입찰게시판을 꼼꼼히 살펴보자. 입찰게시판에는 그날 입찰이 진행되는 사건들을 나열해 놓았으며, 특이사항이나 변동사항이 발생한 경우에는 그에 관해 적어둔다. 만약 입찰 당일에 여러 사유로 연기되거나 취소되는 경우가 있다면 해당 사건의 사건번호는 게시되지 않는다. 이런 경우에는 입찰 당일에 입찰자들을 불러 서류 및 입찰보증금을 돌려주는데, 많은 사람들이 있는 곳에서 이름이 불리고 나가서 받아올 때 집행관이 꼭 한마디씩 하면서 무안을 주기도 한다.

마지막으로 입찰 전에 확인해야 할 것이 하나 있는데, 굉장히 중요한 것이다. 바로 '매각물건명세서'를 확인해야 한다. 경매 사건은 입찰하는 당일에도 권리 관계가 바뀔 수 있고, 특이한 경우가 생기기도 한다. 예를 들어보자.

1월 1일 a은행	1월 2일 세입자	2월 1일 b은행
근저당 1천만 원	전세금 1억 원	근저당 2억 원

이 같은 경우에 말소기준권리는 a은행에게 있다. '갑'이라는 사람이 2억 5천만 원을 시세로 생각하고 2억 원에 해당 부동산을 낙찰받을 때 배당 순서는 a은행 1천만 원, 세입자 1억 원, b은행 9천만 원이 되며, 사건은 종결 처리된다.

그런데 b은행의 입장에서는 2억 원을 빌려주고 9천만 원밖에 못 받는 상황이 발생하니 굉장히 억울할 것이다. 그래서 a은행의 근저당권 1천만 원을 b은행이 대위변제(제3자 또는 공동채무자의 1명이 채무자를 대신해 변제하는 것)해 갚아버리고 말소시킨다면 순식간에 말소기준권리가 b은행으로 넘어가게 된다. 이 경우에 세입자가 배당 신청을 했다면 다행이지만 그렇지 않을 경우에 어떠한 일이 발생하는지 알아보자.

b은행의 근저당권 2억 원과 세입자의 전세금 1억 원을 낙찰자 갑이 인수하게 된다. 낙찰자는 꼼짝없이 선순위세입자의 보증금을 물어줘야 한다. 결론적으로 시세 2억 5천만 원짜리 물건을 3억 원에 사게 되는 경우가 생기는 것이다. 만약 입찰 당일 '매각물건명세서'에 이와 관은 권리 관계가 나와 있지 않다면, 매각일로부터 7일 내에 '매각불허가신청'을 하면 불허가되며 입찰보증금을 돌려받을 수 있다.

그러나 입찰 당일 매각물건명세서에 이와 같은 권리 관계가 분명히 나와 있다면 매각불허가신청을 하더라도 매각물건명세서에 기재되어 있으므로, 매각결정이 떨어지게 되어 꼼짝없이 입찰보증금을 날리는 상황이 발생한다. 몇 날 며칠이나 확인하고 입찰 전날에 확인했다 하더라도 입찰 당일에 다시 한 번 꼭 확인하기 바란다. 참고로 2015년 이전에는 매각물건명세서를 법정 앞에 비치해 볼 수 있도록 했지만 2015년 여름부터는 법원에 컴퓨터를 여러 대 설치해 누구나 사건번호만 치면 바로 볼 수 있도록 하고 있다.

실수 없이 완성하는
입찰표 작성법

법원에서 입찰표를 작성할 때는 신중 또 신중을 기해야 하는
데도, 꼭 실수를 하는 사람들이 있다. 부동산 경매에서는 자그마한
실수로 인해 적게는 수천만 원에서 많게는 수억 원을 날릴 수도 있
다. 아래 사건을 예로 들어보겠다.

<table>
<tr><td colspan="2">굿옥션</td><td>전체메뉴</td><td>법원바로가기</td><td>관할법원안내</td><td>관심물건등록</td><td>상담실</td><td>건의/제안</td><td>인쇄</td><td>닫기</td></tr>
</table>

경매개시 **72** 배당요구종기일 **83** 최초진행(입찰 25일전)   ← 이전 | 목록 | 다음 →

2016타경6⬛⬛

소 재 지	⬛⬛⬛						
물건종별	다세대(빌라)	감 정 가	110,000,000원	오늘조회: 11 2주누적: 60 2주평균: 4 조회동향			
대 지 권	26.84㎡(8.119평)	최 저 가	(70%) 77,000,000원	구분	입찰기일	최저매각가격	결과
건물면적	36.35㎡(10.996평)	보 증 금	(20%) 15,400,000원	1차	2016-11-15	110,000,000원	유찰
매각물건	토지 건물 일괄매각	소 유 자	박⬛	2차	2016-12-20	77,000,000원	낙찰
개시결정	2016-06-13	채 무 자	박⬛	낙찰 915,550,000원(832.32%) / 10명 / 미납 (2등입찰가:105,367,899원)			
사 건 명	임의경매	채 권 자	케이엘스타대부(주)	3차	2017-02-28	77,000,000원	

이 경우는 얼마 전에 실제 있었던 일이다. 입찰표에 0 하나를 더 쓰는 바람에 입찰보증금만 날리고 말았다. 이 물건의 감정가는 1억 1천만 원이며 최저가는 1회 유찰되어 70%인 7,700만 원이다. 입찰에 참여한 최○○ 씨는 9,155만 5천 원을 쓰려고 했지만 입찰표에 0을 하나 더 써내서 9억 1,555만 원에 낙찰을 받았다. 이와 같은 경우에 법원에서 매각허가결정을 취소하는 사례는 드물다. 결국 이분은 입찰보증금을 날리게 되었다. 정말 생각하기도 싫은 실수이지만 많은 입찰자들이 이 같은 실수를 종종 한다.

사건번호와 **물건번호***를 잘못 쓰거나, 입찰보증금을 봉투에 넣지 않거나, 대리입찰을 하는 경우 입찰자의 인감증명서를 첨부하지 않는 실수도 많이들 한다. 이 경우에는 낙찰되더라도 입찰이 취소된다. 1등이라는 영광을 뒤로하고 2등 입찰자에게 1등의 영광을 돌리는 눈물 나게 억울한 경우이다. 이 책을 읽는 분들은 이 같은 실수를 범하지 않길 바라며 입찰서 작성법을 정확히 숙지하자.

법원 경매 입찰장 법대(법정 입찰대)에는 입찰 봉투, 입찰보증금 봉투, 기일입찰표가 있다. 이것을 모두 받아서 입찰서를 쓰면 된다. 우선 대봉투(입찰 봉투) 앞면에는 본인의 이름을 쓰고 도장을 찍으면 된다. 뒷면에는 사건번호와 물건번호가 있을 경우 물건번호를 적는다. 소봉투(입찰보증금 봉투) 앞면에는 사건번호와 물건번호, 이름을 적는다. 두 봉투 모두 앞면과 뒷면에 모두 도장인 표시가 있는 부분에 도장을 찍는다.

모두 적은 후에는 다시 한 번 꼼꼼히 확인한다. 입찰서를 하나만

※ 타인이 사건번호를 볼 수 없도록 위 접는선을 접어서
지철기(호치키스)로 봉하여 제출하십시오.

입 찰 봉 투

제출자 성 명	본 인	외	㉔
	대리인		㉔

◆ 주 의 사 항 ◆

1. 입찰대상이 아닌 경매사건에 응찰한 경우에는 즉시 매수보증금을 반환
   받을 수 없고 개찰이 모두 완료한 후에 매수보증금을 반환받을 수 있으
   므로 매각기일을 꼭 확인하여 주시기 바랍니다.
2. 매수신청보증봉투와 입찰표를 넣고 사건번호를 타인이 볼 수 없도록
   접어서 지철기(호치키스)로 봉하십시오.
3. 위 입찰자 성명란을 기재하고, 입찰봉투 제출시 신분증을 제시하십시오.
4. 입찰자용 수취증의 절취선에 집행관의 날인을 받으십시오.

(앞면)

법원

매수신청보증봉투

사건번호	9타경	호
물건번호		
제 출 자	인	

크기는 통상의 규격봉투와 같다.

(뒷면)

인 ——————— 인 ——————— 인

1. 매수신청보증을 넣고 봉한 후 날인의 표시가 있는 부분에 꼭 날인하시기
   바랍니다.
2. 입찰표와 함께 입찰봉투(황색 큰 봉투)에 넣으십시오.

적을 때는 틀릴 경우가 거의 없지만, 만약 물건을 두 개 이상 쓴다면 대봉투와 소봉투 모두를 맞게 작성했는지 혹은 사건번호가 뒤바뀌지는 않았는지 확인해야 한다.

(앞면)		기 일 입 찰 표						
지방법원 집행관 귀하					매각(개찰)기일 :2017년 01월 02일			
① 사건번호		2016 타경 12345 호				물건번호	※물건번호가 여러개 있는 경우에는 꼭 기재	

② 입찰자

	본인	성 명	원 범석 ⑳		전화번호	010-1234-5678
		주민(사업자)등록번호	123456-7891234	법인등록번호		
		주 소	인천광역시 서구 *** ****			
	대리인	성 명	⑳	본인과의 관계		
		주민등록번호		전화번호	—	
		주 소				

③ 입찰가액

	천억	백억	십억	억	천만	백만	십만	만	천	백	십	일	
입찰 가액				₩1	0	6	7	5	0	0	0	0	원

④ 보증금액

	백억	십억	억	천만	백만	십만	만	천	백	십	일	
보증 금액					₩8	5	0	0	0	0	0	원

보증의 제공방법	☐ 입금증명서 ☐ 보증서	⑤ 보증을 반환 받았습니다. 입찰자 원 범석 ⑳

이제 가장 중요한 기일입찰표를 작성해 보자.

첫째, 사건번호를 쓰는 란부터 작성하자. 사건번호인 '2016 타경 12345'를 쓰고, 물건번호는 없으면 쓰지 않는다.

둘째, 본인 명의로 입찰에 참가한다면 본인의 이름을 쓰고, 주민번호와 전화번호(일반 전화번호와 휴대폰 번호 모두 가능), 주소를 기입한다.

셋째, 입찰가액 란은 가장 신경 써서 작성해야 한다. 앞서 말한 대로 '입찰가액'을 잘못 쓰면 크나큰 불이익을 당한다. 입찰가액에 0 하나를 더 붙인다면? 상상조차하기 싫은 경우가 생긴다는 것을 이 책을 읽고 있는 분들은 모두 인지하시기 바란다. 나는 이러한 실수를 방지하기 위해 입찰할 금액 앞에 ₩를 먼저 적는다. 그런데 만약 입찰가액을 잘못 쓴 것이 있다면 고치지 말고 다시 용지를 받아와서 처음부터 다시 써야 한다. 만약 입찰가액 란에 고친 부분이 발견되면 입찰은 무효 처리된다. 또 입찰가액과 보증금액을 바꿔서 쓰는 실수도 빈번히 일어나니 주의해야 한다.

넷째, '보증금액' 란은 최저가의 10%를 쓰는 란이다. 간혹 재입찰일 경우에는 20% 또는 그 이상일 경우도 있다. 이러한 경우에는 법원 입구에 있는 입찰 게시판에 나와 있으니 정확히 확인하고 쓰는 습관을 들이자.

다섯째, 이 부분은 입찰할 때 작성하지 않아도 되지만 입찰에 떨어지면 입찰보증금을 반환받기 위해 쓰는 란이다. 하지만 입찰보증금을 받을 때 많은 사람들이 한꺼번에 나가므로 시간이 오래

걸리니 미리 작성하도록 한다. 참고로 이 부분을 작성하지 않았
는데 낙찰될 경우에 낙찰이 취소되지는 않으니 걱정하실 필요는
없다.

모두 작성했다면 다시 한 번 확인하고 대봉투 안에 소봉투와 기
일입찰표를 넣은 후 법대 앞에 있는 집행관에게 주면 된다. 집행관
이 확인한 후 봉투에 날인하고, 대봉투 윗부분을 절개한 후 나에게
준다. 그럼 절개한 윗부분은 내가 가지고, 대봉투는 입찰함에 넣으
면 입찰은 끝난다. 참고로 대봉투를 절개한 윗부분은 나중에 영수증
으로 쓰이므로, 패찰 시 입찰보증금을 받을 때 내면 된다.

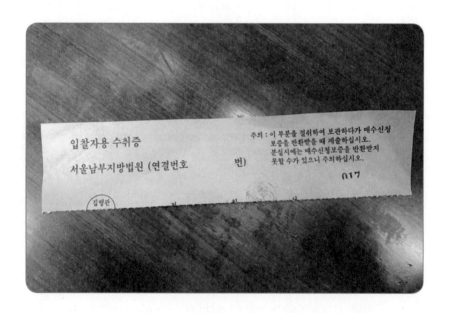

본인이 직접 입찰하지 못하는 경우에는 대리입찰을 하면 된다. 내 경우에는 직장에 다닐 때는 입찰할 때마다 매번 직장에 휴가를 낼 수는 없었다. 그렇다고 힘들게 권리분석, 지역분석, 시세분석, 현장 조사 등을 한 물건을 포기할 수는 없었다. 다행히 법원에서는 대리 입찰을 인정하고 있다. 그래서 나는 아내와 아버지에게 대리입찰을 매우 많이 부탁했다. 대리입찰을 할 경우에는 앞서 소개한 입찰에 필요한 서류와 함께 세 가지가 더 필요하다. 입찰자의 인감 날인이 된 위임장, 인감증명서(입찰자), 인감도장(입찰자)이다.

(뒷면)

위 임 장

❶ 대리인	성 명	홍 길 동 ㉑	직 업	주부
	주민등록번호	234567-1234567	전화번호	010-2345-6789
	주 소	인천광역시 서구 *** ****		

위 사람을 대리인으로 정하고 다음 사항을 위임함.

다 음

❷ 지방법원 　2016　 타경 　12345　 호 부동산

경매사건에 관한 입찰행위 일체

❸ 본인 1	성 명	원 범석 （인감）	직 업	직장인
	주민등록번호	123456-7891234	전 화 번 호	010-1234-5678
	주 소	인천광역시 서구 *** ****		

위임장은 기일입찰표의 뒷부분에 있으니 그대로 쓰면 된다. 맨 위에 있는 위임장의 대리인 란에는 대리인의 인적사항을 적고, 그 아래에 있는 사건번호를 적은 다음, 맨 아래에 있는 입찰자 본인의 인적사항을 적으면 된다.

공동명의로 낙찰을 받기 위해서는 '기일입찰표' 외에 '공동입찰신고서'와 '공동입찰자목록'을 작성하고 입찰해야 한다. 나중에 혼자 낙찰을 받고 공동명의로 바꾸기 위해서는 매매나 증여 같은 행위를 해야 하는데, 이 경우 취득록세를 다시 내야 하고 번거롭기도 하다. 공동입찰을 하기 위해 필요한 공동입찰신고서 작성방법을 알아보자.

공 동 입 찰 신 고 서

법원 집행관   귀하

사건번호   2016 타경 12345 호
물건번호
공동입찰자   별지 목록과 같음

위 사건에 관하여 공동입찰을 신고합니다.

2017 년 1 월 02 일

신청인 원범석   외   1인(별지목록 기재와 같음)

공동입찰신고서는 우선 사건번호를 작성하고, 신청인 란에는 2명이 공동입찰할 경우 '원범석 외 1인', 3명이 공동입찰할 경우에는 '원범석 외 2인'이라고 작성하면 된다.

공 동 입 찰 자 목 록

번호	성 명	주 소		지분
		주민등록번호	전화번호	
1	원 범석 (인)	인천광역시 서구 *** **** 123456-7891234	010-1234-5678	1/2
2	홍 길동 (인)	234567-1234567	010-2345-6789	1/2

공동입찰자목록에는 공동입찰자 모두의 인적사항을 기재하고, 지분에는 1/2 또는 1/3이라고 지분대로 적어낸다. 만약 이 지분을 작성하지 않을 경우에는 법원에서 공동입찰 인원대로 균등하게 배분한다. 공동입찰자 모두가 참여한 경우에는 각자의 신분증과 도장을 가지고 와야 하는데, 만약 공동입찰자가 같이 오지 못할 경우에는 공동입찰자 중 한 사람이 대리인 자격으로 위임장을 작성하면 된다.

경매는 낙찰보다
그 이후가 더 중요하다

경매에 입찰했다면 낙찰과 패찰로 명암이 갈린다. 법원은 입찰이 끝난 후 10~20분가량 입찰 서류들을 정리하고 개찰을 시작한다.

개찰 방법은 법원마다 다르다. 일반적으로 당일의 사건번호 순으로 개찰을 진행하지만 어떤 법원은 간혹 입찰자가 많은 사건부터 개찰하는 경우도 있다. 그러니 본인이 입찰한 사건이 당일 사건번호 중 끝부분이라 하더라도 개찰이 시작되면 법정을 벗어나지 않는 것이 좋다.

패찰일 경우에는 입찰 시 받은 대봉투의 윗부분과 신분증을 가지고 가서 입찰보증금을 돌려받고 나오면 된다. 낙찰일 경우에는 다음과 같이 낙찰영수증을 받고 나오면 된다.

		영 수 증		
		원법석의 대리인 최OO 귀하		

사건번호	물건번호	부동산 매각 보증금액	비 고
2013타경45OO	1	10,500,000원	

위 금액을 틀림없이 영수 하였습니다.

2013.12.03

인천지방법원 집행관사무소

집 행 관　　　황태성

사건에 대한 문의는 민사 집행과 담당 경매계에 문의하십시오.

　　낙찰이 되면 기쁘기도 하지만 앞으로 해야 할 일이 매우 많다. 물건을 선별하고 분석한 뒤 입찰할 때까지는 나 혼자만의 싸움이지만 낙찰을 받은 순간부터는 상대(명도대상자)가 있는 진짜 싸움이 시작된다. 대출을 알아보고 경락잔금 납부하기, 낙찰받은 집에 살고 있는 사람들에게 찾아가 명도하기 등 할 일이 많다.

　　나는 낙찰을 받자마자 낙찰받은 집에 바로 찾아가 명도대상자를 만난다. 그 이유는 낙찰을 받은 이후 7일 동안이 매각허가결정 기일인데, 이 7일 내에 매각 물건에 심각한 하자가 발견된다면 매각불허가신청을 할 수 있기 때문이다. 물론 이 기간이 지나서 매각허가결정이 나면 이후 7일 동안 매각허가결정취소신청을 할 수는 있지만 매각허가결정이 취소가 되는 경우는 매우 드물다.

다시 말해서 낙찰받고 7일 내에 매각허가결정, 이후 또다시 7일 내에 매각확정이 이루어지는데, 낙찰받고 7일 내에만 신청할 수 있는 것이 매각불허가신청이다. 매각불허가신청은 판사가 결정하는데 중대한 하자가 있다면 90% 이상 불허가신청을 받아들인다. 하지만 매각허가결정취소신청을 받아들이는 확률은 10% 내외이다. 그래서 낙찰되었다고 해서 손 놓고 있다가는 큰 코 다칠 수 있다. 혹시라도 모를 불상사에 대비해 해당 물건에 바로 달려가 하자 여부를 확인하고 명도대상자도 만나보는 것이 좋다.

명도대상자도 만나고 낙찰받은 물건의 하자도 발견되지 않았다면 이제는 두 가지가 남았다. 경락잔금을 납부하기 위해 대출을 알아보고, 명도대상자를 상대로 하는 명도 진행이다. 나는 이 두 가지를 동시에 진행하는 편이다.

경락잔금은 매각허가결정 이후 1개월 내에 납부해야 한다. 예를 들어, 매각확정이 9월 1일에 결정되고 경락잔금 납부기한이 10월 1일로 정해졌다면, 10월 1일에 경락잔금을 납부하는 것이 아니라 9월 1일부터 10월 1일까지 아무 때나 납부하면 된다는 뜻이다. 물론 이 납부기한을 넘겼다고 해서 바로 낙찰이 취소되지는 않는다. 다음 경매날짜가 잡히는 3일 전까지 납부하면 된다. 단, 매각기일이 지난 시점 이후에 경락잔금을 납부하는 경우에는 지난 일자의 입찰보증금을 제외하고 남은 잔금에 대해 연리 20%의 미납이자를 같이 내야 한다.

이 말은 낙찰을 받고 최소한 45일간의 경락잔금 납부기한이 있다는 말이다. 나는 이 기간을 명도대상자와 협상할 때 잘 활용하는 편이다. 다른 많은 경매 책들의 경우에는 "명도대상자를 여럿(세입자 중 보증금을 모두 받아 가시는 분, 일부만 받아 가시는 분, 한 푼도 못 받으시는 분)으로 나누어 구분하고 명도 전략을 세우라"고 말한다. 물론 틀린 말은 아니지만, 낙찰자 입장에서 명도대상자는 두 부류로 나누어도 된다. '집주인 또는 배당받지 못하는 세입자'와 '배당받는 세입자'가 두 부류이다.

내가 이렇게 구분하는 이유는 다음과 같다. 이 두 부류의 명도대상자는 법적으로 해당 물건에서 생활할 수 있는 기간이 서로 다르다.

첫째, 집주인 또는 배당받지 못하는 세입자는 낙찰자가 경락잔금을 납부한 후 자신의 명의로 등기이전을 하는 순간 이사를 해야 한다.

둘째, 배당받는 세입자는 낙찰자가 경락잔금을 납부한 이후 배당기일까지 약 4주간 살 수 있다.

다시 말한다면, 집주인 또는 배당받지 못하는 세입자는 낙찰자가 경락잔금을 납부한 후 등기이전을 하는 순간 불법점유자가 되어 인도명령이 가능하고, 배당받는 세입자는 배당기일까지 살 수는 있지만 이후에는 불법점유자가 되어 인도명령이 가능하다.

나는 낙찰을 받은 후 경락잔금대출을 알선해 주시는 몇 분의 소장님들과 대출 관련 조건들을 상의한다. 조건만 맞으면 바로 자서하고 경락잔금을 납입하는 날까지 정하는데 시간은 얼마 안 걸린다. 대출 금액은 아파트의 경우 낙찰가의 80% 또는 국민은행 기준 시세의 70% 중 낮은 것으로 대부분 정해진다. 다가구주택이나 다세대주택은 낙찰가의 80% 선에서 대부분 정해진다. 따라서 대출에 대해서는 그렇게 걱정하지 않아도 될 것이다.

그러나 명도는 시간도 오래 걸리고, 신경도 많이 써야 하기 때문에, 경락잔금을 대출받는 동시에 명도를 진행해야 한다. 나는 앞서 말한 대로 명도대상자를 두 부류로 나누어 협상을 하는데, 명도대상자를 만나서 솔직하게 그분이 살 수 있는 기간을 말해 주는 편이다.

예를 들어, 집주인이나 배당받지 못하는 세입자에게 경락잔금 납부기한이 9월 1일에서 10월 1일까지라고 말해 주고, "나는 9월 1일에 경락잔금을 납부할 수 있지만 당신을 위해 최대한 경락잔금을 늦출 수 있는 기간이 10월 1일"이라고 말해 준다. 그리고 "이사 날짜를 빨리 잡아서 나에게 미리 말씀해 주시면 그때에 맞추어 경락잔금을 납부하겠지만 10월 1일 이후에는 나도 미납이자를 내야 하기 때문에 어쩔 수 없이 그때까지 경락잔금을 납부한다"고 말한다.

또 배당받으시는 세입자에게는 "10월 1일까지 경락잔금을 치르면 4주 후인 11월 1일쯤 배당기일이 잡히니, 그때 이사 나가시고 배당받으시면 된다"고 말한다. 그리고 "만약 이사 날짜가 앞당겨져서 배당금이 빨리 필요하시면 나에게 연락해 주시라"고 말한다. "그럼 경락잔금을 일찍 납부해 배당기일이 앞당겨지도록 해서 당신이 배당을 빨리 받도록 노력하겠다"는 말도 덧붙인다. 또한 이분들이 배당을 받기 위해서는 낙찰자에게 낙찰자 인감이 찍힌 '명도확인서'와 '인감증명서'를 받아야 하기 때문에 크게 다툼이 생기는 일은 많지 않다.

물론 세입자가 이사 갈 때 약간의 이사비용으로 죄송한 마음을 전하는 것도 괜찮은 방법이다. 그럼에도 불구하고 많은 분들이 명도를 어려워하신다. 하지만 어차피 두 부류 모두 거주하는 곳에서 이사해야 한다는 사실을 나보다 먼저 인지하고 계신다. 게다가 '인도명령'이라는 강력한 무기가 낙찰자에게 있다 보니, 이분들 역시 낙찰자와 원만하게 합의하길 바란다.

명도를 위해서는 항상 역지사지의 마음을 가져야 하며, 명도대상자에게 감정보다는 감성으로 다가갈 때 대화가 통한다는 것을 명심하자.

법원 경매보다 쉽게
도전할 수 있는 온비드

경매라면 대부분 법원 경매를 떠올리겠지만 한국자산관리공사(KAMCO)에서 진행하는 공매도 있다. 나는 직장인 시절에 법원경매만큼 공매를 중요하게 생각했다.

법원 경매에 입찰하기 위해서는 시간이 필요하다. 입찰 당일에 해당 부동산 소유지의 법원에서 입찰을 하는 기일 입찰을 하고 있기 때문이다. 입찰 당일 법정에 입실하고 빠르면 오전 10시 30분~12시, 늦으면 오후 2~3시까지 기다려야 해서, 나는 아내 또는 지인에게 대리입찰을 부탁하거나 모처럼 하루 휴가를 내어 경매에 참여하곤 했다. 사실 직장인의 신분으로 한 달에 한 번 휴가를 내는 것은 여간해서 쉽지 않다고 모두 공감할 것이다.

반면에 공매는 시간과 장소에 구애받지 않고 할 수 있어서 좋다. 입찰서 제출, 입찰보증금 납부, 낙찰자 결정, 입찰보증금 환불 등 모든 절차가 온라인으로 이루어지므로 직장인의 입장에서는 직접 법원에 가는 것보다 훨씬 편리하다.

또한 한국자산관리공사가 운영하는 온라인 공매 시스템인 온비드(OnBid, 'On-Line Bidding'의 약어)에 나와 있는 공매 물건들은 부동산을 포함한 모든 공공기관의 물품이다. 예를 들어, 자동차, 기계장비, 세탁기, 냉장고, 자전거, 콘도 회원권, 주식, 주차장 운영권, 지하철 상가, 학교 매점, 심지어 동물들까지 없는 것이 없다.

부동산을 제외한 물품들은 동산이라고 칭하는데, 아무래도 이런 것들은 일반적으로 부동산보다는 매각가격이 훨씬 낮아서 보다 적은 금액으로 도전할 수 있다. 그리고 이러한 동산들은 권리분석을 하지 않아도 되기 때문에 해당 동산에 대한 약간의 지식만 있는 사람이라면 부담 없이 입찰해 볼 수 있다.

온비드의 공매 물건은 공매재산의 성격에 따라 압류재산, 국유재산, 수탁재산, 유입자산 등 네 가지로 나눈다. 각 재산들의 성격과 특징을 알아두면 입찰하는 데 도움이 될 것이다.

압류재산: 압류재산은 세무서나 지방자치단체 등 국가기관이 세금을 내지 못한 체납자의 재산을 압류한 뒤 체납세금을 받아내기 위해 한국자산관리공사에 매각을 의뢰한 재산이다. 또한 국가의 공권력을 동원해 체납된 조세채권을 강제적으로 실현하는 행정절차이므로 '강제징수'라고도 한다. 한국자산공사에서 진행하는 공매 물건 중 약 85% 이상이 압류재산 공매 물건이다.

국유재산: 국유재산은 국가가 소유하고 있는 일체의 재산 및 법령 또는 조약에 따라 국가소유로 된 재산을 말한다. 국유재산은 크게 행정재산과 일반재산으로 나뉘는데, 행정재산은 다시 공용재산, 공공용재산, 기업용재산, 보존용재산으로 분류되며, 행정재산 이외의 모든 재산은 일반재산으로 분류된다. 그중 일반재산이 대부 및 매각 가능한 재산이 된다.

수탁재산: 수탁재산은 비업무용자산과 양도소득세 관련 재산으로 구분된다. 비업무용자산은 금융기관 및 기업체 또는 공공기관이 소유하고 있지만 업무에 사용하지 않게 된 고정자산을 처분하고자 하는 물건을 한국자산관리공사가 수탁(의뢰)을 받아 일반인에게 매각하는 부동산을 말한다. 또 양도소득세 관련 재산은 양도소득세의 비과세 또는 중과 제외 혜택을 받기 위해 한국자산관리공사에 매각을 의뢰한 부동산을 말한다. 양도소득세 관련 대상 주택은 1주택 소유자가 새로 주택을 취득함으로써 일시적으로 2주택이 된 경우, 두 주택 모두 양도 시에 양도소득세 중과세(40%)에 해당한다. 그러나 새로운 주택을 취득한 뒤 기존 주택이 매매되지 않을 경우 1년 이내에 한국자산관리공사에 기존주택에 대해 공매를 의뢰하면 1년 이후에 매매하더라도 1가구 1주택 양도세 규정 비과세 또는 중과 제외 일반과세 혜택을 받게 된다.

유입자산: 유입자산은 금융기관의 구조 개선을 위해 법원 경매를 통해 한국자산관리공사 명의로 취득한 재산 및 부실징후기업을 지원하기 위해 기업체로부터 취득한 재산을 일반인에게 다시 매각하

는 부동산이다.

이 네 가지는 온비드에서 입찰 가능한 물건이며 모두 전자입찰방식으로 진행한다. 그런데 '압류재산'의 경우에는 '인도명령' 절차가 없다. 다시 말해서 합의나 협의를 통한 명도가 실패하면 인도명령을 거치지 않고 바로 '명도소송'으로 들어가야 한다.

낙찰자에게 강력한 무기인 인도명령이라는 도구가 없으므로 압류재산 명도는 일반 경매에 비해 명도가 까다롭고 어렵다. 그러나 그렇기 때문에 낙찰가가 일반 경매 낙찰가보다 5~10% 수준으로 저렴하다. 그렇다면 압류재산에는 입찰하지 말아야 할까? 그렇지 않다. 오히려 정확한 권리분석을 할 수만 있다면 높은 수익률을 올릴 수 있다.

공매 또한 경매와 마찬가지로 세입자가 배당금을 수령하기 위해서는 낙찰자의 명도확인서와 인감증명서가 필요하다. 그러므로 배당을 받는 세입자가 점유하는 물건을 노려 입찰하면 되는 것이다.

'수탁재산'과 '유입자산'은 '압류재산'과 달리 권리 관계가 명확하기 때문에 별도의 권리분석을 하지 않아도 된다. 온비드에서 나온 물건 중 가장 안전하게 매입할 수 있다는 장점이 있는 반면 낙찰가가 높다는 단점도 있다.

'국유재산'은 매각 물건보다 대부(임대) 물건이 많은 편인데, 공공기관에서 관리하는 학교매점, 자판기, 지하철 상가, 주차장 등이 국유재산에 해당한다. 국유재산은 재산의 유형에 따라 10년 이내, 5

년 이내, 1년 이내 대부로 나뉜다. 이런 대부 물건의 대부료(임대료)는 1년치를 선납하는 것이 원칙이며, 계약기간이 장기간이더라도 매년 1년씩 산정해 선납하게 된다. 이런 물건들은 장애인이나 국가유공자에게 우선권을 부여하기 때문에 식구들 중 자격이 있는 분이 있다면 도전해 볼 분야이다.

이처럼 온비드에서는 법원 경매보다 부동산 외의 많은 물건들이 나오고 있고, 입찰해야 하는 날짜에 직접 방문하지 않아도 되므로 편리하기까지 하다. 그리고 공매는 법원 경매처럼 국가가 전담하는 것이 아니라 한국자산관리공사가 담당하고 있으므로, 담당자가 공무원이 아니라 한국자산관리공사의 직원이다. 궁금한 사항을 전화로 문의하면 법원처럼 이해관계인이 아니라는 이유로 답변해 주지 않는 경우가 거의 없다.

한국자산관리공사는 이윤을 추구하는 공기업이기 때문에 임차인에 관한 사항이나 대항력, 복잡한 권리 관계 등에 대해 질문하더라도 친절히 설명해 준다. 그렇다고 답변해 주신 직원의 말을 100% 신뢰하면 안 되겠지만 많은 정보를 얻을 수 있다.

아 다르고 어 다른
경매와 공매

부동산 경매는 법원을 통해 진행되는 경매와 한국자산관리공사를 통해 진행되는 공매로 나뉜다. 경매와 공매는 채권 회수를 목적으로 국가의 공권력이 개입되어 강제적으로 재산을 압류해 매각한다는 점에서는 동일하다. 또한 불특정다수를 상대로 공개입찰로 매매되는 방식도 같다. 부동산의 경우에는 경매와 공매 모두 권리분석을 해야 한다는 점에서도 동일하다.

그러나 경매와 공매는 약간의 차이점이 있다. 대표적인 것이 법이 다르다는 것이다. 법원 경매는 돈을 빌린 채무자가 약속한 기한 내에 빌린 금액을 갚지 못하는 경우, 채권자가 채권 회수를 목적으로 법원에 의뢰하면 법원에서는 다수의 입찰자 가운데 가장 높은 가격에 입찰한 사람에게 팔고, 그 금액으로 채권 회수를 하기 때문에 '민사집행법'을 따른다.

반면에 공매는 체납세액 또는 국가 추징금을 대신해 압류한 재산을 공매 입찰하는 것이다. 따라서 공매는 '국세징수법'을 따른다. 그래서 경매를 잘 아는 사람들이라도 가끔 공매를 하면서 실수를 하는 경우가 있는데, 이 두 가지의 차이점을 충분히 이해한다면 더 많은 기회와 좋은 결과를 안겨줄 것이다.

공매(체납처분)와 경매(민사집행)의 비교

근거법률	민사집행법	국세징수법
법률적 성격	채권, 채무관계 조정	공법상의 행정처분
처분 방법	현장입찰 방식으로 진행	인터넷입찰 방식으로 진행
기입등기	경매개시결정 기입등기	공매공고 등기촉탁
현황조사	집행관	세무공무원
매각예정가격	유찰 시 최저가의 20~30%씩 저감	최초매각예정가격의 10% 저감 (50%까지 진행)
공매재산명세서	매각물건명세서 (현황조사보고서, 감정평가서)	공매재산명세서 (현황조사 및 감정평가서 포함)
농지취득자격증명	매각결정기일 전까지 제출 (미제출 시 매각불허)	매각결정 전까지 제출 불필요 (미제출 시 소유권이전 불가)
매각결정	매각기일로부터 1주일 이내	개찰일로부터 3일 이내
공유자 우선매수신고	매각기일의 종결 고지 전	매각결정 전
차순위매수신고	매각기일의 종결 고지 전	없음
대금납부 기한	매각허가결정일로부터 1개월 이내	매각결정일로부터 7일 이내 (30일 한도)
납부최고	없음	최고일로부터 10일 이내
공매통지	개시 결정의 송달	공매통지서 송달
납부기한경과 시 대금 납부 여부	가능(재매각기일 3일 이전)	불가능

잔금불납보증금	배당할 금액에 포함	체납액충당, 잔여 금액 체납자 지급
잔금불납 전 매수인의 자격 제한	매수 신청 불가	매수 신청 가능
배당요구 종기	첫 매각기일 이전	최초 입찰기일 이전
상계 여부	가능	불가능
매수대금 지연이자	있음	없음
배분금액	매각대금, 지연이자, 항고보증금, 전 매수인의 보증금, 보증금 등 이자	매각대금 및 예치이자
기록열람	기록열람 가능	배분 관련 서류의 열람, 복사 가능
일반채권배분	배당에 가입	배분 대상 채권
배분이의	배당기일의 배당 종결 전	배분기일의 배분 종결 전
배분이의 절차	배당이의 소	행정처분에 대한 불복
인도명령	있음	없음

이처럼 공매와 경매는 근거 법률이 달라 상당 부분 비슷하면서도 다르다. 그러나 조세징수의 특수성(국세 우선주의)에 어긋나지 않는 한 공매 역시 민사집행법 상의 경매규정을 따르고 있다. 압류재산 공매와 법원 경매가 동시에 진행되는 경우에는 상호불간섭의 원칙에 따라 두 절차의 진행에 영향을 미치지 않는다. 실무적으로도 설령 법원 경매가 진행 중이더라도 공매 절차는 별도로 계속 진행되는데, 이는 법원 경매 절차가 여러 가지 사정으로 연기 및 취하될 가능성이 있기 때문이다.

또한 경매와 공매가 동시에 낙찰되었을 때 양 낙찰자 중 먼저 잔금을 납부한 낙찰자가 소유권을 취득하게 된다. 공매는 매각 공고한 물건이라도 체납세액을 완납하면 공매가 취소되는데, 이는 공매가 체납세액의 정리를 주목적으로 하고 있기 때문이다. 하지만 매수자(낙찰자)를 보호하기 위해 매각결정통지 후에는 매수자(낙찰자)의 동의 없이는 체납세액을 납부하더라도 매각결정취소를 할 수 없다.

마지막으로 가장 중요한 차이는, 법원 경매의 낙찰자는 점유자에 대해 법원에 인도명령을 신청할 수 있으나 공매는 인도명령에 관한 규정이 없으므로 별도로 명도소송을 해야 한다.

직장에서도 할 수 있는
온비드 전자입찰

자, 그럼 온비드 전자입찰의 순서를 알아보자.

첫째, 온비드에서 공매 입찰하기 위해서는 우선 회원가입을 해야 한다.

둘째, 회원가입 후 실명인증을 위해 공인인증기관이 발행하는 본인 명의의 전자거래 범용 또는 온비드 전용 공인인증서를 발급받아 온비드에 등록 후 사용해야 한다. 은행용, 증권용 등 특정한 용도의 공인인증서는 온비드에서 사용할 수 없다. 전자거래 범용은 모든 거래가 가능한 공인인증서이며 1년에 4,400원의 수수료가 있다. 온비드 전용 공인인증서는 온비드 사이트에서만 사용할 수 있고, 1년에 1,100원의 수수료가 있다. 참고로 온비드 전용 공인인증서는 전자거래 범용 공인인증서보다 본인확인 시간이 다소 많이 소요된다.

셋째, 환불계좌를 등록해야 한다. 환불계좌는 공매 입찰 후 패찰

(입찰에 떨어짐)될 경우에 입찰보증금을 돌려받는 계좌이기 때문에 꼭 필요하다. 등록 방법은 다음과 같다.

환불계좌관리

 ・등록하신 환불계좌 목록입니다. 등록 버튼을 클릭하여 다수의 계좌를 등록하실 수 있습니다.
・환불계좌를 추가/삭제 하실 수 있습니다.

10줄씩 보기 ▼ 정렬

□	은행명	계좌번호	예금주	등록일

[총 0 건]

1

환불계좌관리

▌환불계좌관리 ?

은행명	선택 ⌄
계좌번호	계좌번호는 숫자만 입력하세요. [　　　　　　　　] 계좌확인
예금주	[　　　　　　　　]

등록　　**취소**

　　우선 온비드에 로그인한 후 '나의 온비드'를 클릭한다. 그 다음으로 하단의 '환불계좌 +'를 클릭하면 환불계좌관리 화면이 나온다. 여기서 '등록' 버튼을 클릭하면 계좌등록 화면이 뜨는데, 여기서 은행명과 계좌번호를 적은 다음 '계좌확인'을 누르면 예금주는 자동으로 나온다. 이후 '등록' 버튼을 누르면 완료된다.

　　넷째, 입찰 대상 물건을 검색하고 입찰하면 된다.

입찰하려는 물건의 입찰정보 목록 하단에 있는 '입찰' 버튼을 클릭하면 입찰자정보를 작성하는 화면이 나온다.

[주거용건물 / 아파트] 충청북도 청주시 흥덕구 가경동 1507 101동 401호 아파트

일반공고 | 매각 | 인터넷 | 공유재산 | 일반경쟁 | 최고가방식 | 총액

공고번호	201611-30820-00	공고명	공유재산(아파트) 매각 입찰 공고
물건관리번호	2016-1100-031171	감정평가금액	**240,000,000원**
입찰시작일시	2016-11-24 10:00	입찰마감일시	2016-12-05 16:00
개찰일시	2016-12-06 10:00	개찰장소	청주교육지원청 입찰집행관 PC
입찰집행기관	충청북도청주교육지원청	진행상태	인터넷입찰진행중
입찰보증금율	10%	입찰구분	인터넷
대금납부방법	일시불	대금납부기간	계약체결후60일이내
회차/차수	1/1	최저입찰가	240,000,000원

입찰자정보

* 표시가 있는 항목은 필수 입력 사항입니다.

성명	원범석		주민등록번호	7　_******
*휴대폰	010 ▼ - 4(-			
유선전화	자택전화 ▼ 없음 ▼ - 4 -			
*이메일	maple080　@　naver.com　직접입력 ▼			
*주소	🔍 우편번호 · 지번　22693 · 도로명　22693			

☑ 모든 주의사항 및 안내사항을 확인하였으며 입찰참가자준수규칙에 동의합니다.

취소　　**다음단계**

　　입찰자정보를 작성하고 '입찰참가자 준수규칙 동의란'에 √를 체크하고 '다음단계'를 클릭한다.

입찰금액 및 보증금 납부 방식 선택	
입찰방법	☑ 본인입찰　☐ 대리입찰(서류제출방식)　☐ 공동입찰 　　　　　　　　　　　　　　　　　○ 전자서명방식　○ 서류제출방식
최저입찰가	240,000,000원
입찰금액	245,000,000 원 (금 이억사천오백만원) • 입력하신 금액은 최저입찰가의 102.08%입니다.　　　　🖩 보증금계산
보증금액	• 보증금액은 '입찰금액X입찰보증금율(입찰금액의 10%)' 로 계산됩니다. 24,500,000 원 이상 (금 이천사백오십만원) 　　　　🖩 납부총액확인
납부총액	**24,500,000원** (금 이천사백오십만원) • 입찰을 위해 납부하실 보증금총액입니다
보증금 납부방식	◉ 현금　○ 전자보증서　　선택　　　　　▽
보증금 납부계좌 은행선택 ?	🔴신한은행　BNK 부산은행　🔵우리은행　ᵗʰ 하나은행
환불계좌 ?	신한 110147993487　▽　🔲 환불계좌추가
	☑ 각 항목의 모든 주의사항을 숙지하였으며, 입찰서를 최종 제출하는 것에 동의합니다.
	취소　　입찰서 제출

'입찰금액 및 보증금 납부 방식 선택' 화면이 나타나면 입찰금액을 입력한 다음 '보증금계산'을 클릭하면 보증금액이 자동으로 나온다. 참고로 보증금액은 최저가의 10%가 아닌 입찰금액의 10%이다. 그 다음으로 '납부총액확인'을 클릭하면 납부총액이 자동으로 나온다.

다음으로 보증금 납부계좌 은행을 선택한다. 참고로 온비드는 납부계좌 은행으로 신한은행, 부산은행, 우리은행, 하나은행 등 4개

의 은행만 선택할 수 있다. 해당 은행의 계좌가 없다면 미리 만들어
두자. 그리고 환불받을 계좌를 선택한 후 '주의사항 동의란'에 √를
체크하고 '입찰서 제출'을 클릭한다.

전자서명 정보

물건명 : 충청북도 청주시 흥덕구 가경동
　　　 아파트
물건관리번호 : 2016-1100-031171

입찰자 성명 : 원범석
입찰자 주민등록번호 : 7　　　-*******

입찰금액 : 245,000,000원
입찰보증금 : 24,500,000원 이상
보증금 납부방식 : 현금
입찰서제출일 : 2016년 11월 30일
입찰구분 : 본인 입찰

환불계좌번호 : 신한 110

확인　　취소

입찰한 물건의 주소, 입찰금액, 환불계좌번호 등이 맞는지 다시 한 번 확인하는 전자서명정보 화면이 나오는데, 맞다면 '확인' 버튼을 클릭한다. 그 다음으로 공인인증 비밀번호를 누르면 입찰서 제출이 완료된다.

입찰서

물건명	[주거용건물 / 아파트] 충청북도 청주시 흥덕구 가경동		호 아파트	물건상세이동
물건관리번호	2016-1100-031171	공고번호	201611-30820-00	
소재지	지번	충청북도 청주시 흥덕구 가경동		
	도로명	충청북도 청주시 흥덕구 가경로	(가경동, 효성아파트)	

입찰 금액

입찰금액	245,000,000원	입찰보증금액	24,500,000원
참가수수료 포함 납부총액	24,500,000원 이상(보증금액 : 24,500,000원 / 참가수수료 : -)		
입찰서 제출시간	2016-11-30 04:54:59		
입찰방법	본인입찰	입찰보증금 납부방식	현금

입찰자 정보

입찰자명	원범석	주민등록번호	7. -*******
휴대폰	010-46 5-:	이메일	maple080@naver.com
주소	지번 : 도로명 :		
가상계좌번호	신한은행 56192308512580 (예금주 : 신한은행(원범석))		납부계좌 추가발번
납부기한	2016-12-05 16:00 ·납부기한까지 입찰보증금(입찰참가수수료가 있는 경우 동 수수료 포함)을 납부하지 않는 경우에는 제출된 입찰서는 '무효' 처리됩니다.		
환불계좌번호	신한은행 110 (예금주 : 원범석) ·가상계좌와 환불계좌 은행이 상이한 경우 보증금 환불시 이체수수료를 제외한 금액만 입금됩니다.		
입찰관련 제출서류안내	입찰관련 서류 제출 기한 ■ 한국자산관리공사 물건 입찰 ·압류재산, 수탁재산, 유입자산, 국유재산 : 인터넷 입찰 마감 시간 전까지 ■ 이용기관 물건 입찰(한국자산관리공사 외) ·입찰기간 중 (단, 공고기관별로 허용 여부가 다를 수 있으며, 별도로 정하는 방법과 절차가 있는 경우에는 이를 따르므로 공고문을 참고하시고, 자세한 사항은 해당기관에 문의하시기 바랍니다.)		
실시간계좌이체	결제방법이 실시간계좌이체 (BANK-PAY)를 원하시는 경우 버튼을 클릭하세요.		실시간계좌이체

마지막으로 입찰서를 확인하고 입금할 계좌에 납부기한까지 납부하면 입찰이 완료된다. 참고로 납부기한까지 납부하지 않으면 입찰은 자동 무효가 된다.

전자입찰 낙찰?
패찰?

온비드의 전자입찰은 법원 입찰과 다르게 기간입찰을 진행한다. 그래서 입찰하더라도 바로 확인할 수는 없고, 입찰 마감일시까지 기다려야 한다. 다행인 것은 해당 서비스를 신청하면 마감일시에 온비드에 접속하지 않더라도 패찰인지 낙찰인지를 입찰 마감일시 이후 30분에서 1시간 이내에 문자 또는 이메일로 보내주기 때문에 간편하게 확인할 수 있다.

그리고 패찰일 경우에는 할 일이 없다. 입찰할 때 등록했던 환급 계좌로 보증금액이 자동으로 들어온다. 그러니 새로 입찰할 물건을 다시 찾기만 하면 된다.

낙찰되었을 경우에는 법원 경매와 달리 낙찰자 본인이 신분증과 도장을 지참하고 낙찰받은 물건의 해당 부점(물건정보지에 나와 있는 집행기관을 말하며, 집행기관명 아래에 담당자명과 전화번호가 기재되어 있다.)에 직접 방문해 담당자에게 매각결정통지서와 입찰보증금 영수증을 수령하면 된다. 단, 전자교부를 신청한 낙찰자는 온비드 홈페이지에 접속해 나의 온비드→ 입찰관리→ 입찰경과내역에 들어가서 매각결정통지서와 입찰보증금 영수증을 출력하면 된다. 참고로 매각결정통지서는 1회만 출력 가능하다.

이후 잔금납부는 공매공고 시점에 따라 납부기한이 다르므로 입찰하기 전에 물건정보지에 나와 있는 대금 납부기간을 확인하기 바란다. 만약 공매를 처음 하더라도 대출 걱정은 하지 말자. 온비드 공매도 법원 경매와 똑같은 방식으로 대출이 진행된다.

그것보다 중요한 것은 명도다. 공매는 경매와는 달리 인도명령신청 제도가 없어서 명도소송밖에 진행할 수 없다. 인도명령신청과 명도소송은 본질적인 특성은 같다. 인도명령이 결정되거나 명도소송에서 승소하면 해당 부동산을 낙찰자에게 내어주라는 판결이 내려진다. 인도명령신청이든 명도소송이든 이 판결문을 가지고 강제집행하기 위해 국가에 허가를 구하는 제도이다.

그런데 문제는 신청사건과 소송사건의 결정이나 판결이 나는 기간이 다르다는 데 있다. 신청사건은 결정이라는 결과가 나오는데, 신청 이후 7일 이내에 결정 결과가 나온다. 만약 누군가 이에 불복해 결정 이후에 항고 및 재항고를 하더라도 특별한 경우만 없다면 15일 이내에 결정된다.

반면에 소송사건은 분쟁거리가 있을 때 신청하는 것이다. 예를 들어, A와 B가 스마트폰을 가지고 A는 전화기라 하고, B는 MP3라 한다고 하자. 전화기든 MP3든 판사는 A와 B 중 한 사람의 손을 들어주어 판결을 내린다. 이때 판결문을 받기까지 대개 5개월에서 6개월이 걸리며, 만약 누군가 이에 불복해 항소 및 상고를 한다면 기간이 1년 이상 걸릴 수도 있다.

눈치가 빠른 사람은 이쯤에서 알아차렸을 것이다. 해당 부동산의 점유자와 명도 협상이 잘 안 될 경우에 잔금납부 후 인도명령신청을 하면, 최소한 한 달 내에 인도명령결정이 내려지고 이 기간 내에 대부분 명도는 완료된다.

그러나 명도소송일 경우에는 최소한 6개월에서 길게는 1년이 걸릴 수도 있다. 그래서 공매 명도는 협상이 최고이다. 물론 배당을 받아가는 세입자 입장에서는 법원 경매와 마찬가지로 낙찰자의 명도확인서와 인감증명이 필요하기 때문에 명도 협상이 쉽게 이루어지지만, 그렇지 않은 점유자가 있다면 참으로 난감하다. 협상이 제대로 안 되면 내 돈을 투자하면서 대출이자까지 내야 하고, 1년 가까이 부동산을 활용하지 못하게 된다. 이 경우에는 점유자에게 당근과 채찍을 적절히 사용해야 한다.

우선 점유자를 처음 만날 때 내가 점유자의 적이 아니라는 점을 인식시켜주는 것이 관건이다. 나는 점유자와 처음 대면할 때 과일주스를 사가고, 만약 아이가 있다면 아이의 선물도 같이 사가는 편이다. 한마디로 당근을 사용하는 것이다. 그리고 최대한 이야기를 들어주고 어느 정도의 이사비도 제시한다. 이때 어느 정도 말이 통하는 점유자라면 80%는 이사를 나간다. 그러나 나머지 20%는 끝까지 저항한다.

이 경우에는 채찍을 사용해야 한다. 또 주위에서 나에게 도움을 줄 동지도 만들어야 한다. 우선 아파트를 예로 들어보자. 경매 또는 공매로 나오는 물건들은 대개 관리비가 연체되어 있는 경우가 많다. 그렇다면 관리사무소도 해당 점유자 때문에 골치가 아플 것이다. 그렇다면 관리사무소에 찾아가 관리소장님을 내 편으로 만들자. 만약 점유자가 나가게 된다면 밀린 연체료를 내가 대신 내줄 것 같은 인상을 심어준다면, 관리소장님은 적극적으로 내 편이 되어줄 것이다.

그리고 처음에는 점유자에게 내용증명을 보내 "만약 명도에 협조하지 않는다면 수도와 전기를 단전, 단수 조치할 것이며, 해당 가스공사에 연락해 가스를 끊겠다"고 알리자. 그리고 명도소송과 동시에 '부동산 점유이전금지가처분 신청'을 해놓자. 부동산 점유이전금지가처분 신청을 하는 것은 두 가지 이유 때문이다.

첫째, 명도소송 판결을 받아 그 판결문으로 강제집행을 진행할 때 만약 그 부동산에 점유자가 아닌 제3의 인물이 살고 있다면 강제집행은 불가능하며, 명도소송을 처음부터 다시 해야 한다. 이 얼마나 억울한 경우인가? 그럴 때를 대비해 점유이전을 금지한다는 결정을 받으면 점유자가 아닌 제3의 인물이 그 부동산에 살고 있더라도 강제집행을 할 수 있다.

둘째, 점유이전금지가처분 결정이 나면 법원에서 집행관이 나와서 해당 부동산의 내부로 들어가 '점유이전금지가처분 결정문'을 붙인다. 사람이 있어 문을 열어줄 경우 집행관이 설명한 후 붙이고,

만약 사람이 없거나 문을 열어주지 않는다면 열쇠 수리공으로 하여금 강제로 문을 개방하게 해서 내부로 진입해 결정문을 붙인다. 그러면 점유자는 심리적으로 압박받고, 이후 내가 점유자와 만나 적절한 당근을 제시하면 거의 대부분 명도는 마무리된다.

점유이전금지가처분 신청은 해당 부동산 소재지의 법원에서 신청하면 되고, 신청이유를 자세히 나열해야 결정이 쉽게 난다. 송달료는 대략 2만 원 내외로 큰 금액이 들지 않는다. 다만 결정문에 앞서 담보제공명령서가 7일 이후에 신청자의 집으로 송달되는데, 담보제공 공탁금은 해당 부동산의 금액에 따라 다르지만 대부분 200만 원 이상을 공탁금으로 걸어야 한다. 그렇지만 이 금액도 보증보험으로 대체할 수 있고 수수료는 1~2만 원에 불과하다. 따라서 점유이전금지가처분 신청은 직접 하는 것이 좋다. 만약 법무사나 변호사 사무실에 의뢰하면 30만 원에서 50만 원까지의 비용이 든다.

하지만 이러한 채찍은 최후의 카드라고 생각하자. 강제집행은 최후의 보루라고 생각하고 역지사지의 마음으로 점유자와 대화로 해결한다면, 낙찰자와 점유자 모두 웃으며 끝날 수 있다. 나는 경매와 공매를 100건 이상 진행하면서 강제집행까지 간 경우는 경매 한 건이 전부였다. 아직까지 공매로는 한 번도 강제집행까지 간 경우가 없었다.

부동산점유이전금지가처분신청

신 청 인: 원범섭
인천 서구
피신청인: 일 지 매
서울 구로구

목적물의 표시
별지기재와 같음

목적물의 가액
금 185,000,000

신 청 취 지

피신청인은 별지기재부동산중 전부 대하여 점유를 풀고 이를 신청인이위임하는 집행관에게 위임한다. 집행관은 현상을 변경하지 아니할 것을 조건으로 하여 피신청인에게 그사용을 허가하여야 한다. 신청인은 그 점유를 타에 이전하거나 또는 점유명의를 변경하여서는 아니된다. 집행관은 위 취지를 공시하기 위하여 적당한 방법을 취하여야한다. 라는 재판을 구함.

청 구 원 인

소명방법 및 첨부서류

1.부동산등기부등본   2통
1.임대차관계조사서 사본   1통
1.토지, 건축물관리대장   2통
1.목록

빨리 가려면 혼자 가고, 멀리 가려면 함께 가라

　이 책을 집필하면서 20년 동안 직장생활을 하던 나를 다시 한 번 돌아보게 되었다. 직장에 다니며 나에게 꿈이 있었나 싶다. 학창시절 때는 그토록 꿈이 많았는데 사회에 나가서는 왜 꿈을 잃어버리게 된 것일까? 아무래도 눈앞에 경제적인 현실이 있었기 때문일 것이다. 우리 부부가 신혼 때 꿈꾸던 결혼생활은 거창하지 않았다. 결혼해서 아이를 낳고 평범한 가정을 꾸리는 것이었다. 하지만 이 작은 소망도 경제적 여건이 마련되어야 가능하다는 것을 느끼는 데 긴 시간이 걸리지 않았다.

　평생직장이라 여기고 12년 동안 다닌 직장에서 정리해고를 당하자 현실은 더욱 매섭게 느껴졌다. 그때 경매를 만났고 비로소 나는 새로운 꿈이 생겼다. 나만의 파이프라인을 구축하자고 마음먹게 되었다. 경매를 시작한 지 8년 만에 이제는 매월 20채 이상의 부동산에서 임대료를 받으며 나만의 파이프라인을 연결해 나가고, 이렇게 책까지 출간하게 되었으니 실로 놀라운 일이 벌어진 것이다.

나는 경매를 시작하고 총 100여 건의 낙찰을 받았는데, 그중 30건은 직장생활을 하면서 받은 물건들이다. 금액으로 따진다면 마이너스 2천만 원으로 시작해 10억 원 이상의 수익금을 얻을 수 있었다. 그러자 홀가분하게 퇴사할 수 있었고, 그 뒤로 전업투자를 하면서 자산은 더욱더 늘어났다. 이제는 여느 대기업의 부장 월급, 작은 중소기업의 사장 월급 부럽지 않은 금액이 매달 월세로 들어오고 있다. 물론 이 금액은 일해야 들어오는 근로소득이 아니라 일하지 않더라도 들어오는 불로소득이다. 이 책을 읽는 여러분도 경매를 통해 자신만의 파이프라인을 만들어가길 희망한다.

내가 성공적인 투자를 할 수 있었던 가장 큰 이유는 함께 갈 수 있는 아내와 가족이 있었기 때문이다. 처음 경매를 시작하며 현장답사를 다닐 때는 부부라는 이점을 이용해 많은 물건을 볼 수 있었다. 경매를 위해서는 현장답사가 필요한데, 우리 부부는 해당 물건지의 부동산 사무실에 자주 방문했다. 부동산 사무실에서는 투자자가 아닌 실거주자에게만 좋은 물건을 보여주려고 하는데, 우리는 부부가 함께 다니다 보니 좋은 물건을 많이 만날 수 있었다. 또한 대리입찰할 때나 매매 또는 임대 계약을 할 때 아내는 직장생활을 하느라 바쁜 나를 대신해 주었다. 그리고 물건에 대해 함께 고민하고 서로의 생각을 공유하다 보니 어느덧 가장 믿을 수 있는 동지가 될 수 있었다.

부동산 경매를 하면서 함께 고민할 동지가 없었다면 일찌감치 포기했을지도 모른다. 하지만 옆에서 나를 지지해 주는 든든한 동지가 하나 있으므로 천군만마를 얻은 셈이다. 부동산 경매를 하기 위해서는 신용등급도 중요하다. 나는 경매로 여러 채의 부동산을 구매하느라 이미 상당한 금액을 대출받았는데, 필요한 경우에는 아내 또는 가족 명의로 낙찰받는다. 그렇게 대출도 받고 신용등급도 관리해 나가고 있다.

무엇이든 혼자서만 한다면 빨리 갈 수는 있지만 멀리 가지는 못할 것이다. "빨리 가려면 혼자 가고, 멀리 가려면 함께 가라"는 말이 있듯이 부동산 경매도 혼자보다는 여러 동지를 만들어야 오래도록 승승장구할 수 있을 것이다.

나는 경매 공부를 어디서부터 시작해야 하는지 모르는 분들을 위해 이 책을 쉽게 쓰려고 했다. 그럼에도 불구하고 이 책의 내용 중 이해하기 힘든 부분이 있으시거나 더 자세한 내용을 알고 싶으시다면, 내가 운영하고 있는 '3536 직장인 경매' 카페에 가입하시기 바란다. 한없이 부족할지도 모르겠지만 나는 여러분에게 같은 길을 함께 걸어가는 동지가 되어주고 싶다.

마지막으로 오늘도 산업전선에서 힘겹지만 분투하고 있는 대한민국의 모든 직장인들에게 이 책을 바친다.

부록

인테리어 비용 66% 줄이는 셀프 인테리어

7년 전이었다. 경매로 아파트를 낙찰받고 명도도 마치고 집을 보니 '이런 집에도 사람이 살 수 있구나' 싶었다. 인테리어 비용으로 쓴 금액만 700만 원이 들었다. 욕실 2개와 도배, 장판, 조명만 교체했는데 그만큼 많이 들었다. 그나마 인테리어 업체 5군데에서 견적 내고 최대한 싼 곳으로 선정한 것이 이 금액이었다. 게다가 페인트칠은 내가 직접했는데도 이 비용이 든 것이었다. 이후에는 인테리어 비용을 어느 정도 예상하고 입찰했는데, 당연히 입찰가를 높게 책정하니 패찰과 패찰이 이어졌다. 우여곡절 끝에 간신히 낙찰받은 작은 빌라를 수리하니 800만 원 가까이 수리비가 들었다.

이래서는 안 되겠다 싶어서 다음부터는 도배를 직접 시공했다. 30평대 기준 소폭(도배지 중 폭이 가장 작은 합지)으로 직접 도배하니, 100만 원 가까이 지출되던 도배 비용을 20만 원으로 대폭 줄였다. 도배를 시작으로 하나하나 작은 것부터 하다 보니 이제는 어느 정도는 할 수 있게 되었다.

경매인에게 입찰가 산정은 매우 중요하다. 만약 내가 처음부터 어느 정도 인테리어를 할 줄 알았다면 30~300만 원 차이로 패찰한 물건들을 모두 낙찰받았을 것이다. 입찰을 하다보면 30만 원 차이로 1등과 2등이 갈리는 경우가 많다. 경매 입찰에서 2등은 정말 아무 쓸모가 없다. 경매는 올림픽이 아니니 2등을 했다고 은메달을 주지는 않으니까.

그렇다면 인테리어를 하지 않고 집을 내놓으면 되지 않느냐고 반문하는 사람이 있을 것이다. 매매든 전·월세든 그 집이 주위의 다른 집들과 비교해 경쟁력이 있을까? 빨리 나갈 리가 없다. 내가 살고 싶은 집이어야 다른 사람도 살고 싶지 않을까? 인테리어 공사를 한 집과 안 한 집의 가격은 같은 아파트라도 500만 원에서 몇 천만 원까지 차이가 난다. 물론 인테리어를 한 집들이 그렇지 않은 집들보다 빨리 나가기도 한다.

많은 사람들의 생각과는 달리 셀프 인테리어는 그리 어렵지 않다. 이제부터 내가 이야기하는 것을 하나하나 따라하다 보면, 여러분도 어느 순간 혼자서 모든 것을 할 수 있는 자신을 발견하게 될 것이다.

우선 내가 인테리어 업체에 800만 원을 주고 수리한 집(빌라, 전용면적 11평)과 300만 원으로 셀프 인테리어를 한 집(아파트, 전용면적 20평)을 비교해 보시기 바란다.

● 인테리어 업체 작업(빌라 11평-방2, 화장실1, 베란다1)

공사비: 800만 원

공사 내용: 곰팡이 제거, 도배, 장판, 욕실, 베란다, 몰딩, 페인트, 조명, 싱크대

시공 전   시공 후

● **셀프 인테리어 작업(아파트 20평－방2, 화장실1, 베란다2, 현관)**

공사비: 300만 원

공사 내용: 곰팡이 제거, 도배, 장판, 욕실, 베란다, 몰딩, 페인트, 조명, 싱크대,
필름지

공사 전

공사 후

사실 나는 조명을 비롯해 도배, 장판, 페인트, 싱크대 등 거의 모든 작업을 스스로 할 수 있다. 하지만 이 모든 작업의 방법들을 소개한다면 책 한 권 분량으로도 모자랄 것이다. 그러니 이 책에서는 필수 인테리어 몇 가지 작업들만 소개하고자 한다.

1. 방충망 교체

인테리어 업체에 방충망 교체를 의뢰하면 자재비에 비해 인건비가 너무 많이 들어간다. 예를 들어보자.

자재비	실청구비용
1~2만 원	10~15만 원
2~4만 원	20~30만 원
5~7만 원	30~50만 원

너무 많이 차이 나지 않은가? 방충망만 교체하는 데 이 정도 비용이 들고, 만약 방충망 틀까지 교체한다면 비용은 더 늘어난다. 자, 이제 약간의 자재비만 들여서 방충만을 직접 교체해 보도록 하자.

●방충망 시공 공구

1. **커터 칼:** 방충망 절단 등에 필요하다.
2. **밀대:** 방충망을 창틀에 끼워 넣고, 가스켓을 고정시킬 때 사용한다.
3. **가위:** 방충망 재단 시 사용한다.
4. **면장갑:** 손을 보호하기 위해 착용한다.

　방충만을 교체하는 데 이렇게 4가지 공구만 있으면 된다. 커터 칼과 가위, 면장갑은 대부분 가지고 계실 테고, 밀대는 철물점이나 마트에 가시면 1,000~3,000원에 구입할 수 있다. 그리고 방충망과 가스켓을 구입하면 된다.

●방충망 시공 자재

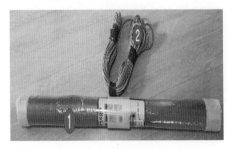

1. 방충망
2. 가스켓

자재가 마련되었다면 이제 방충망을 직접 교체해 보자.

●교체 방법

1. 방충망 틀을 창문에서 탈착한다.

2. 방충망 틀과 방충망 사이에 있는 가스켓을 제거한다.

3. 낡은 방충망을 먼지가 날리지 않게 천천히 떼어낸다.

4. 방충망을 틀에 맞게 재단한다. 재단할 때는 방충망 틀보다 1〜2cm 크게 한다.

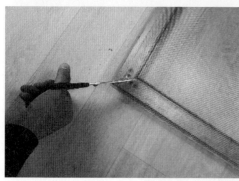

5. 각 모서리의 방충망을 잘라준다.

여기까지 마쳤다면 이제 밀대를 사용해야 한다. 밀대는 동그란 것이 양쪽에 두 개 달려 있는데, 하나는 '밀대 1번'이라 하고, 다른 하나는 '밀대 2번'이라고 하자.

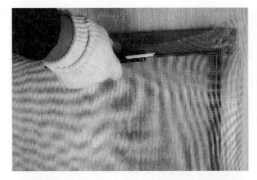

6. 밀대 1번으로 가스켓이 들어갈 수 있도록 방충망을 밀어서 넣어준다. 이때 너무 힘을 주면 방충망이 찢어질 수 있으니, 처음에는 살살 누르다 나중에는 꾹 눌러준다.

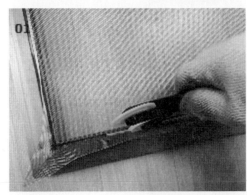

7. 밀대 2번으로 가스켓을 끼워준다.

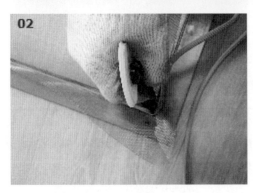

8. 그런 다음에 모서리는 밀대 모서리로 눌러준다.

9. 마지막으로 가스켓은 커터 칼로 잘라준다.

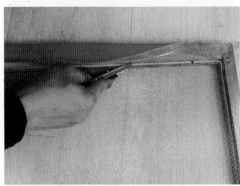

10. 옆으로 나온 방충망을 커터 칼로 잘라주어 완성한다.

2. 전기 스위치 및 콘센트 교체

스위치와 콘센트는 집 안에서 눈에 띄는 곳에 위치하며 매일 한 번은 만지게 되는 것이다. 벽면에 노출되어 있는 데다 시간이 지나면 손때가 묻어 스위치가 누렇게 변하고, 콘센트는 청소하기가 곤란해 안쪽으로 먼지가 쉽게 끼게 된다. 오래된 스위치나 콘센트는 전기 사고의 원인이 될 수도 있기 때문에 적당한 시기가 되면 교체하는 것이 좋다. 최근에는 안전장치가 부착된 스위치나 콘센트가 출시

되고, 디자인도 훨씬 다양해져서 인테리어에 적합한 스위치와 콘센트를 선택해 집 안 분위기를 바꿀 수 있다.

● 스위치(switch)

전기 회로의 이음과 끊음을 빠르고 안전하게 하는 전기 장치인 스위치는 전기 개폐기(開閉器) 또는 접선기(接線器) 등으로도 불린다. 스위치는 매입형과 노출형으로 나뉘는데, 아파트 등 가정집 벽면의 전기 스위치는 매입형을 주로 사용하며, 지금 설명하는 전기 스위치도 매입형이다. 최근에는 손으로 누르는 부위가 넓어져 사용하기 편한 와이드스위치가 주로 쓰인다. 전기구 연결선의 개수에 따라 'O구'로 나뉘어 불린다.

- 윗줄 왼쪽부터 1구, 2구, 3구, 중2구 스위치
- 아랫줄 왼쪽부터 중4구, 중3구, 중5구, 중6구 스위치

● **콘센트(concent, wall outlet, socket, outlet)**

전기 배선에 설치하는 접속기구인 콘센트는 보통 벽에 설치하는
데, 각 전자기기의 플러그를 꽂게 되어 있다. 일반적으로 1~3개의
접속구가 있고, 최근에는 누전장치가 부착된 접지용 콘센트가 주로
쓰이기도 한다. 접지용 콘센트는 누전 시 누전차단기를 빠른 시간
내에 작동시켜 감전을 예방할 수 있는 장치이다. 플러그를 꽂는 둥
근 원 안의 금속 부위(동그라미 부분)가 접지 역할을 하는 금속이다.

• 왼쪽부터 접지 1구 콘센트, 접지 2구 콘센트, 접지 4구 콘센트

● **스위치 및 콘센트 시공 공구**

1. **일자드라이버:** 끝부분이 일자로 되어 나사못이나 볼트를 조이거나 푸는 공구
2. **십자드라이버:** 끝부분이 십자로 되어 나사못이나 볼트를 조이거나 푸는 공구
3. **코팅 장갑:** 감전 위험을 방지하기 위해 착용해야 한다.

공구는 이렇게 3가지만 준비하면 된다. 자, 이제 스위치부터 교체해 보기로 하자. 참, 그전에 안전을 위해 반드시 누전차단기의 단자를 내려놓자.

●스위치 교체 방법

1. 스위치 플레이트(뚜껑) 분리

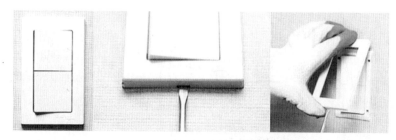

스위치 플레이트의 하단에는 작은 홈이 있다. 여기에 일자드라이버를 끼워 가볍게 들어 올리면 플레이트가 쉽게 분리된다.

2. 스위치 제거

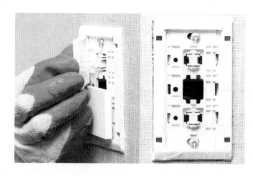

스위치들은 탈착 방식으로 본체에 붙어 있기 때문에 손으로 잡아당기면 쉽게 분리할 수 있다.

3. 본체 분리

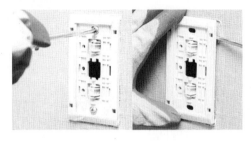

십자드라이버를 이용해 위와 아래의 나사못을 시계반대방향으로 풀어준다. 일자드라이버를 벽과 본체 사이에 넣고 지렛대의 원리를 이용해 본체를 떼어낸다.

4. 연결 전선 확인

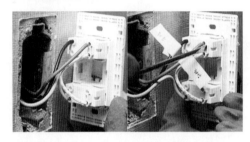

전기 스위치 본체 뒷부분에 전선이 배선되어 있는 상태를 살핀다. 새로운 스위치와 연결할 때 헷갈리지 않도록 이름표를 붙이거나 사진을 찍어 확인할 수 있도록 한다. 좌측 위쪽 선이 공통선, 전기 스위치 본체 내에 연결된 선이 점프선(공통선으로부터 들어온 전기를 다른 스위치에 옮겨주는 역할을 하는 선, 여기에서는 좌측 아래쪽 선), 나머지 색들의 선들은 각각의 조명 기기와 연결되는 선이다.

5. 전선 분리

전선이 연결된 부위 바로 옆에는 직사각형 형태의 홈(동그라미 부분)이 나 있다. 이곳을 일자드라이버로 세게 누르면 피복된 안쪽의 구리선이 나온다. 누를 때는 강한 힘을 주어야 구리선이 다치지 않고 한 번에 빠진다. 너무 오래되어 전선의 피복이 벗겨지거나 구리선이 손상되었다면 기존의 선을 빼내는 것보다 펜치로 끊은 뒤 피복을 벗기고 새로 연결시키는 것이 좋다.

6. 새로운 스위치를 전선에 연결

교체할 새로운 전기 스위치 본체에 전선을 끼우는 과정으로, 점프 선은 이미 붙어 있다. 미리 표시해 둔 이름표에 적은 위치대로 구리선을 끼운다. 한 번에 깊숙하게 넣으면 알아서 전선이 물린다. 반드시 피복 부위까지 최대한 가깝게 끼워 구리선이 밖에서 보이지 않게 한다. 연결이 끝났으면 이름표 등을 제거한다.

7. 전기 스위치를 본체 벽면에 고정

전기 스위치 본체를 벽면에 고정하고 위와 아래의 나사못을 시계방향으로 조인다. 위와 아래의 스위치를 끼운다.

8. 전기 스위치 교체 완성

스위치 플레이트(뚜껑)를 덮고 탁 소리가 나게 결합하면 완성이다.

● 콘센트 교체 방법

1. 콘센트 플레이트(뚜껑) 분리

전기 콘센트 아래쪽 중앙에 틈이 있다(어떤 제품은 아래쪽 좌우 끝에 2개의 틈이 있음). 이 틈에 일자드라이버를 넣고 지렛대의 원리를 이용해 위로 살며시 젖혀주면 플레이트가 쉽게 분리된다.

2. 전기 콘센트 본체 분리

십자드라이버를 이용해 위와 아래의 나사못을 시계반대방향으로 풀어준다. 본체의 양쪽을 잡고 밖으로 조심스럽게 당겨 꺼낸다.

3. 접지선 분리

콘센트 본체 뒷면을 보면 녹색 전선이 나사못과 연결되어 있는 것을 볼 수 있다. 이는 접지선으로 전기선이 낡아서 벗겨졌을 때 전류가 흘러 누전이 발생하는 것을 방지하는 역할을 한다. 오래된 건물이나 초기 전기 공사를 제대로 하지 않은 집에는 접지선이 연결되지 않은 경우도 있다. 드라이버를 이용해 녹색 전선과 연결된 나사못을 시계반대방향으로 조금 풀어 녹색 전선을 분리한다.

4. 전선 분리

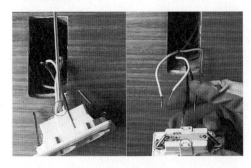

전선이 연결된 부위 바로 옆에 직사각형 형태의 홈(동그라미 부분)이 나 있다. 이곳을 일자 드라이버로 세게 누르면 피복 된 안쪽의 구리선이 빠져나온 다. 누를 때는 강한 힘을 주어 야 구리선이 다치지 않고 한 번 에 빠진다. 너무 오래되어 전선의 피복이 벗겨지거나 구리선이 손상되었다면 기존의 선 을 빼내는 것보다 펜치로 끊은 뒤 피복을 벗기고 새로 연결시키는 것이 좋다.

5. 새로운 콘센트에 접지선 연결

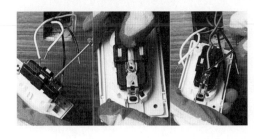

새로운 전기 콘센트 중앙의 나 사못을 풀고 녹색 접지선(제품 에 따라 노란색인 경우도 있음) 을 연결한다. 위치를 잘 잡고 나사못을 드라이버를 이용해 단단하게 조여준다.

6. 전선 연결

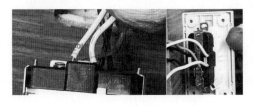

전선의 기존 위치와 똑같이 본 체에 새로 끼운다. 한 번에 깊 숙하게 넣으면 전선이 알아서 물린다. 반드시 피복 부위까지 최대한 가깝게 끼워 구리선이 보이지 않도록 깊숙하게 끼워야 한다.

7. 콘센트 본체 연결과 완성

위와 아래의 나사못을 연결해 전기 콘센트 본체를 벽에 부착한다. 위의 나사못을 먼저 조이다가 아래 있는 나사못을 홈 구멍에 맞추고, 위와 아래의 나사못을 모두 움직여가며 남은 부분을 조여준다. 이때 몸체가 비뚤어지지 않게 위치를 바르게 잡아주면서 조여준다. 전기 콘센트 플레이트(뚜껑)를 덮고 탁 소리가 나게 덮으면 완성이다.

3. 바닥재 교체

이번에는 바닥재를 교체해 보자. 비싼 바닥재가 좋은 것인가? 정답은 '아니요'다. 나는 가격 대비 좋은 품질의 바닥재를 추구하는 편이라서, 값싸고 시공이 간편하며 보기에 좋은 것을 선호하는 편이다. 흔히들 바닥재로 강화마루와 장판 정도를 떠올리시겠지만, 바닥재의 종류는 생각보다 훨씬 많다. 먼저 바닥재의 종류에 대해 알아보도록 하자.

● 장판

가장 일반적이며, 플라스틱을 원료로 압축해 만든다. 바닥재는 두께가 두꺼울수록 쿠션감이 좋고 층간소음에 강하지만 가격이 비싸다.
장점: 가격이 저렴하고 시공이 간편하다. 열전도율이 높으며 물과 습기에 강하다.

단점: 디테일이 떨어져 보일 수 있다. 표면이 약해 외부 충격에도 쉽게 변형된다.

● 우드타일(데코타일)

플라스틱을 원료로 만든 단단한 장판 조각이다. 조립 및 접착으로 시공한다.

장점: 대리석, 카펫, 잔디 모양 등 다양한 패턴이 있다. 시공이 간편하다. 시각적으로 넓어 보이는 효과를 연출할 수 있다.

단점: 난방 시에 접착제로 인한 피해가 생길 수 있다. 보행감이 떨어진다.

● 마루(강화마루, 원목마루)

물결무늬 모양지를 입히고 하드 코팅한 마루이다.

장점: 온도나 습기에 변형되지 않고, 강도가 뛰어난 편이다. 시공 시 접착제를 사용하지 않아 친환경적이다. 거의 변색되지 않는다.

단점: 수분에 약하다. 폼시트를 깔아서 시공하기 때문에 열전도율 떨어진다. 가격이 상대적으로 비싸고, 철거도 어렵다. 층간소음이 많이 발생한다.

● 타일

소재가 러프해서 모던한 느낌이 나며, 고급스러운 느낌을 주는 바닥재이다. 포세린 타일은 무광이고, 폴리싱 타일은 유광이다.

장점: 여름에는 시원하고, 겨울에는 따뜻하다. 내구성이 좋다. 바닥울림이 적다.

단점: 시공 비용이 많이 든다. 폴리싱 타일의 경우에는 물기가 있으면 미끄럽다.

나는 바닥재 중에서 장판과 우드타일을 선호하는 편이다. 그 외의 바닥재는 일반인이 시공하기 힘들 뿐더러 비용이 많이 든다. 경매로 낙찰받은 물건에 몇 백만 원에서 천만 원가량의 비용을 바닥재에 투자하는 것은 부담된다. 물론 내가 살 집이면 이야기가 달라지지만 말이다.

　나는 몇 년 전에 20평대 아파트를 낙찰받고 전 주인과 만나기로 약속하고 그 집을 방문했다. 해당 아파트는 남양주의 좋은 위치에 자리 잡고 있었으며, 1층이지만 2층 같은 1층이라 채광도 무척 훌륭했다. 단기매매하더라도 2~3천만 원 정도 남을 것 같았다. 나는 전 주인을 대면하면서 슬쩍 집 안 구조를 살펴보았다. 거실과 작은 방 2개를 확장해 30평대 아파트처럼 넓어 보였다. 그래서 '아, 이 집은 도배만 하면 되겠구나' 하면서 자리에 앉으려는 순간 거실 바닥에 시커먼 자국들이 있는 것 아닌가. 거실 바닥이 원목마루였는데, 자세히 살펴보니 보일러를 얼마나 세게 틀어 놓으셨는지 보일러 자국이었던 것이었다.

　우선 다음의 사진을 보자.

시공 전

전 주인은 이 집의 거실을 찜질방으로 사용하셨나 보다. 바닥재를 무엇으로 교체해야 하나 고민이 생겼다. 이런 아파트 거실에 장판은 퀄리티를 떨어져 보이게 하니까 일단 패스했다. 내가 직접 시공하기는 어렵지만 퀄리티가 뛰어난 원목 강화마루를 생각했다. 원목 강화마루를 다시 하기 위해 시공업체에 견적을 문의했더니, 마루 철거비용에 시공비까지 평당 20~40만 원이 들고 400~800만 원가량이 소모된다고 했다. 그래서 내가 직접 시공할 수 있고 최소한의 비용으로 할 수 있는 우드타일을 선택했다. 앞서 말씀드린 대로 우드타일은 시각적으로 넓어 보이는 효과도 있지만 시공도 정말 간편하다.

데코타일 또는 PVC바닥재라는 명칭을 가지고 있는 이 녀석은 다양한 모양이 존재한다. 여러 색상의 나무 무늬부터 타일 무늬, 가죽 무늬, 카펫 무늬까지 말이다. 나는 이 집을 깔끔한 화이트 톤의 나무 무늬 우드타일로 시공했다.

시공 후

해당 시공비는 30만 원밖에 안 들었다. 이처럼 우드타일은 금액과 품질 면에서 장점이 있다. 자, 우선 우드타일 시공 공구 및 자재부터 알아보자.

● 우드타일 시공 공구 및 자재

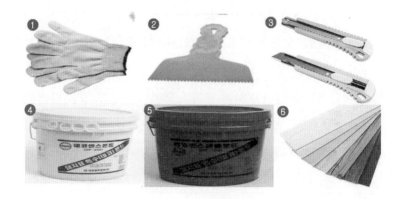

1. **면장갑:** 손을 보호하기 위해 필요하다. 철물점과 마트 등에서 개당 200~300원에 구입할 수 있다.

2. **톱니 헤라:** 바닥에 본드를 바를 때 사용한다. 철물점과 마트 등에서 개당 1,000~1,500원에 구입할 수 있다.

3. **커터 칼:** 우드타일 재단 시 사용한다. 철물점과 마트 등에서 개당 1,000~3,000원에 구입할 수 있다.

4. **우드타일 본드(일반형):** 바닥에 발라 우드타일을 접착하는 데 사용한다. 인터넷에서 1상자당 12,000~20,000원에 구입할 수 있다.

5. **우드타일 본드(온돌용):** 바닥에 발라 우드타일을 접착하는 데 사용한다. 인터넷에서 1상자당 12,000~20,000원에 구입할 수 있다.

6. **우드타일:** 인터넷에서 1상자당 12,000~30,000원에 구입할 수 있다. 우드타일은 종류 및 두께에 따라 가격이 달라진다. 1상자당 1평 정도 시공할 수 있다.

● 바닥재(우드타일) 시공 방법

1. 시공하려는 공간을 깨끗이 청소한다. 먼지 및 이물질로 인한 들뜸 현상이 나타날 수도 있으니 청소는 구석구석 하자.

2. 톱니 헤라를 이용해 우드타일 본드를 3~5mm 두께로 바닥에 고루 펴서 바른다. 참고로 3~5mm 두께로 얇게 바르는 이유는, 그 이상 두껍게 바르면 나중에 우드타일 사이로 본드가 새어 나올 수 있기 때문이다.

3. 본드가 마를 때까지 기다린다. 간혹 본드를 바르고 10~20분 정도만 기다리시는 분이 있는데, 그러면 본드가 우드타일 위로 올라온다. 나는 오전에 이 작업을 하고 점심도 먹고 커피도 한잔 마신 뒤 우드타일을 붙이기 시작한다. 참고로 면장갑을 끼고 손바닥으로 본드를 만졌을 때 본드가 안 묻어나는 정도가 적당하다.

4. 우드타일을 재단한다. 우드타일 1장을 1/3 크기로 재단하면, 1/3 크기와 2/3 크기의 우드타일이 각각 1장씩 만들어진다. 우드타일을 재단할 때 칼에 힘을 주지 말고 선만 살짝 긋는다고 생각하며 선을 그은 후 우드타일을 뒤로 꺾으면 쉽게 재단된다.

5. 처음 붙이는 칸에는 우드타일을 1/3 재단한 것을 붙이고, 이어서 우드타일 원장 (자르지 않은 것)을 붙여 나간다. 다음 칸에는 우드타일을 2/3 재단한 것을 붙이고, 이어서 우드타일 원장을 붙여 나간다. 다음 칸에는 우드타일 원장을 붙여 완성한다.

6. 우드타일을 모두 붙이다 보면 자투리 공간이 생긴다. 남는 공간 위로 우드타일을 겹쳐서 올려놓는다. 그 위에 우드타일 한 장을 포개어 올려놓는다. 그리고 남는 공간에 맞게 재단한다. 그럼 남은 곳에 정확히 일치한다. 끝부분의 마무리가 어색하면 실리콘을 발라주어 완성한다.

● 장판 및 논 슬립 시공 공구

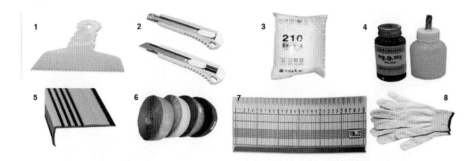

1. 톱니 헤라: 바닥에 본드를 바를 때 사용한다. 철물점과 마트 등에서 개당 1,000~1,500원에 구입할 수 있다.

2. 커터 칼: 장판 재단 시 사용한다. 철물점과 마트 등에서 개당 1,000~3,000원에 구입할 수 있다.

3. 장판용 본드: 장판 모서리 및 접힘 부분에 접착하는 데 사용한다. 철물점과 마트 등에서 개당 2,000~3,000원에 구입할 수 있다.

4. 융착제: 장판과 장판이 벌어지지 않도록 붙이는 본드이다. 철물점에서 개당 2,000~3,000원에 구입할 수 있다.

5. PVC 논 슬립: 현관 앞 턱 부분의 마감재로 쓰인다. 철물점에서 25m당 12,000~15,000원 정도에 구입할 수 있다.

6. 굽도리: 걸레받이 대용으로 사용한다. 철물점에서 25m당 10,000~13,000원에 구입할 수 있다.

7. 안전자: 장판 재단 및 굽도리를 시공하는 데 사용한다. 철물점에서 개당 2,000~5,000원에 구입할 수 있다.

8. 면장갑: 손을 보호하기 위해 필요하다. 철물점과 마트 등에서 개당 200~300원에 구입할 수 있다.

시공 공구가 마련되었다면 필요한 양만큼 장판을 구입하면 된다. 장판의 기본 넓이는 1,800㎝이다. 장판을 구매할 때는 시공할 곳의 면적을 재어보고, 장판 판매처에 그에 맞추어 재단해 달라고 하면 훨씬 시공하기 편하다.

●장판 시공 순서

1. 시공하려는 공간을 깨끗이 청소한다. 먼지 및 이물질로 인한 들뜸 현상이 나타날 수도 있으니 청소는 구석구석 한다. 바닥 상태가 나쁠 때에는 기존 장판을 제거하지 않고 그 위에 시공해도 무방하다.

2. 시공 전에 벽면에서 약 175㎝ 떨어진 바닥에 표시를 해둔다.

3. 톱니 헤라를 이용해 장판 본드를 3~5㎜ 두께로 끝부분만 고루 펴서 바른다. 우드타일을 바를 때처럼 전체를 바르지 말고 벽면 끝부분만 바르면 된다.

4. 벽면에서 약 175㎝ 떨어진 바닥에 장판을 놔둔다.

5. 장판을 고루 펴준다.

6. 모서리 부분을 꺾어준다.

7. 눌러준 부분을 가로로 커팅한다. 커팅 후 바로 올려준다.

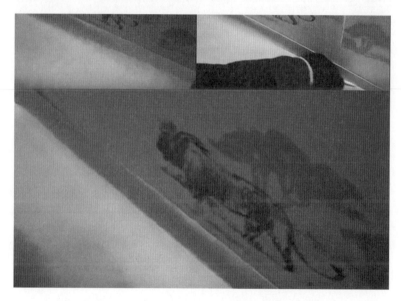

8. 떠 있는 장판의 끝부분을 칼 뒷면으로 눌러준다. 이때는 재단하는 것이 아니라 잘 꺾이기 위해 하는 작업이다. 그래서 칼날 뒷부분으로 눌러줘야 하는 것이다.

9. 위로 올라온 장판은 안전자를 이용해 좌우를 일정하게 재단한다. 양쪽이 일정해 진 것을 확인할 수 있다.

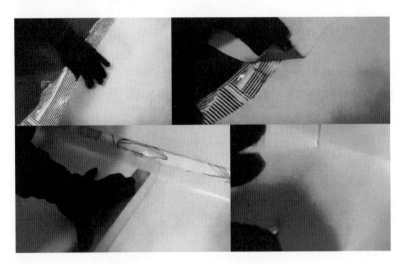

10. 장판과 장판이 만나는 곳에 본드를 바른다.

11. 장판과 장판을 겹치게 하면 된다.

12. 이음매를 칼로 재단해 준다. 꾹 눌러 윗장판과 아랫장판이 같이 재단되도록 한다.

13. 장판을 재단하고 생긴 틈에 융착제를 바른다. 그 후 휴지나 마른걸레로 닦아주 면 된다. 만약 장판이 벽면에 살짝 올라와 있는 것이 보기 싫으면 굽도리로 걸레받이 처럼 둘러주면 된다. 굽도리는 접착식이므로 그냥 붙이면 된다.

● 논 슬립 시공 순서

1. 논 슬립을 현관 앞의 턱 부분에 맞게 재단한다. 재단할 때는 양쪽에 10cm 정도 여유 있게 한다.

2. 논 슬립에 일반 순간접착제를 발라준다.

3. 현관 턱 부분에 논 슬립을 붙여준다.

4. 논 슬립의 겹쳐진 부분을 칼로 위아래를 동시에 재단한다.

5. 논 슬립 시공을 완성한다.

4. 도배 작업

셀프 인테리어를 어느 정도 하시는 분들도 도배는 힘들어하신다. 맞는 말이다. 도배는 어렵다. 전문가처럼 하려면 어렵다. 도배 전문 기공의 하루 일당은 얼마일까? 17만 원이다. 기공이 17만 원, 준기 공이 10~12만 원, 보조가 7~10만 원이다. 하지만 목수 기공(25만 원), 타일 기공(25만 원)보다는 일당이 저렴하다. 왜일까? 도배는 다른 인테리어보다 그렇게 전문적인 기술이 필요하지 않고 일이 비교적 쉽기 때문이다.

만약 셀프 도배를 하게 된다면 도배지 한 롤(3만 원)과 풀(5천 원)만 구입해 3만 5천 원으로 거실 한쪽의 포인트를 살려 집 안 분위기를 확 바꿀 수 있다. 또한 도배업체에 30평대 아파트를 맡기시면 실크지가 아닌 합지로 하셔도 최소한 100만 원의 비용이 들지만 셀프 도배를 하실 수 있다면 20만 원으로 해결될 수 있다. 대단하지 않은가?

다시 한 번 말하지만 나는 단순히 돈을 아끼기 위해 셀프 인테리어를 하는 것이 아니다. 입찰가를 낮추면 그만큼 낙찰 확률이 높아지는데, 입찰가를 낮추기 위해 셀프 인테리어를 하는 것이다. 만약 인테리어 비용이 더 들 것을 감안해 입찰가를 1~2백만 원가량 더 써서 패찰된다면 어떻겠는가? 얼마나 억울하겠는가? 나는 전문적으로 도배를 배우지 않았지만 도배를 할 수 있다. 여러분도 가능하리라 생각한다. 우선 도배지부터 알아보자.

도배지는 크게 합지, 실크지, 방염벽지로 구분된다.

합지는 종이와 종이를 여러 장 겹쳐 만든 벽지이다. 인쇄가 잘되어 있고 가격이 저렴하다. 합지는 소폭과 장폭으로 나뉜다. 소폭은 벽지 한 롤당 가로 52㎝ 세로 14.2m이고, 한 롤당 2,500~5,000원가량 한다. 장폭은 벽지 한 롤당 가로 93㎝ 세로 17.5m이고, 한 롤당 15,000~30,000원가량 한다.

실크지는 실제로 실크로 된 벽지가 아니라 종이에 합성비닐을 붙여 고급스럽게 만든 벽지이다. 합지에 비해 0.2㎜ 정도 두껍고 벽지가 쫙 펴지는 습성이 더 강하다. 그리고 코팅이 되어 있어 어느 정도 물걸레 청소도 가능하다. 실크지는 벽지 한 롤당 가로 103㎝ 세로 15.5m이고, 한 롤당 30,000~50,000원가량 한다.

방염벽지는 상업시설이나 다중이용시설(호텔, 여관, 병원, 사무실, 노래방) 등에서 사용된다. 그래서 가정에서 쓰실 일은 없다.

나는 여러분에게 합지를 권하고 싶다. 여러분들이 실크지로 도배하고 싶다고 말씀하신다면 단호히 말씀드리겠다. "포기하세요!"라고. 실크지로 도배하려면 사용하는 풀의 종류도 다르고 혼자서는 절대로 못 한다. 괜히 덤비시다가 천장 한 면도 시공하지 못하실 것이다. 도배 기술자들도 실크지를 도배할 때 천장은 혼자서 못한다. 준기공이 도와주어야 가능하다. 또한 합지 도배에 비해 시간도 두 배는 걸린다. 그래서 합지로 도배하실 것을 권한다.

● 도배 용품 및 공구

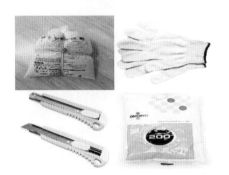

도배 풀: 일반적으로 밀풀(밀가루풀)을 사용한다. 쌀풀이 접착성이 더 좋기는 하지만 실크지로 도배하지 않는 이상 밀풀로 해도 충분하다. 가격은 기본 5㎏에 3,500~6,000원이고, 5㎏의 풀로 장폭 2롤 정도 도배할 수 있다.

면장갑: 손을 보호할 수 있다. 철물점과 마트 등에서 개당 200~300원에 구입할 수 있다.

커터 칼: 도배지를 재단할 때 사용한다. 철물점과 마트 등에서 개당 1,000~3,000원에 구입할 수 있다.

본드: 도배 풀에 섞어 넣어 접착력을 높이기 위해 사용한다. 철물점 등에서 개당 1,000~3,000원에 구입할 수 있다.

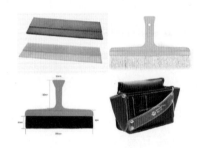

몰딩자: 남은 도배지를 일정한 간격으로 재단할 때 사용한다. 개당 3,000~10,000원에 구입할 수 있다. 두께에 따라 가격이 다르고, 기본적으로 2㎜ 또는 4㎜ 두께의 몰딩자를 사용한다.

풀솔: 풀을 도배지에 바를 때 사용한다. 개당 4,000~10,000원에 구입할 수 있다. 넓이에 따라 가격이 다르다.

정배솔: 도배지를 벽에 바를 때 사용한다. 개당 4,000~10,000원에 구입할 수 있다. 넓이에 따라 가격이 다르다.

도배 주머니: 도배 공구들을 담기 위해 사용한다. 개당 5,000~50,000원에 구입할 수 있다. 종류에 따라 가격이 다르다.

드릴용 믹서: 도배 풀을 풀기 위해 사용한다. 개당 3,000~10,000원에 구입할 수 있다. 종류에 따라 가격이 다르다.

전동드릴: 도배 풀을 풀기 위해 사용한다. 개당 50,000~300,000원에 구입할 수 있다. 종류에 따라 가격이 다르다.

실리콘: 도배 코너 부위에 접착력을 높이기 위해 사용한다. 개당 1,000~3,000원에 구입할 수 있다. 종류에 따라 가격이 다르다.

실리콘 건: 실리콘을 쏘기 위해 사용한다. 개당 1,500~5,000원에 구입할 수 있다. 종류에 따라 가격이 다르다.

이외에도 도배용 책받침과 네바리, 줄자 등의 공구도 필요하다. 또 도배할 벽면이 시멘트로 되어 있다면 부직포도 필요하며, 곰팡이가 있다면 그것을 제거하는 여러 가지 공구들도 필요하다.

● 도배 시공 순서

1. 벽면의 스위치와 콘센트 뚜껑을 제거한다.

2. 천정의 등을 제거한다.

3. 기존 벽지를 제거한다. 기존 벽지가 실크지일 경우에만 제거하면 된다. 제거할 때는 벽지를 전부 제거하지 말고 실크지 겉부분의 비닐만 제거해도 된다. 모두 제거하면 부직포도 새로 붙여야 하므로 힘들어진다. 기존 벽지가 합지라면 그 위에 도배해도 무방하다. 합지는 3~4번 덧붙여 도배해도 되기 때문이다. 참고로 벽지를 제거하는 데만 한나절이 훌쩍 지나갈 것이다.

4. 기존 벽지를 모두 제거했다면 도배지를 천장과 벽의 길이에 맞게 새로운 벽지를 재단한다. 참고로 무늬 벽지는 웬만하면 선택하지 말자. 맞추기도 어렵고 도배지가 많이 들어간다. 벽지 재단은 다음과 같은 순서로 한다.

　① 치수를 정확히 재고, 잰 치수보다 5㎝ 정도 여유를 두고 재단한다.

　② 여러 개의 방 중에서 가장 큰 방부터 재단한다.

　③ 각 방에서는 길이가 긴 부분부터 재단하고, 천장, 벽, 창문 및 방문이 있는 벽 등의 순으로 재단한다. 그래야 나중에 도배지가 적게 남는다.

5. 도배 풀을 만든다. 예전에는 밀가루를 물에 풀어 끓인 다음 식힌 후 사용했지만 요즘은 바로 도배할 수 있는 풀을 팔고 있으니 그것을 사용한다. 도배 풀은 다음과 같은 순서로 만든다.

　① 밀풀을 대야에 담는다.

　② 접착력을 높이기 위해 도배용 본드를 섞는다.

　③ 풀과 물의 비율을 60 대 40으로 넣고 드릴용 믹서로 섞어준다. 이때 전동드릴을 사용하자. 풀과 물을 손으로 섞다가는 지쳐서 도배를 포기하게 된다. 전동드릴로 작은 알갱이가 없어질 때까지 섞는다.

6. 벽지 뒷면의 가장자리까지 꼼꼼히 풀을 바른다. 풀을 바른 부분끼리 겹치도록 접어놓는다. 비닐봉지 속에 벽지를 쌓아놓고 벽지에 풀이 충분히 스며들 때까지 숨을 죽인다. 급한 마음에 풀을 바르자마자 벽에 붙이면 나중에 도배지가 마를 때 쭈글쭈글 주름이 잡힌다. 비닐봉투에 어느 정도 물을 뿌리고 묶어주면 서너 시간이 지나도 풀이 마르지 않는다.

7. 벽지는 다음과 같은 순서로 바른다.

① 도배지를 바를 끝부분에 접착력을 놓이기 위해 도배용 실리콘을 쓴다.

② 천장부터 바른다. 벽부터 바르면 나중에 천장에 도배할 때 벽에서 풀이 묻어 나올 수 있다.

③ 벽면을 바른다.

④ 길게 나온 부분을 몰딩자를 대고 커터 칼로 재단한다. 도배를 하다 보면 칼날이 자주 무뎌지므로 두 번 재단했다면 바로 새 칼을 사용하길 권한다.

8. 합지와 다음 합지를 알맞게 겹치도록 한다. 합지 끝의 0.5mm 정도 부위에는 합지와 다음 합지를 붙이는 위치가 표시되어 있다. 이 부분에 합지와 다음 합지를 일자로 잘 붙이는 것이 도배의 요령이다. 또한 합지와 합지가 만나는 곳을 붙이고 나서는 면장갑을 끼고 자주 눌러서 비벼준다. 안 그러면 벽지가 뜨게 된다.

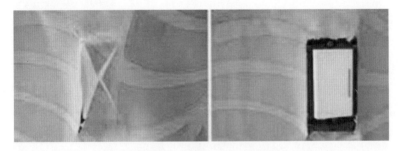

9. 콘덴서 및 스위치 주위를 도배한다. 도배에서 천장 다음으로 어려운 곳이 스위치나 콘덴서 주위이다. 잘 드는 칼로 콘덴서 및 스위치 주위를 자르고 벽지를 붙이면 된다. 또한 콘덴서나 스위치 둘레에 본드를 바르고 시공해야 한다. 그렇지 않으면 벽지가 마른 다음에 모서리 부분부터 찢어지며 올라간다. 도배를 마치면 스위치와 콘덴서, 조명을 다시 설치하고 마무리하면 된다.

알기 쉬운 경매 용어

독자 여러분이 찾아보기 쉽도록, 가나나 순으로 수록했습니다.

가등기 | 본등기를 할 요건이 갖추어지지 않을 경우, 본등기의 순위를 보전하기 위해 임시로 하는 등기이다. 가등기는 다음과 같은 효력이 있다. 그 자체로는 완전한 등기로서의 효력이 없으나 후에 요건을 갖추어 본등기를 하게 되면, 가등기를 한 때를 기준으로 하여 그 본등기의 순위가 확정된다는 본등기순위보전의 효력이 있다. 또 가등기가 부당하게 말소된 경우에 그 회복을 청구할 수 있는 청구권보존의 효력이 있다.

가처분 | 권리 관계의 분쟁에 대해 임시적인 지위를 정하기 위해 법원이 행하는 일시적인 명령이다. 부동산 관련 소송을 진행하기 전에 해당 부동산을 채무자가 임의로 처분하거나 임대하지 못하도록 할 경우 신청한다.

감정평가서 | 감정평가기관이 법원의 평가명령에 따라 부동산의 가치를 금액으로 환산하는 것을 '감정평가'라 하고, 그것을 문서로 나타낸 것을 '감정평가서'라고 한다. 감정평가서는 매각기일 1주일 전부터 매각물건명세서에 첨부해 일반인이 열람할 수 있도록 비치되어 있다.

감정평가액(감정가) | 경매가 진행되는 물건에 대해 법원이 감정한 가격이다. 감정가는 경매의 시작가가 되며, 이를 바탕으로 최저매각가(**최저가**)가 결정된다.

강제집행 | 사법상 또는 행정법상의 의무를 이행하지 않은 사람에게 국가가 강제 권력으로 그 의무의 이행을 실현하도록 하는 것이다.

경락대금 | 경매 낙찰자가 해당 부동산을 소유하기 위해 치르는 대금이다.

경락자금대출 | 법원 경매에 참여해 경매낙찰(**경락**)을 받으면 매각허가결정이 확정된 후 1개월 이내에 대금을 납부해야 한다. 이때 경락자금이 필요한 경우가 많은데,

금융기관에서 경락자금을 대출받는 것을 '경락자금대출'이라고 한다.

경락잔금 | 경매로 낙찰받는 부동산을 인수하기 위해 치르는 잔금. 경매는 낙찰받을 때 최저가의 10%의 입찰보증금을 지불하고, 매각허가결정일로부터 1개월 이내에 경락잔금을 치러야 한다.

경매개시결정 | 경매신청의 요건이 구비되었다고 판단되면, 법원은 경매절차를 개시한다는 결정을 한다. 이것이 바로 경매개시결정이다.

경매 기입등기(경매개시결정 기입등기) | 해당 부동산이 경매가 진행될 것이라는 사실을 '등기사항전부증명서'에 기재한 것이다.

권리 | 경매에서 '권리'는 '어떤 일이나 요구를 할 수 있는 힘이나 자격'을 의미한다. 경매에서 권리는 근저당, 가압류, 담보가등기 등 말소기준권리를 비롯해 유치권, 법정지상권, 분묘기지권 등 경매 물건과 물건의 종별마다 여러 가지가 있다. 이러한 권리들은 크게 등기부등본상의 권리와 등기부등본 외의 권리로 나눌 수 있다. 등기부등본상의 권리는 등기부등본에 기재되는 권리로 근저당, 가압류, 압류, 가등기, 가처분, 지상권, 지역권, 임차권, 환매권, 예고등기 등이며, 등기부등본 외의 권리는 등기부등본에 기재되지 않는 권리로서 유치권, 법정지상권, 분묘기지권, 입목지상권, 체납관리비, 위법건축물 등이다.

권리분석 | 경매에서 해당 부동산과 관련된 법률적 권리를 확인하는 것이다. 낙찰 후 인수되는 권리나 금액 등이 있는지를 분석하는 행위이다.

공탁 | 물건을 법원에 임시로 맡기는 것이다. 공탁을 이용해 세입자와 맞설 수 있다.

근저당권(근저당) | 은행 등의 금융기관에서 부동산을 담보로 대출해 주고, 그 부동산의 등기부에 설정하는 저당권이다. 근저당권은 채무자가 이자 등을 연체할 경우를 대비해 실제 대출 금액보다 120~130% 정도 높은 금액으로 설정한다.

낙찰 | 경매에서 최고입찰가를 써내 그 목적물인 부동산의 소유권을 차지하는 것이

다. 다른 말로 '경락'이라고도 한다.

담보가등기 | '돈을 얼마 빌리고 언제까지 안 갚을 때는 내 소유의 주택을 주겠다'는 식의 대물변제(물건으로 갚는 것)를 조건으로 설정하는 경우의 가등기를 말한다. 채무자가 약속대로 돈을 갚지 않는 경우에 대비하기 위한 것이다.

대리입찰 | 경매에 본인이 아닌 대리인이 입찰하는 것이다. 대리인은 위임장과 낙찰자의 인감증명서 등을 집행관에게 제출하고 대리입찰하면 된다.

대항력 | 임차인이 제3자에게 자신의 임대차관계를 주장할 수 있는 권리를 말한다. 주택임차인은 임차주택을 인도받고 주민등록까지 마치면 그 다음 날부터 그 주택의 소유자가 제3자로 변경되더라도 그 제3자에 대해 임차권을 가지고서 대항할 수 있게 된다. 이와 같이 대항할 수 있는 힘을 주택임차인의 대항력이라고 부른다.

등기부등본 | 부동산과 관련된 권리가 기재된 것을 등기부라 하는데, 등기부의 복사본을 등기부등본이라고 한다. 등기부등본은 소유자가 아니더라도 누구나 열람할 수 있고 인쇄도 가능하다. 등기부등본은 부동산 거래의 모든 과정에서 확인해야 하는 중요한 법적 서류이다. 등기부는 크게 표제부와 갑구, 을구로 구성된다.
표제부에는 토지나 건물의 소재지, 용도, 구조 등이 기재되어 있다. 땅은 소재지와 지번, 지목, 면적이 기재되고, 건물은 소재지, 지번, 건평, 층수, 구조, 용도 등이 기재된다. 갑구에는 소유권에 관한 사항이 접수된 날짜순으로 기재된다. 만약 어떤 건물을 사거나 전·월세 계약을 맺으려 한다면 거래 당사자가 등기부등본의 갑구에 기재된 소유자와 일치하는지 주민등록등본 등을 통해 확인해야 한다. 을구에는 소유권 이외의 권리인 저당권, 전세권, 지역권, 지상권에 관한 사항들이 표시된다. 또한 갑구와 을구를 통틀어 먼저 등기된 권리가 우선으로 보호받게 된다. 이때 등기의 선후는 접수 일자를 기준으로 하므로, 등기의 순서를 잘 살펴볼 필요가 있다.

말소기준권리 | 부동산 경매에서 낙찰될 경우 그 부동산에 존재하던 권리가 소멸하는가 그렇지 않으면 그대로 남아 낙찰자에게 인수되는가를 가늠하는 기준이 되는 권리이다.

매각결정기일 | 법정에서 낙찰자에 대한 매각허가 여부를 결정하는 날이다. 법정에서 선고한 후 법원게시판에 공고만 할 뿐 매수인, 채권자, 채무자, 기타 이해관계인에게 개별적으로 통보하지 않는다. 매각결정기일은 매각기일로부터 7일 내에 정해진다.

매각물건명세서 | 법원이 해당 물건에 임차인과 인수되는 권리 등이 있는지를 기재한 명세서이다. 대법원 법원경매정보 사이트와 각 지방 법원에서는 입찰기일 1주일 전에 매각물건명세서를 일반인이 열람할 수 있도록 하고 있다.

매각불허가결정 | 매각기일로부터 7일 내에 법원이 경매 절차에 결격사유가 있을 때 낙찰자에게 경매 부동산의 소유권 취득을 허가하지 않는 것이다.

매각불허가신청 | 매각 물건에 심각한 하자가 발생했을 때 이의신청을 하는 것이다. 매각불허가신청은 매각허가결정이 확정된 지 7일 내에 해야 한다.

매각허가결정 | 낙찰허가결정이 선고된 후 1주일 내에 이해관계인(낙찰자, 채무자, 소유자, 임차인, 근저당권자 등)이 항고하지 않으면 매각허가결정이 확정된다. 그러면 낙찰자는 법원이 통지하는 대금납부기일에 낙찰대금(입찰보증금을 공제한 잔액)을 납부해야 한다. 대금납부기일은 매각허가결정이 확정된 날로부터 1개월 이내이다.

매각허가확정 | 매각허가결정일로부터 7일 이내에 이해관계인의 이의 신청이 없을 때 법원에서 확정을 하며 잔금납부의 기점이 된다.

명도 | 낙찰자가 점유자를 설득해 퇴거하도록 이끄는 것이다.

명도확인서 | 건물, 토지 등 부동산에 대한 소유권의 이전을 증명하는 문서이다. 명도확인서는 임차인이 배당금을 수령하기 위해 낙찰자에게 임차부동산을 명도했다는 사실을 입증하기 위한 것이다. 명도확인서에는 낙찰자의 도장 날인이 필요하며 인감증명도 함께 첨부되어야 한다. 명도확인서에 주소를 기록할 때에는 경매기록에 기재된 주소를 기록해야 하며, 주민등록상 주소여야 한다. 또한 낙찰자와 임차인 간의 협의 하에 임차인이 명도받기 전에 낙찰자는 명도확인서를 발급해 줄 수 있다.

물건번호 | 한 사건에서 2개 이상의 물건이 경매되는 경우에 각 물건마다 붙이는 번호이다.

배당 | 경매 낙찰자가 대금을 납부하면 그 금액으로 채권자와 세입자 등 돈을 받을 사람들에게 나누어주는 절차를 말한다.

배당기일 | 법원이 채권자와 채무자를 불러 이의 유무를 확인하고 배당을 실시하기로 하는 날짜이다.

사건번호 | 법원에 접수된 사건마다 부여된 번호이다. 부동산 경매사건의 부호는 '타경'이다.

선순위세입자 | 다른 권리자보다 먼저 배당(변제)받을 수 있는 권리가 있는 세입자이다.

압류 | 확정판결, 기타 채무명의에 의해 강제집행을 하기 위한 수단이다.

유찰 | 매각기일에 입찰자가 하나도 없어서 다음 경매로 넘어가는 것을 말한다.

인도명령 | 법원이 명령 내리는 강제집행 중 하나로, 부동산 점유자에게 해당 부동산을 내어주라고 명하는 것이다.

입찰 | 경매로 나온 물건을 낙찰받기 위해 경매에 참여하는 것이다.

입찰기일 | 법원에서 경매를 입찰하는 날짜이다.

입찰보증금(매수보증금) | 입찰보증금은 원칙적으로 최저가의 10%이다. 다만 특별매각조건으로 입찰공고문에 '보증금 2할'이라고 되어 있는 사건은 재입찰의 경우로, 이때는 최저가의 20%이다.

장기수선충당금 | 아파트 등 공동주택의 시설교체나 보수를 위해 주택 소유자에게 징수하는 비용이다. 장기수선충당금은 관리비에 포함되어 청구되며, 해당 공동주택의 장기수선계획에 따라 사용된다.

저당권 | 채무가 이행되지 않을 경우에 채권자가 저당물에 대해 우선적으로 변제를

받을 수 있는 권리이다.

전세권 | 전세금을 지불한 임차인이 그 부동산을 이용할 수 있는 권리이다. 전세 임차인은 전세권 설정자의 동의 없이 양도, 임대 등을 할 수 없으며, 전세 계약이 만료되고 임대인이 전세금 반환을 해주지 않을 경우 경매를 청구할 권리가 있다.

점유이전금지가처분 | 소송 등의 목적이 되는 물건에 대해 권리 관계 등을 현 상태로 보전하기 위해 법원에 의뢰하는 행위이다.

최저매각가(최저가) | 부동산이 매각될 수 있는 가장 낮은 가격이다. 경매 부동산은 최저매각가보다 낮은 가격에 입찰할 수 없으므로 그 가격 또는 그 이상으로 입찰해야 한다.

특수물건 | 유치권(타인의 물건을 점유한 사람이 이와 관련되어 생긴 채권의 변제를 받을 때까지 이를 유치할 수 있는 권리), 법정지상권(토지와 토지 위에 세운 건물 소유주가 달라서 분쟁이 발생할 때 건물주가 토지 주인에게 건물을 철거당하지 않을 권리), 분묘기지권(타인 소유의 토지에 묘를 설치한 사람이 그 묘를 소유하기 위해 타인 소유의 토지를 사용할 수 있는 권리), 예고등기(해당 부동산의 소유권에 대한 법적 다툼이 현재 진행 중이며, 그 결과에 따라 현재의 소유주가 앞으로 바뀔 수 있음을 알리는 등기), 공유지분(하나의 토지를 여러 사람이 공동으로 소유할 때 서로 합의해 정한 지분의 비율) 등으로 소유와 채무 관계가 법적으로 복잡하게 얽힌 물건

패찰 | 경매 입찰에서 떨어지는 것이다.

현황조사서 | 경매를 신청하는 사람이 있으면 법원에서는 현장조사(현황조사)를 하게 된다. 이때 해당 부동산을 누가 점유하고 있는지를 조사해 작성한 서류가 바로 현황조사서이다.

항고 | 매각허가결정 또는 매가불허가결정 이후 7일 내에 그 결정에 대해 법원에 이의를 제기하는 것이다.

법원
입찰시간, 진행성향

지역	법원(지원)	유찰 시 저감율 (%)	관할지역 및 입찰시간, 진행 성향	
서울	서울남부법원	20%	관할구	금천구, 구로구, 양천구, 영등포구, 강서구
			입찰시간	오전 10시~11시 10분
			진행성향	입찰자가 많은 사건 순으로 개시
	서울동부법원	20%	관할구	성동구, 송파구, 광진구, 강동구
			입찰시간	오전 10시~11시 10분
			진행성향	최고가 매수인 이름, 금액만 발표
	서울북부법원	20%	관할구	동대문구, 중랑구, 강북구, 성북구, 노원구
			입찰시간	오전 10시~11시 10분
			진행성향	입찰자가 많은 사건 순으로 개시
	서울서부법원	20%	관할구	용산구, 마포구, 은평구, 서대문구
			입찰시간	오전 10시~11시 15분
			진행성향	최고가 매수인 이름, 금액만 발표
	서울중앙법원	20%	관할구	서초구, 종로구, 중구, 동작구, 강남구, 관악구
			입찰시간	오전 10시~11시 10분
			진행성향	인원이 5명 이상일 때는 1, 2, 3등까지 호명

의정부	의정부지방법원 본원	20%	관할구	의정부시, 가평군, 구리시, 남양주시, 동두천시, 양주시, 연천군, 철원군, 포천시
			입찰시간	오전 10시 30분~ 11시 50분
			진행성향	최고가 매수인 이름, 금액만 발표
	의정부지방법원 고양지원	30%	관할구	고양시, 파주시
			입찰시간	오전 10시~11시 20분
			진행성향	인원이 5명 이상일 때는 1, 2, 3등까지 호명
인천	인천지방법원 본원	30%	관할구	계양구, 남구, 남동구, 동구, 부평구, 서구, 연수구, 중구, 강화군, 옹진군
			입찰시간	오전 10시~11시 20분
			진행성향	인원이 5명 이상일 때는 1, 2, 3등까지 호명
	인천지방법원 부천지원	30%	관할구	부천시, 김포시
			입찰시간	오전 10시~11시 10분 오후 1시~2시 10분
			진행성향	입찰자 전원 금액 및 주소 발표
수원	수원지방법원 본원	20%	관할구	수원시, 용인시, 화성시, 오산시
			입찰시간	오전 10시 10분~ 11시 40분
			진행성향	입찰자 전원 금액 및 주소 발표
	수원지방법원 성남지원	20%	관할구	성남시, 광주시, 하남시
			입찰시간	오전 10시~11시 10분
			진행성향	입찰자 전원 금액 및 주소 발표
	수원지방법원 여주지원	20%	관할구	여주시, 양평군, 이천시
			입찰시간	오전 10시~11시 10분
			진행성향	입찰자 전원 금액 및 주소 발표

			관할구	평택시, 안성시
수원	수원지방법원 평택지원	20%	입찰시간	오전 10시 10분~11시 40분
			진행성향	입찰자 전원 금액 및 주소 발표
	수원지방법원 안산지원	30%	관할구	안산시, 광명시, 시흥시
			입찰시간	오전 10시 30분~11시 40분
			진행성향	입찰자 전원 금액 및 주소 발표
	수원지방법원 안양지원	20%	관할구	안양시, 과천시, 군포시, 의왕시
			입찰시간	오전 10시 30분~11시 40분
			진행성향	입찰자 전원 금액 및 주소 발표
대전	대전지방법원 본원	30%	관할구	대덕구, 동구, 서구, 유성구, 중구, 금산군, 연기군
			입찰시간	오전 10시~11시 30분 오후 2시~3시 10분
			진행성향	입찰자 전원 금액 및 주소 발표
	대전지방법원 홍성지원	30%	관할구	홍성군, 보령시, 서천군, 예산군
			입찰시간	오전 10시~11시 30분
			진행성향	최고가 매수인 이름, 금액만 발표
	대전지방법원 공주지원	30%	관할구	공주시, 청양군
			입찰시간	오전 10시~11시 30분
			진행성향	최고가 매수인 이름, 금액만 발표
	대전지방법원 논산지원	20%	관할구	논산시, 계룡시, 부여군
			입찰시간	오전 10시~11시 30분
			진행성향	최고가 매수인 이름, 금액만 발표
	대전지방법원 서산지원	30%	관할구	서산시, 당진시, 태안군
			입찰시간	오전 10시~12시
			진행성향	최고가 매수인 이름, 금액만 발표

			관할구	천안시, 아산시
	대전지방법원 천안지원	30%	입찰시간	오전 10시~11시 10분 오후 2시~2시 30분
			진행성향	최고가 매수인 이름, 금액만 발표
청주	청주지방법원 본원	20%	관할구	청주시, 괴산군, 보은군, 증평군, 진천군, 청원군
			입찰시간	오전 10시~11시 30분 오후 2시~3시 30분
			진행성향	
	청주지방법원 충주지원	20%	관할구	충주시, 음성군
			입찰시간	오전 10시~11시 30분 오후 1시~2시 30분
			진행성향	
	청주지방법원 제천지원	20%	관할구	제천시, 단양군
			입찰시간	오전 10시~11시 30분
			진행성향	
	청주지방법원 영동지원	20%	관할구	영동군, 옥천군
			입찰시간	오전 10시 30분 ~ 11시 30분
			진행성향	
춘천	춘천지방법원 본원	30%	관할구	춘천시, 양구군, 인제군, 홍천군, 화천군
			입찰시간	오전 10시~11시
			진행성향	최고가 매수인 및 2등까지 금액, 주소 발표
	춘천지방법원 강릉지원	30%	관할구	강릉시, 동해시, 삼척시
			입찰시간	오전 10시~11시 15분
			진행성향	최고가 매수인 및 2등까지 금액, 주소 발표
	춘천지방법원 원주지원	30%	관할구	원주시, 횡성군
			입찰시간	오전 10시~11시 20분
			진행성향	최고가 매수인 및 2등까지 금액, 주소 발표
	춘천지방법원 속초지원	30%	관할구	속초시, 고성군, 양양군
			입찰시간	오전 10시~11시 10분
			진행성향	최고가 매수인 및 2등까지 금액, 주소 발표

춘천	춘천지방법원 영월지원	20%	관할구	영월군, 정선군, 태백시, 평창군
			입찰시간	오전 10시~11시 10분 오후 2시~3시 10분
			진행성향	최고가 매수인 및 2등까지 금액, 주소 발표
부산	부산지방법원 본원	30%	관할구	강서구, 금정구, 동구, 동래구, 부산진구, 북구, 사상구, 사하구, 서구, 연제구, 영도구, 중구
			입찰시간	오전 10시~11시 20분
			진행성향	입찰자 전원 금액 및 주소 발표
	부산지방법원 동부지원	20%	관할구	남구, 수영구, 해운대구, 기장군
			입찰시간	오전 10시~11시 20분
			진행성향	최고가 매수인 이름, 금액만 발표
울산	울산지방법원 본원	20%	관할구	남구, 동구, 북구, 중구, 양산시, 울주군
			입찰시간	오전 10시~11시 30분 오후 2시~3시 10분
			진행성향	최고가 매수인 이름, 금액만 발표
창원	창원지방법원 본원	20%	관할구	성산구, 의창구, 김해시
			입찰시간	오전 10시~11시 10분
			진행성향	
	창원지방법원 마산지원	20%	관할구	마산합포구, 마산회원구, 함안군, 의령군
			입찰시간	오전 10시~11시 30분
			진행성향	
	창원지방법원 진주지원	20%	관할구	진주시, 남해군, 사천시, 산청군, 하동군
			입찰시간	오전 10시~11시 10분
			진행성향	
	창원지방법원 통영지원	20%	관할구	통영시, 거제시, 고성군
			입찰시간	오전 10시~11시 20분
			진행성향	

창원	창원지방법원 밀양지원	20%	관할구	밀양시, 창녕군
			입찰시간	오전 10시~11시 40분
			진행성향	
	창원지방법원 거창지원	20%	관할구	거창군, 함양군, 합천군
			입찰시간	오전 10시~11시 30분
			진행성향	
대구	대구지방법원 본원	30%	관할구	남구, 동구, 북구, 중구, 수성구, 경산시, 영천시, 청도군, 칠곡군
			입찰시간	오전 10시~11시 10분
			진행성향	최고가 매수인 및 2등까지 금액, 주소 발표
	대구지방법원 서대구지원	30%	관할구	달서구, 서구, 고령군, 달성군, 성주군
			입찰시간	오전 10시~11시 10분
			진행성향	최고가 매수인 이름, 금액, 2등과의 차액만 발표
	대구지방법원 안동지원	30%	관할구	안동시, 영풍군, 봉화군, 영주시
			입찰시간	오전 10시~11시 10분
			진행성향	입찰자 전원 금액 및 주소 발표
	대구지방법원 경주지원	30%	관할구	경주시
			입찰시간	오전 10시~11시 10분
			진행성향	입찰자 전원 금액 및 주소 발표
	대구지방법원 포항지원	30%	관할구	포항시, 울릉군
			입찰시간	오전 10시~11시 10분 오후 2시~3시 10분
			진행성향	최고가 매수인 이름, 금액만 발표
	대구지방법원 김천지원	30%	관할구	김천시, 구미시
			입찰시간	오전 10시~11시 40분 오후 2시~3시 40분
			진행성향	입찰자 전원 금액 및 주소 발표

대구	대구지방법원 상주지원	30%	관할구	상주시, 문경시, 예천군	
			입찰시간	오전 10시~12시	
			진행성향	입찰자 전원 금액 및 주소 발표	
	대구지방법원 의성지원	30%	관할구	의성군, 군위군, 청송군	
			입찰시간	오전 10시~11시 10분 오후 2시~3시 10분	
			진행성향	최고가 매수인 이름, 금액만 발표	
	대구지방법원 영덕지원	30%	관할구	영덕군, 영양군, 울진군	
			입찰시간	오전 10시~11시	
			진행성향	입찰자 전원 금액 및 주소 발표	
광주	광주지방법원 본원	1회(30%) 2회 이후 (20%)	관할구	광산구, 남구, 동구, 북구, 서구, 곡성군, 나주시, 담양군, 영광군, 장성군, 화순군	
			입찰시간	오전 10시~11시 10분 오후 2시~2시 10분	
			진행성향	최고가 매수인 이름, 금액만 발표	
	광주지방법원 목포지원		관할구	목포시, 무안군, 신안군, 영암군, 함평군	
			입찰시간	오전 10시~12시	
			진행성향	최고가 매수인 이름, 금액만 발표	
	광주지방법원 장흥지원		관할구	장흥군, 강진군	
			입찰시간	오전 10시~11시 30분	
			진행성향	최고가 매수인 이름, 금액만 발표	
	광주지방법원 순천지원		관할구	순천시, 고흥군, 광양시, 구례군, 보성군, 여수시	
			입찰시간	오전 10시~12시 오후 2시~3시 30분	
			진행성향	최고가 매수인 이름, 금액만 발표	
	광주지방법원 해남지원		관할구	해남군, 완도군, 진도군	
			입찰시간	오전 10시~11시 30분	
			진행성향	최고가 매수인 이름, 금액만 발표	

				관할구	전주시, 김제시, 무주군, 완주군, 임실군, 진안군
전주	전주지방법원 본원	20%		입찰시간	오전 10시~11시 30분
				진행성향	최고가 매수인 이름, 금액만 발표
	전주지방법원 군산지원	30%		관할구	군산시, 익산시
				입찰시간	오전 10시~11시 40분
				진행성향	최고가 매수인 이름, 금액만 발표
	전주지방법원 정읍지원	30%		관할구	정읍시, 고창군, 부안군
				입찰시간	오전 10시~11시 30분
				진행성향	최고가 매수인 이름, 금액만 발표
	전주지방법원 남원지원	30%		관할구	남원시, 순창군, 장수군
				입찰시간	오전 10시~11시 30분
				진행성향	최고가 매수인 이름, 금액만 발표
제주	제주지방법원 본원	30%		관할구	제주시, 서귀포시
				입찰시간	오전 10시~12시
				진행성향	최고가 매수인 이름, 금액만 발표